감정의 자유를 통해 건강한 삶을 만들다

니체, 정동과 건강

감 정 의 자 유 를 통 해 건 강 한 삶 을 만 들 다

니체,
정동과
건강

일러두기

1. 니체의 저작은 KSA(*Friedrich Nietzsche, Sämtliche Werke. Kritische Studienausgabe in 15 Bänden*, hrsg. von Giorgio Colli und Mazzino Montinari, Berlin – New York 1999)과 이를 완역한 니체전집(전21권, 책세상, 2001~2008)을 사용했다. 그리고 서간집은 KSB(Friedrich Nietzsche, Sämtliche Briefe. Kritische Studienausgabe in 8 Bänden, hrsg. von Giorgio Colli und Mazzino Montinari, Berlin – New York 2003)을 사용했다.

2. 이 책에 인용된 니체의 저작과 글들은 니체전집(전21권, 책세상, 2001~2008)을 사용했다. 하지만 맥락에 따라서는 저자가 직접 번역한 경우도 있다.

3. 이 책은 저자가 국내 학회지에 논문으로 발표한 글들을 수정 후 실었다. 그 세부 현황은 아래와 같다.
   1) 「니체의 개념 "힘에의 의지"의 심리학적 해명 - 그의 "정동(Affekt)" 개념을 중심으로」, 『니체연구』 제34집, 한국니체학회, 2018년 가을호, 45-100쪽.
   2) 「니체 개념연구: 정동 - 형이상학, 종교, 도덕에 대한 그의 비판을 중심으로 -」, 『철학연구』 제148집, 대한철학회, 2018.11., 291-326쪽.
   3) 「디오니소스와 실재의 긍정에 대한 연구 - 니체의 "정동(Affekt)" 개념을 중심으로」, 『열린정신 인문학연구』 제20집 1호, 원광대학교 인문학연구소, 2019.04., 85-119쪽.

4) 「데카당스에 대한 니체의 심리-생리학적 해명」, 『니체연구』 제36
집, 한국니체학회, 2019년 가을호, 139-183쪽.

5) 「건강한 인간유형으로서의 위버멘쉬 - 위버멘쉬와 그의 실존적 건
강에 대한 해명을 중심으로」, 『니체연구』 제35집, 한국니체학회,
2019년 봄호, 171-214쪽.

6) 「위버멘쉬와 그의 실존적 건강의 조건」, 『철학연구』 제150집, 대
한철학회, 2019.05., 149-180쪽.

약어표

KSA   Friedrich Nietzsche, Sämtliche Werke. Kritische Studienausgabe in 15 Bänden, hrsg. von Giorgio Colli und Mazzino Montinari, Berlin - New York 1999. (니체비평전집 전 15권)

KSB   Friedrich Nietzsche, Sämtliche Briefe. Kritische Studienausgabe in 8 Bänden, hrsg. von Giorgio Colli und Mazzino Montinari, Berlin - New York 2003. (니체서간전집 전 8권)

GT   Die Geburt der Tragödie(비극의 탄생)

SE   Schopenhauer als Erzieher(교육자로서의 쇼펜하우어)

MA I   Menschliches, Allzumenschliches(인간적인 너무나 인간적인 I)

MA II   Menschliches, Allzumenschliches(인간적인 너무나 인간적인 II)

M   Morgenröthe(아침놀)

FW   Die fröhliche Wissenschaft(즐거운 학문)

Za   Also sprach Zarathustra(차라투스트라는 이렇게 말했다)

JGB   Jenseits von Gut und Böse(선악의 저편)

GM   Zur Genealogie der Moral(도덕의 계보)

WA   Der Fall Wagner(바그너의 경우)

GD   Götzen-Dämmerung(우상의 황혼)

AC   Der Antichrist(안티크리스트)

EC   Ecce Homo(이 사람을 보라)

NW   Nietzsche contra Wagner(니체 대 바그너)

N Nachgelassene Fragmente(유고 단편)

Bd. 7   Nachgelassene Fragmente 1869~1874

Bd. 8   Nachgelassene Fragmente 1875~1879

Bd. 9   Nachgelassene Fragmente 1880~1882

Bd. 10 Nachgelassene Fragmente 1882~1884

Bd. 11 Nachgelassene Fragmente 1884~1885

Bd. 12 Nachgelassene Fragmente 1885~1887

Bd. 13 Nachgelassene Fragmente 1887~1889

프리드리히 니체, 『한국 표준판 니체전집』, 김기선 외 옮김, 책세상, 2001-2008.

니체전집 1   『언어의 기원에 관하여·이러한 맥락에 관한 추정· 플라톤의 대화연구 입문·플라톤 이전의 철학자들· 아리스토텔레스 수사학 Ⅰ유고(1864년 가을~1868 년 봄)』, 김기선 옮김, 책세상, 2003.

니체전집 2   『비극의 탄생·반시대적 고찰』, 이진우 옮김, 책세 상, 2005.

니체전집 3   『유고(1870년~1873년)』, 이진우 옮김, 책세 상, 2005.

니체전집 4   『유고(1869년 가을~1872년 가을)』, 최상욱 옮김, 책세상, 2001.

김, 책세상, 2005.

니체전집 17   『유고(1884년 초~가을)』, 정동호 옮김, 책세상, 2004.

니체전집 18   『유고(1884년 가을~1885년 가을)』, 김정현 옮김, 책세상, 2004.

니체전집 19   『유고(1885년 가을~1887년 가을)』, 이진우 옮김, 책세상, 2005.

니체전집 20   『유고(1887년 가을~1888년 3월)』, 백승영 옮김, 책세상, 2005.

니체전집 21   『유고(1888년 초~1889년 1월 초)』, 백승영 옮김, 책세상, 2004.

"오늘날 위대함이라는 것이 가능한가?"
위대함의 비철학적 조건

1.

니체에게 있어 삶은 전통 형이상학과 종교의 방식으로 해석될 수 없는 고유한 실존의 영역입니다. 인간이 실존한다는 것은 자신만의 자유로운 정신과 의지를 통해 시간과 공간을 점유한다는 것을 의미할 뿐, 그 어떤 절대적인 존재의 세계 질서를 따른다는 것을 의미하지는 않습니다. 형이상학적-종교적으로 해석된 후 존재와 생성, 하늘과 땅, 창조자와 피조물, 영혼과 육체로 질서 지어진 이원화된 세계 속에서 인간은 결코 자신의 삶에 주인으로 참여할 수 없습니다. 하지만 우리가 발자국을 남기는 이 세계는 매 순간 자신의 생물학적 호흡과 심리학적 감정 그리고 생리학적 에너지에 의해 경험되고 변화되는 관계의 세계일 뿐입니다. 이 세계가 나와의 관계 속에서 매번 다른 모습으로 다가오는 것을 경험하는 인간은 이곳에 살며 저편의 삶을 꿈꾸는 등 결코 자신의 삶을 관조할 수 없을 것입니다.

이 세계는 우리와 관계할 때에야 형이상학적-종교적 절대성을 상실하고 비로소 "실재(Realität)"가 됩니다. 낡은 세계 해석과 질서에 대한 니체의 비판은 결국 삶의 실재성을 드러내기 위한 시도였습니다. 그에게 이 시도는 자신만의 고유한 철학적 사명과도 같은 것이었습니다. 그 이유는 삶을 실재로서 느끼는 인간은 자신의 삶을 관조하지 않고 매 순간 자기 삶에 주인으로서 참여할 것이기 때문입니다. 자기 삶의 주인이 된다는 것은 모든 변화의 가능성을 자신 안에서 발견하고 이를 바탕으로 변화를 실현하는 건강한 실존의 삶을 살아간다는 것을 의미합니다.

변화는 구호가 아니라 자기 삶의 실존적 조건을 인식하는 것으로부터 시작되는 것입니다. 그렇다면 내가 진정으로 원하는 목표를 실현하기 위해 끊임없이 스스로를 긍정하고 극복하는 과정에서 변화를 경험하는 것만큼 '위대한' 일이 또 있을까요? 변화의 경험은 자신의 삶에 주인적으로 참여한 자만이 느낄 수 있는 특별한 감정입니다. 이 감정은 내가 나를 나로서 느끼며 또한 나로서 살아가도록 해주는 존재의 본질입니다. 그렇다면 우리는 어떻게 내 안의 위대함을 일깨울 수 있을까요?

니체는 『선악의 저편』이라는 후기 저서의 한 단편에서 "오늘날 위대함이라는 것이 가능한가?"라는 물음을 제기합니다. 이 물음은 바로 한 개인으로서의 우리가 그 무언가에 의존하지 않은 채, 다시 말해 어떻게 오직 자신에게만 의지한 채 진정으로 원하는 행복을 실현할 수 있는가에 대한 니체의 의구심을 담고 있습니다. 하지만 숙명론적인 세계 해석은 현재 우리가 살고 있는 이 삶을 짧게 느껴지도록 만들기도 합니다. 니체는 형이상학적인 저편 세계와 종교적인 내세를 비판하며 지금 이곳의 삶에 충실해야만 한다고 주장합니다. 그 이유는 이곳의 삶에 충실하지 못한다면 행복 역시도 이곳의 것이 되지 못할 것이기 때문입니다. 이러한 의미에서 니체의 "영원회귀(die eiwige Wiederkehr)"는 지금 이 순간이 영원히 반복될 삶의 저주로 작용할지 아니면 기쁨으로 작용할지를 선택하고 결심하게 해주는 중요한 개념입니다.

만약 삶과 죽음, 성공과 실패, 행복과 불행이 삶이라는 하나의 얼굴에 드러나는 다양한 호흡이자 표정이 아니라 완전하게 분리된 것이라면, 우리는 죽음에 대한 두려움 속에서 현재의 삶을 죽음에 이끌려가는 수동적인 것으로 생각하며 결국에는 현재 삶의 의미를 상실하게 될지도 모릅니다. 또한 한 번의 실패로 인해 우리의 삶 전체를 불행하다고 느끼게 될지도 모릅니다. 하나의 표정으로 한 사람의 인격을 확정할 수 없듯이, 하나의 사건으로 우리의 삶 전체를 규정할 수도 없습니다. 행복과 불행은 절대적 가치가 될 수 없습니다. 다시 말해 이원화될 수 없습니다. 행복과 불행은 한 사람이 느끼는 다양한 감정 중의 하나일 뿐입니다. 인간의 실존적 건강은 병(죽음, 불행, 실패)의 제거가 아니라, 병과의 긴장 가득한 관계 위에서 실현되는 것입니다.

우리가 강한 이성적 능력을 통해 감정을 지배할 수 있다면, 우리는 죽음, 불행, 실패로부터 발생하는 감정에 우리의 일상을 내어주지 않을 것입니다. 하지만 어떻게 그럴 수 있을까요? 슬퍼하지 않고 고민하지도 불안해하지도 않는 내가 어떻게 완전한 인격을 가졌다고 말할 수 있을까요? 이성적 존재로서 수많은 감정적 우연을 긍정하고 매 순간 이를 극복해 나가는 것이 인간의 삶이 아닐까요? 우연적 사건들과 그 감정들을 긍정하고 극복했을 때, 우리는 스스로를 칭찬하고 멋있게 바라보게 되는 것이 아닐까요? 또한 위대한 감정은 이런 것이 아닐까요?

인간은 이성적 존재로서 자신의 삶을 체계적으로 계획할 수 있지만, 삶의 과정에서 갑작스럽게 발생하는 우연들까지도 계획할 수는 없습니다. 이성적 필연과 비이성적 우연들은 모두 인간의 삶을 이루는 것입니다. 이 중 단 하나도 빠져서는 안 되고, 사실 빠질 수도 없습니다. 인간의 위대함은 바로 죽음으로부터 삶의 의미를 그리고 실패와 불행으로부터 성공과 행복의 가능성을 깨닫는 것까지 포함하는 개념입니다. 이를 위해서는 모든 가치를 극단적으로 이원화하는 '차별의 관점'이 아니라, 끊임없이 서로 영향을 주고받는 유기적인 '차이의 관점'으로 환원하는 사고의 전환이 시도되어야만 합니다. 니체의 "위버멘쉬(Übermensch)"가 바로 차별을 차이의 관점으로 체화하는 인간, 즉 타자를 배제하지 않고 오히려 그와의 거리를 느끼며 자신만의 고유한 삶을 살아가는 자기 실존의 주인입니다.

2.

소크라테스 이래 플라톤, 아리스토텔레스, 스토아학파 및 에피쿠로스학파, 칸트, 쇼펜하우어에 이르기까지 인간을 영혼과 육체, 즉 이성과 비이성으로 이원화하는 형이상학적 존재해명은 지속되었습니다. 이러한 해석으로부터 영혼의 행복과 육체의 행복은 서로 다른 가치가 될 수밖에 없었습니다. 보다 완전한 하나의 가치를 추구하기 위해 필연적으로 다른 하나의 가치가 폄하되었던 것이죠. 미지의 저편 세계에 비하면 현실의 이편 세계는 불안과 불신이 가득한 세계에 불과할 뿐이었습니다. 비, 바람, 번개, 천둥과 같은 자연현상에 내재한 물리적인 힘은 아직 세계를 과학적으로 완전하게 이해하지 못한 당시의 인류에게 극복할 수 없는 거대한 존재의 힘이었던 것이죠. 자연을 이해하기 위해 인류는 결국 이 세계를 형이상학적-종교적 이원론의 관점으로 해석하게 됩니다. 하지만 세계가 이원화되면 인간 역시 이원화될 수밖에 없겠죠. 결국 세계도 이편과 저편으로 분리가 되고, 인간 역시 영혼과 육체로 분리가 됩니다. 그렇다면 행복도 이편의 것과 저편의 것 그리고 영혼의 것과 육체의 것으로 분리될 수밖에 없겠죠.

이제 인류는 보다 완전하고 더 큰 저편의 행복을 위해 이편의 행복을 제약하기 시작합니다. 그 이유는 육체의 특성으로 대변되는 욕구, 욕망, 본능, 충동, 감정 등의 "정념(Pathos)"은 인간의 명철한 이성을 방해함으로서 단 하나이 진리(Wahrhcit)를 인식함에 방해가 되기 때문입니다. 육체의 행복은 영혼의 행복을 알지 못하는 무지함으로 오해되었습니다. 하지만 니체에 의하면 이편의 세계가 단지 저편의 세계로 가는 과정이고 육체가 짧은 한 생을 위해 입게 된 영혼의 옷에 불과하다는 생각은 결국 고통스러운 삶의 우연적 사건들을 긍정할 수 없는 협소한 관점일 뿐입니다. 이성적으로 계산되지 않는 비이성적이고 우연적인 사건들, 다시 말해 삶에 대한 불안 및 두려움과 같은 감정들로 인해 이편 세계의 행복은 불완전한 인간의 것으로 규정되기에 이릅니다. 이성과 비이성은 완전과 불완전의 대립으로 드러나며 이 대립의 전제는 영혼과 육체의 대립으로 구체화됩니다. 이제 욕구, 욕망, 본능, 충동, 감정 등 육체의 자연성은 보다 완전한 세계와 행복을 위해 억제되어야만 하는 것이 되고야 맙니다. 불완전한 인간의 불완전한 세계와 그가 추구하는 불완전한 행복은 엄격한 이성의 평가 대상이 되는 것이죠.

여기서 니체는 인간에 대한 새로운 해석을 제시합니다. 니체는 더 이상 인간을 영혼과 육체로 이원화하지 않습니다. 그는 인간을 영혼과 육체를 모두 포괄하는 "몸(Leib)"으로 규정합니다. 만약 인간이 영혼과 육체로 이루어진 유기적인 몸의 존재라면, 그는 죽음 이후에 육체를 벗고 영혼으로서 살아가는 또 다른 삶을 희망하지 않을 것입니다. 삶과 죽음, 성공과 실패, 행복과 불행, 건강과 병이 우연히 발생하며 우리의 일상을 자극한다고 하더라도 다른 방법이 없습니다. 우리는 이곳에서의 삶을 살아야만 합니다. 몸의 존재가 된다는 것은 우리의 삶이 매 순간 생성하는 이편 세계의 일부라는 것과 더불어 '나'라는 존재가 영혼과 육체, 이성과 비이성이 유기적으로 합일된 존재라는 것을 깨닫는다는 것을 의미합니다. 이러한 인식은 자연스럽게 인간이 지금 이곳에서의 삶의 주인이 될 수 있도록 해줍니다. 인간의 위대함은 자신 안에 있는 그 무엇도 억압하지 않고 은폐하지 않을 때야 비로소 창조될 수 있는 삶의 고유한 가치입니다.

인간은 지성, 의식, 정신, 사고로 대변되는 이성과 욕망, 본능, 충동, 감정으로 대변되는 비이성을 모두 포괄하는 단 하나의 몸으로서 존재할 수밖에 없습니다. 그는 그 무엇도 배제하지 않고 이성과 비이성을 모두 포괄하는 단 하나의 이성, 즉 몸의 이성만을 가질 뿐입니다. 니체는 인간의 존재성을 모두 포괄하는 단 하나의 이성을 "커다란 이성(die große Vernunft)"이라고 표현합니다. 그리고 기존의 전통적인 이성을 "작은 이성(die kleine Vernunft)"으로 표현합니다. 이렇듯 우리의 몸도 이성을 가지고 있습니다. 하나의 예로 만약 10년 만에 다시 자전거를 타게 되었을 때, 우리는 짧은 연습 이후에 다시 10년 전처럼 잘 탈 수 있을 것입니다. 이러한 경험은 오직 전통적인 이성에 의해서만 가능하지 않을 것입니다. 자전거를 탔던 사실에 대한 몸의 기억 역시 이성에 의한 것이지만, 이때의 이성은 당시를 기억하는 의식, 지성과 더불어 손에 닿았던 핸들의 감촉과 중심을 잡으며 흔들흔들 페달을 굴렸던 육체의 감각을 모두 포괄하는 커다란 전체 이성입니다. 작은 이성이 우리가 사는 세계를 형이상학적-합리적으로 해석해왔다면, 커다란 이성은 이 세계를 우리가 직접 참여할 수 있는 현실적 삶의 세계로 만들어

줍니다.

이렇듯 우리는 단순히 "육체만을 가진 존재(Körper-Haben)"가 아니라, "몸의 존재(Leib-Sein)"입니다.[1] 니체는 육체를 이곳의 삶을 살고 있다는 증거로, 몸을 나를 나(Ich bin / I am)로서 살아가게 해주는 증거로 구분하며 육체와 몸을 수동과 능동, 반작용과 작용의 관점에서 구분합니다.[2] 자기 자신을 이성과 비이성이 합일된 몸의 존재로 이해할 때, 우리는 이 세계를 형이상학적으로 해석하거나 논리적-합리적으로 규명하지 않고, 지금 이곳의 나를 느끼고 사고하며 또한 의시하고 행위하는 실재로서 인식하게 됩니다.

이성과 비이성, 즉 영혼과 육체의 유기적 관계는 인간이라는 작은 우주(Microkosmos)를 구성하는 존재론적 조건입니다. 둘 중 하나가 빠진다면 인간의 위대함은 실현 불가능한 일이 되고야 말 것입니다. 감정 없는 사고 속에서 인간은 자기 자신을 망각하게 될지도 모릅니다. 내가 나의 불안한 감정을 이성적으로 인식하며 삶의 긍정적인 자극으로 전환하는 일도, 기쁜 감정을 바탕으로 더 미래의 행복을 계획하는 일도 인간 안에 내재된 두 작용의 결과입니다. 내가 나로서 원하는 진정한 미래는 이성에 의해 계산되거나 혹은 감정에 이끌리는 것이 아니라, 이를 모두 포괄하는 몸이 원하는 것이 될 때 비로소 건강한 미래가 될 것입니다.

---

1) Thomas Fuchs, *Körper haben oder Leib sein*, in : Gesprächspsychotherapie und Personzentrierte Beratung, Köln, 3/2015, 144-145쪽 참조.

2) Günter Heisterkamp, *Die leibliche Dimension in psychodynamischen Psychotherapien*, in : Christian Reimer / Ulrich Rüger (Hrsg.), Psychodynamische Psychotherapien : Lehrbuch der tiefenpsychologisch fundierten Psychotherapieverfahren, Berlin/Heidelberg 2000, 297쪽 참조.

3.

각자에게 주어진 삶에서 자신만의 위대함을 실현하는 인간은 오직 자신 안에 행복의 근거를 마련하고 그 조건을 스스로 채우며 살아가는 사람일 것입니다. "내가 지금까지 이해하고 있는 철학, 내가 지금까지 실행하고 있는 철학은, 삶의 저주받고 비난받던 면 또한 자발적으로 찾아가는 것이다."3) 니체의 이 말은 자신의 철학적 시도를 잘 나타내고 있습니다. 그의 이러한 사상적 다짐처럼, 니체는 2500년 서구정신사에서 부정되어 온 비이성적 가치들, 다시 말해 완전하게 긍정될 수 없었기 때문에 철학적 개념이 될 수 없었던 욕구, 욕망, 본능, 충동, 감정 등과 같은 '비철학적인(unphilosophisch)' 것들을 철학적으로 사유하기 시작합니다.

인간이 철학적 탐구의 대상이 될 수 있는 이유는 그가 철학적 존재이기 때문이 아니라, 오히려 비철학적 존재이기 때문입니다. 그렇다면 인간의 위대함은 그의 비철학적 특성을 해명하지 않고서는 불가능한 것이 될 수밖에 없을 것입니다. 그래서 니체는 인간 실존의 진정한 건강은 완전한 세계가 아니라, 이 세계를 불완전하다고 느끼고 불안해하며 두려워하는 감정의 문제로부터 시작된다는 것을 철학적으로 해명하고자 했던 것입니다. 인간의 위대함은 단 하나의 진리를 인식하고 이를 행하는 이성으로부터가 아니라, 다양한 감정 속에서 자기 자신을 느끼며 사유하는 몸의 이성에 의해 비로소 실현되는 가치입니다. 인간의 위대함은 지금 이곳에서 체험되어야만 하고 체감되어야만 하는 실재의 가치여야만 합니다.

니체는 자신의 비철학적 조건을 철학적으로 인식하는 인간유형을

---

3) 니체, 『유고(1888년 초~1889년 1월 초)』, 16[32], 354쪽.

"위버멘쉬"라고 표현합니다. 끊임없이 자기 자신을 극복하는 인간유형에 대한 명칭으로서의 위버멘쉬는 현재에 살며 매 순간 미래를 사유합니다. 하지만 여기서 중요한 것은 그의 미래가 현재의 삶에 충실한 결과임과 동시에 현재의 삶으로부터 충분히 보다 나은 미래를 희망할 수 있다는 자기 자신에 대한 사랑 때문이라는 것입니다. 이 사랑은 긍정, 열정과 같은 감정으로 자신을 감싸고 매 순간 자기 자신에게 충실하도록 만들어주는 건강한 실존의 전제입니다. 위버멘쉬가 형이상학적 저편의 세계를 추구할 수 없는 이유는 이 때문입니다. 그에게 삶은 언제나 '실재'일 뿐입니다. 니체는 삶에 대한 불안과 불만족으로부터 창조된 형이상학적 저편 세계의 해체를 세계 자체에 대한 부정이 아니라 오랜 시간 억압되어왔던 감정의 해방을 바탕으로 자기 자신과 삶에 대한 자세를 전환함으로써 실현하고자 했습니다.

니체가 "오늘날 위대함이라는 것이 가능한가?"라고 물었을 때, 우리는 이미 그가 요청하는 위대함이 기존과는 다른 것임을 예측할 수 있었을 것입니다. 자신만의 위대함을 실현하라는 말은 위험하게 살라는 것입니다. 니체는 자신의 철학에서 우리에게 쉬지 않고 모험하는 삶을 살라고 요청하고 있습니다. 여기서 중요한 것은 이 위험한 모험의 목적지가 다름 아닌 나 자신이라는 것입니다. 비이성을 해방시키는 작업의 일환으로 수행되는 정동에 대한 니체의 철학적 해명은 바로 진정한 자유의 조건이 인간의 내면에 있다는 사실을 증명해줍니다.

니체에 의하면 자기 자신을 소유한 인간, 즉 자기 삶의 주인인 인간만이 진정한 자유를 획득한 인간입니다. 그 이유는 내적인 자유를 통해서야 비로소 인간은 진정으로 자신이 원하는 삶의 의미를 창조할 수 있기 때문입니다. 정동의 자유를 통해 우리는 다시 우리 자신에게로 돌아갈 수 있는 자유로운 실존의 모험을 할 수 있게 될 것입니다. 이 정동의 자유가 우리의 모험을 우리 안에 머물게 해줄 것입니다. 우리는 다시 우리 자신에게로 돌아와야 합니다. 만약 우리가 각자 자기감정의 주인이 될 수 없다면, 우리는 우리 자신에게조차 먼 사람이 될지도 모릅니다. 아래의 글은 니체가 요청하는 위대함이 인간의 내적 자유를 전제로 하고 있음을 보여주고 있습니다.

> 나는 모든 드문 것, 낯선 것, 특권적인 것, 보다 높은 인간과 영혼, 더욱 높은 의무와 책임, 창조적인 힘의 충일과 지배권을 공동으로 얻기 위한 싸움을 하며 다음과 같이 말하고자 한다 ─ 오늘날 고귀하다는 것, 독자적인 존재가 되고자 한다는 것, 달리 존재할 수 있는 것, 홀로 선다는 것, 자신의 힘으로 살아야만 한다는 것이 '위대함'의 개념에 속한다. 그리고 철학자는 다음과 같이 주장할 때, 자기 자신의 이상의 단면을 보이게 된다 : 가장 고독한 자, 가장 은폐된 자, 가장 격리된 자, 선악의 저편에 있는 인간, 자신의 덕의 주인, 의지가 넘쳐나는 자가 될 수 있는 자가 가장 위대한 인간이 될 수 있을 것이다. 다양하면서도 전체적이고 폭이 넓으면서도 충만할 수 있다는 이것이야말로 위대함이라 부를 수 있을 것이다.[4]

보편적인 가치를 추구하며 대중적인 내가 되어가는 과정이 자연스러운 인간의 사회화라는 것은 부정할 수 없겠지만, 그 과정에서 내가 나의 손을 놓치는 것은 또한 자연스러운 일일까요? 자기 자신을 소유한 삶의 주인이 된다는 너무도 자연스러운 일이 망각되어가는 현대 사회의 자기상실 현상에 대하여 니체는 한탄했습니다. 하지만 니체는 내재적 변화의 힘이 퇴락한 인간의 데카당스 증상을 치유하기 위한 철학적 사명감을 내려놓지 않았습니다. "데카당스(dekadenz)"는 자기 내면의 힘을 주인적인 감정으로 느끼지 못하고 형이상학적-종교적 존재를 향해 모두 발산함으로써 결국 스스로 변화의 조건이 되지 못하는 인간

---

4) 니체, 『선악의 저편』, 212, 191쪽.

의 실존적 병입니다.

이 병은 자신의 힘을 자신의 것으로 느끼지 못하기 때문에, 온전히 자기 삶의 주인이 될 수 없는 감정 불능의 병입니다. 감정의 억압 속에서 인간 안에 내재한 상승과 성장의 본능은 망각될 수밖에 없을 것입니다. 만약 본능의 망각 증상을 데카당스로 진단할 수 있다면, 이 본능 상실의 시대적 현상은 "허무주의(Nihilismus)"로 진단될 수밖에 없을 것입니다. 내가 나이고자 하지 않는 데카당스의 증상은 더 이상 내가 나일 수 없다는 자기상실의 증상, 즉 삶의 의미가 상실된 허무주의로 확장될 수밖에 없습니다. 본능의 상실은 내가 왜 나로서 살아야만 하는지에 대한 이유의 상실과 다르지 않기 때문입니다. 니체는 오랜 시간 망각되어 마치 상실된 것만 같은 이 본능을 깨우기 위해 인간의 감정을 다시 자극합니다. 그 이유는 지금 이곳의 현재를 구체적 실재로 만들어주는 것은 지금 여기의 나를 나로서 자유롭게 느낄 수 있게 해주는 감정뿐이기 때문입니다.

이렇듯 니체는 자신만의 고유한 삶의 의미를 창조할 수 있는 위버멘쉬로의 실존적 변화를 위해 오랜 시간 이성의 전통적 힘에 억압되고 은폐되어 온 비이성을 해방시키는 위험한 철학적 실험을 감행합니다. 그리고 자기 실존의 진정한 자유를 위해 인간이 다시 자기 자신을 느끼고 사유하고 의지할 수 있기를 요청합니다. "힘에의 의지(der Wille zur Macht)"라는 니체의 개념처럼, 인간은 본질적으로 자기 내면의 힘을 감정적으로 느끼고 이 "힘의 느낌(Machtgefühl)"을 통해 자신만의 고유한 관점을 설정하고 실천으로 옮길 수 있어야만 합니다. 그리고 "영원회귀"라는 개념처럼, 이 힘에의 의지는 결국 자신의 운명에 대한 영원한 사랑으로 표출되어야만 합니다.

니체는 자기 자신에 대한 이러한 사랑의 감정을 "건강한 사랑(die

gesunde Liebe)" 혹은 이전에는 찾아볼 수 없었던 "새로운 사랑(die neue Liebe)"이라고 표현합니다. 이 사랑이야말로 건강한 인간과 미래의 전제입니다. 자기 자신을 건강하게 사랑하게 될 때, 인간은 자연스럽게 보다 건강한 미래를 희망하게 됩니다. 자신을 미워하는 감정은 다가올 미래에 현재의 불만을 가득 실어 무겁게 만듦으로써 위대함의 가능성을 내쫓을 뿐입니다. 위대함과 건강함은 서로 분리될 수 없는 가치입니다. 자신을 건강하게 사랑하는 인간은 오직 자신의 삶을 통해 위대함을 실현합니다.

우리는 이성보다는 비이성적인 것들, 다시 말해 비철학적인 것들을 통해 보다 빠르게 자기 자신과 자신의 삶을 실재로서 인식하게 됩니다. 그리고 삶의 실재를 철학적으로 해명하기 위해서는 우선 삶의 비철학적 현상들을 철학적으로 이해해야만 합니다. 니체의 비철학적 개념들은 "이상(Ideal)"이 아닌 삶의 실재를 철학적으로 증명하기 위한 수단입니다. 건강한 인간은 단 한 순간도 자신의 감정을 억압하지 않습니다. 그는 자신의 감정을 바탕으로 스스로를 실재로서 느끼고 삶의 건강한 가치를 창조하며 "대지(Erde)"에서의 삶을 살아가는 인간입니다. 니체가 우리에게 제시하는 "위대함(Größe)"은 바로 건강함을 실현하는 것입니다. 정동에 대한 니체의 철학적 해명은 바로 비이성-비철학적 위대함을 구체적으로 드러내 주는 역할을 해줄 것입니다.

4.

니체가 자신의 철학을 통해 시도했던 건강한 인간으로의 실존적 변화의 방법론을 건강철학(Gesundheitsphilosophie)으로 해명하고 싶었던 저는 보다 본질적인 건강철학의 학술적 근거를 마련하고 싶다는 생각을 하게 되었습니다. 그리고 그의 철학에 등장하는 "정념(Pathos)" 개념을 주시하게 되었습니다. 인간의 욕구, 욕망, 충동, 본능, 의지, 감정 등 인간의 내면세계와 그 활동을 대변하는 정념에 대한 니체의 글 속에는 그가 시도했던 진정한 실존적 건강이 인간 내면의 건강으로부터 출발한다는 사실이 담겨 있습니다. 니체는 인간 내면의 다양한 정념 활동을 "힘에의 의지"로 표현합니다. 하지만 힘에의 의지가 모든 생명체의 생명성, 다시 말해 자연성을 대변해주고 있는 것이라면, 이 개념은 이와 관련된 인간의 모든 내적 자연성과의 연관성을 밝힐 때라야 비로소 내밀하게 이해될 수 있을 것입니다. 힘에의 의지를 '보다 많은 힘을 향한 의지'의 활동으로만 규정할 수 없는 이유는 이 때문입니다.

단 하나의 존재 원리로서의 이성을 통해 인간의 존재론적 조건을 확정 짓기를 거부했던 니체는 우리가 생각했던 것 이상으로 다양한 정념 활동을 통해 인간의 존재를 해명하고자 했습니다. '니체의 철학'뿐만 아니라 '철학자 니체'가 흥미로운 이유는 경멸, 몰락, 번개, 광기, 웃음, 도취, 춤, 정오, 중력, 위(胃), 소화, 소화불량 등 그가 인간의 존재를 탐구하며 제시한 비철학적 개념들 때문입니다. 예를 들어 힘과 의지가 조화로운 인간유형으로서의 위버멘쉬는 니체의 철학적 중심 개념이지만, 그의 철학 속에서 위버멘쉬는 자신의 비철학적 조건들을 철학적으로 사유하는 존재에 대한 명칭이라는 것입니다. 또한 비철학적 조건들에 대한 긍정은 위버멘쉬가 자기 자신과 관계하고 있다는 사실에 대한 증거입니다. 위버멘쉬는 자유로운 정념을 통해 매 순간 자기 자신과 관계하기 때문에 언제나 스스로를 실재로서 느낍니다. 그가 저편 세계를 의지하지 않는 이유는 바로 정념의 자유 때문입니다.

이 책에 실린 글들은 니체의 철학에 등장하는 다양한 정념을 연구하는 과정에서 얻게 된 작은 성과 중 정동(Affekt)과 건강 그리고 이 개념들의 비철학적 특성에 대한 것들입니다. 또 한 권의 책을 세상에 내

보내며 느끼게 되는 부족함과 부끄러운 비철학적 감정들을 철학적으로 해석해보며 용기를 내어봅니다. 작은 지면을 통해 감사의 말씀을 전할 분들이 계십니다. 먼저 오랜 시간 직접 학자의 모범을 보여주시고 아직도 많은 대화로 가르침을 주시는 원광대학교 철학과 김정현, 김학권, 신종섭, 이상곤 교수님의 배려와 응원에 감사를 드립니다. 그리고 저와 많은 철학적 대화를 나누며 서로 학적 자극을 주고받는 최정기 선생님 내외의 응원에도 감사를 드립니다. 더불어 묵묵히 공부하며 자신의 길을 가고 있는 철학과 대학원생들에게도 응원을 보냅니다. 평생 동안 사랑으로 길러주시고, 아들의 책을 직접 구입해서 읽어주시는 부모님께 감사와 사랑의 마음을 전합니다. 그리고 어려운 출판 환경에도 출판을 허락해주신 KSI 한국학술정보(주)의 <내일을 여는 지식>과 저의 작은 연구가 세상에 나갈 채비를 마련해주신 편집부 담당자분들께도 감사의 마음을 전합니다.

마지막으로, 밤새 옅어진 호흡으로 아침까지 기다리다 마지막 인사를 해준 후 떠난 너의 배려에 고마움을 느끼며. 수많은 잘못과 후회에도 불구하고 이 고통으로 인해 한 단계 성숙해질 것이라는 믿음이 비겁해지는 오후. 긴 시간 내 삶을 든든하게 채워주었던 뺌이(2004-2020.03.07.). 나와 함께한 모든 순간이 행복한 삶이었기를. 고양이로 불리던 널 기억하면서 안녕.

2020년 3월 8일
전주 동서학동 서재에서
이상범

목 차

제2부 정동의 관점에서 바라본
형이상학, 종교, 도덕 비판

제3부 디오니소스와 실재의 긍정

제6부 위버멘쉬와 그의 건강의 실존적 조건

제1부

니체의 개념
"힘에의 의지"의 심리학적 해명

1. 니체의 정동이론 : 감정의 인간의 탄생

니체의 철학에서 정동(Affekt)은 인간이 절대적 진리와 이성적 주체로서 자기 자신과 세계를 이해하는 합리적 존재가 아니라, 자신의 감정에 따라 매 순간 정신과 의지의 변화를 직접 인식하고 체험하는 존재라는 사실을 보증해주는 개념이다. 니체는 전통 형이상학과 오랜 인식론적 이분법을 정신적 영역과 육체의 변화까지 포함하는 정동과 그 활동의 해명을 통해 극복한다. 그리고 그가 제시하는 "몸(Leib)"[1]은 정동의 활동과 변화를 포괄하기에 매우 적합한 개념이다. 니체는 서구 정신사의 오랜 주인이었던 합리적-이성적 사유의 주체를 정동의 주체, 즉 감정의 인간으로 대체한다.[2]

---

[1] 니체가 자신의 철학에서 제시하는 몸에 대한 구체적인 설명으로는 『차라투스트라는 이렇게 말했다』의 「몸을 경멸하는 자들에 대하여」를 참조.

[2] 현대의 지식 담론에서 논의되고 있는 개념으로서의 정동(Affekt)은 좁은 의미에서의 개인적 감정과 넓은 의미에서의 집단적 감정을 모두 포괄할 수 있는 개념이다. 정동은 인간과 집단에 내재한 고유한 특성, 철학적으로 표현하면 존재의 존재론적인 특성을 드러내 주는 개념이다. 정동에 대한 다양한 연구에 대해서는 다음의 책을 참조. 질 들뢰즈 외, 『비물질노동과 다중』, 서창현 외 번역, 갈무리, 2014; 멜리사 그레그 · 그레고리 시그워스, 『정동 이론』, 최성희 외 옮김, 갈무리, 2016; 이토 마모루, 『정동의 힘』, 김미정 옮김, 갈무리, 2016. 니체의 철학에서 정동은 존재의 존재성을 드러내 주는 철학적 인간학의 개념으로 사용됨과 동시에 계보학적 추적의 결과 드러나는 형이상학, 종교, 도덕의 해체를 정당화하는 개념으로 드러나기도 한다. 본 글에서 정동은 생명체의 생명성, 즉 힘에의 의지의 구체적인 해명을 위한 개념으로 제시될 것이다. 이와 관련하여 스피노자가 『에티카』에서 사용한 **affektus/affekt, affektio/affektion**의 번역에 대한 상이한 의견들이 있다. **Affekt**의 번역에 대한 다양한 견해를 확인하기 위해서는 다음의 논문을 참조. 함돈균, 「한국문학사 또는 한국 현대시와 정동(affect) 담론의 양태들」, 『상허학보』 제49집(상허학회, 2017), 93-98쪽. 하지만 필자는 본 글에서 **Affekt**를 '정동'으로 번역해서 사용할 것이다. 그 이유는 필자 역시 정동을 대체할 수 있는 마땅한 번역어를 찾을 수 없기도 하지만, 힘에의 의지의 개념을 좀 더 구체적으로 해명함에 있어 니체가 자신의 철학에서 사용하는 **Affekt**를 '정동'으로 번역하고 그 의미로서 사용해도 무리가 없을 것으로 판단되기 때문이다. 필자는 오히려 (정동이라는) 이 번역어가 정동을 인간 내면의 폭발적인 현상으로 이해하는 니체의 사상적 의도에 적합한 표현이라고 생각한다. 니체의 철학에서 정동은 인간의 내적 생기활동을 표현해주는 단 하나의 개념이 아니다. 그는 정동과 함께 힘, 충동, 본능, 욕구, 의지 등과 같은 다양한 개념들을 함께 사용한다. 칸트를 예로 들고 있는 김상환의 견해처럼 프랑스권에서 **Affekt**를 affect로 옮기지 않을 경우에는 일반적으로 émotion(감정, 정서)로 옮겨진다고 한다(김상환, 「데카르트의 정념론과 그 이후」, 『기호학 연구』 제28권(한국기호학회, 2010), 44쪽, 주석 25번 참조). 정동과 열정(Leidenschaft)에 대한 칸트와 니체의 견해는 상반되지만, 본 논의의 중요한 토대는 **Affekt**(정동)의 번역어에 대한 문제가 아니라, 이 개념이 인간의 본질적인 존재해

그렇다면 니체의 철학에서 하나의 "정동이론(Affektenlehre)"을 도출할 수 있을까? 이 물음에 브루운(Lass. K. Bruun)은 단정할 수 없다고 답한다. 그럼에도 중요한 것은 니체가 오랜 시간 전통 인식론으로부터 부정되어 온 정동을 인간의 이성과 인식의 새로운 방향을 설정하는 근본 조건으로 사용하고 있다는 것이다.3) 이러한 측면에서 독일의 『교리문답 간행물(Katechetische Blätter, 9/1994)』은 니체의 사후 150주년을 기념하는 글의 제목을 1881년 7월 30일 실스 마리아에서 니체가 당시 바셀에 있었던 오버벡(Franz Overbeck)에게 보낸 편지의 한 문장으로 대신하고 있다.4) 「인식을 가장 강력한 정동으로 만들기(die Erkenntniß zum mächtigsten Affekt zu machen.)」 이 문장은 니체가 "의지의 자유", "목적론", "관습적 세계 질서", "비이기적인 것", "악" 등 오랜 형이상학적 전통을 부정하는 스피노자(Spinoza)라는 철학자로부터 사상적 공통점을 발견한 이후 가졌던 놀람과 반가움의 감정을 고스란히 담고 있다.

명으로서의 감정을 대변한다는 것이다. 그리고 본 글에서 중요한 것은 니체의 정동 이해가 데카르트, 스피노자, 칸트와 달리 인간의 실존적 변화를 향해 '감정-힘-의지-행위'로 나아가는 지속적인 과정의 전제 조건으로서의 역할을 한다는 것이다.

3) Lars. K. Bruun, *Vergessen als der größte Affekt? Affekt, Vergessen und Gerechtigkeit in Vom Nutzen und Nachteil der Hostorie für das Leben*, in : Volker Gerhardt/Renate Rschke (Hg.), Nietzscheforschung, Bd. 15, Berlin 2008, 214쪽 참조.

4) 니체 사후 150주년을 기념하는 본 글은 직접적으로 정동(Affekt)을 언급하며 니체의 사상을 조명하고 있지는 않다. 또한 스피노자의 이름을 언급하고 있지도 않다. 이러한 측면에서 「인식을 가장 강력한 정동으로 만들기」라는 제목은 1) 신의 죽음, 도덕 비판, 위버멘쉬, 영원회귀, 힘에의 의지 등 니체의 사상이 오랜 형이상학적 전통으로부터 자유로운 정신과 의지의 해방을 지향했으며, 2) 진리에 반한 비진리, 이성에 반한 비이성의 가치에 대한 오랜 편견을 해체한 그의 이러한 철학적 시도가 현대의 포스트모더니즘에 이르기까지 예술, 음악, 문학 등 다양한 영역 속에서 표출되는 인간의 정신과 의지 활동의 근본적인 사상적 전제로 작용하고 있음을 드러내주고 있다. 니체에게 있어 정동은 인간의 자유로운 정신과 의지의 힘을 대변하는 기호인 것이다. Konard Hilpert, *die Erkenntniß zum mächtigsten Affekt zu machen. zum 150. Geburtstag Friedrich Nietzsches (15. 10. 1844-25. 08. 1900)*, in : Katechetische Blätter, 119/1994, München, 640-648; An Franz Overbeck in Basel (Postkarte, Sils-Maria, 30, Juli 1881), in : *Friedrich Nietzsche Sämtliche Briefe. Kritische Studienausgabe*, Bd. 6, hrsg. von Giorgio Colli und Mazzino Montinari, Berlin – New York 2003, 111쪽).

니체가 자신의 철학에서 시도하는 심리-생리학적 방법론 아래 탐구하는 욕구, 욕망, 충동, 본능, 열정, 정동 등과 같은 정념(Pathos)은 모두 인간의 몸의 현상들이다. 이 현상들은 비록 다양한 심리-생리적 생기(Geschehen)로 표현되지만, 의미와 작용에서는 인간의 내면 활동을 반영하는 동의어로 사용되고 있다.5) 하지만 이 다양함을 비슷한 의미를 지닌 현상과 작용으로 규정하고 생명체의 본질이자 인간의 내면세계를 대변하는 힘에의 의지라는 개념 아래 포괄하기에, 위의 개념들은 니체의 철학 전체에 자주 등장하고 있다. 물론 힘에의 의지에 대한 개념적 해석이 국내외적으로 많이 정리된 것은 사실이다. 하지만 여기서 한 가지 의문이 든다. 욕구, 욕망, 본능, 충동, 정동, 감성, 열정 등과 같은 인간 내면세계의 다양한 정념 활동과 작용들을 힘에의 의지의 개념군에 속하는 것들로 이해하면 되는 것일까? 오히려 이 다양한 활동과 작용들에 대한 세부적인 논의를 통해서 힘에의 의지에 대한 개념적 보충이 이루어질 수 있는 것은 아닐까?

위의 개념들은 분명히 힘에의 의지와 연관된 개념들이기 때문에, 어느 한 개념에 대한 논의는 다시 다른 한 개념과 연결될 것이다. 하지만 위의 개념들에 대한 논의가 차근차근 이루어진다면, 1) 힘에의 의지에 대한 개념적 보충이 가능해질 것이다. 즉 의지의 방향이 정동이라는 감정의 자극에 의해 설정된다는 것, 다시 말해 의지가 추구하는 힘의 증대가 곧 쾌의 증대라는 감정의 문제임이 드러날 것이다. 2) 니체의

---

5) 에렌뮐러(Josef Ehrenmüller)는 자신의 글에서 인간의 사고와 행위는 충동, 몸, 정동 등과 같은 생리학으로 소급되며, 이 개념들은 모두 전체의 일부분으로 동일하게 사용될 수도, 상호 교환될 수 있다고 말한다. 필자 역시 그의 생각에 동의한다. 하지만 본능, 충동, 감정, 정념 등은 힘에의 의지에 대한 개념적 해석 아래서 동일한 의미로 규정하기에는 니체의 철학에 많이 등장한다. 필자의 관점에서 이와 같은 각 개념은 비록 동의어로 사용될 수 있다고 하더라도 세부적인 논의가 필요하다. 그래야만 힘에의 의지가 개념적으로 보충되며 보다 상세하게 해명될 수 있다(Josef Ehrenmüller, *Nietzsches Psychologie bzw. Physiologie der Philosophie*, in : Volker Gerhardt/Renate Rschke (Hg.), Nietzscheforschung, Bd. 15, Berlin 2008, 221-230쪽 참조).

철학에 등장하는 인간의 다양한 내적 활동의 개념들이 그의 사상적 시도를 구체적으로 드러내 주고 보완해주는 개념이라는 사실 또한 증명될 수 있을 것이다.

2. 힘의 심리학적 해명

1) 힘에의 의지와 정동

니체의 철학에서 힘에의 의지는 인간의 실존과 그의 삶을 구성하는 내-외적 원리로서 작용한다. 보다 구체적으로 말해 힘에의 의지는 자유정신, 신의 죽음, 모든 가치의 전도, 예술생리학, 영원회귀와 운명애 등과 같은 다양한 철학적 개념, 즉 그의 철학에서 제시되는 모든 심리-생리학적 개념을 체화해야 하는 주체로서의 위버멘쉬의 실존적 원리이다. 이렇듯 힘에의 의지는 단순히 새로운 철학적 인간 이해를 시도하는 개념을 넘어 내면의 힘과 의지를 바탕으로 자신만의 고유한 관점을 설정하고 이로부터 세계와 삶을 주권적 해석의 관계로 구성하는 주인적 인간의 특권이자 그러한 삶을 살고자 의욕하는 자의 가능성을 실현하는 철학적 실천의 원리로 대변되는 개념이다. 그리고 그 실천의 원리 이면에 정동이 활동한다.

> 사람들은 이렇게 물어서는 안 된다 : "도대체 누가 해석하는가?" 해석 자체가, 힘에의 의지의 한 형식으로서의, 정동으로서의(als ein Affekt) 현존재를(그러나 "존재"로서가 아니라 하나의 "과정", 하나의 생성으로서) 가진다.[6]

---

6) 니체, 『유고(1885년 가을~1887년 가을)』, 2[151], 172쪽.

위의 글에서 니체는 힘에의 의지, 해석, 정동, 과정, 생성이라는 개념을 통해 인간의 존재론적 토대를 해명하고 있다. 보다 구체적으로 살펴보면 이 글은 힘에의 의지가 불변하는 고정된 존재로서의 인간이 아니라 생성 속에서 끊임없이 되어가는 과정의 생기 존재로서의 인간, 즉 "정동으로서의 현존재(Dasein)"의 원리로 작용한다는 사실을 보여주고 있다. 위에 제시된 유고가 작성된 시기에 니체는 또 다른 단편에서 해석의 전제를 인간의 "삶"으로, "힘에의 의지"로, "생리학적 상태"의 징후로, 다시 말해 정동으로 규정한다.7) 그리고 다음과 같이 말한다. "누가 해석하는가? ― 우리의 정동"8) 이러한 의미에서 플라톤(Platon)과 같은 덕의 철학에 대한 니체의 비판처럼, 모든 행위에 행위자를 상정하며 인간의 행복을 도덕의 목적 아래 이해하고자 하는 시도는 "초보 심리학(die rudimentäre Psychologie)"일 뿐이다.9)

힘에의 의지는 모든 생명체의 생명력을 대변하는 개념이다. 생명력이 생명체의 내-외면을 모두 포괄하는 생명 개념이듯이, 힘에의 의지 역시 인간의 감정과 행위까지 모두 포괄하는 인간의 존재 원리이다. 여기서 중요한 것은 힘에의 의지가 삶을 형이상학적 이원론으로부터 해방시켜주는 도구일 뿐만 아니라, 존재를 구성하는 인간의 육체적 자연성, 즉 모든 내적 정념을 구체적으로 드러내 주는 동시에 이를 대변하는 개념이라는 것이다. 그래서 힘에의 의지는 단순히 힘과 의지의 문제로 다루어져서는 안 되며, 힘으로 대변되는 내면의 다양한 현상에 대한 구체적인 탐구가 함께 이루어져야 한다. 이러한 의미에서 "삶에 대한 나의 정식 : 삶은 힘에의 의지이다."10)라는 니체의 짧은 말에는

---

7) 같은 책, 2[190], 197쪽.

8) 같은 책, 2[190], 197쪽.

9) 니체, 『유고(1888년 초~1889년 1월 초)』, 14[129], 131쪽.

감정, 사고, 의지, 행위 등 삶을 이루고 또한 삶으로 명명되는 인간의 내-외면에 대한 모든 현상이 담겨 있으며, 그렇게 이해해야만 한다.

위의 논의를 따라 1888년 초의 한 유고는 힘에의 의지와 정동(감정)의 관계, 다시 말해 심리학적임과 동시에 생리학적인 힘에의 의지의 성격을 해명할 수 있는 중요한 내용을 담고 있다. 니체의 이 단편에서 1) 힘에의 의지를 "존재의 가장 내적인 본성"으로 규정하고, 2) 힘의 증대와 감소라는 상호 자극의 관계로 대변되는 이 본성을 쾌감과 불쾌감, 긍정과 부정 등과 같은 심리적 감정의 문제로 환원하고 있다. 3) 힘을 향한 의지의 활동은 결국 쾌감과 불쾌감, 긍정과 부정 등, 힘으로 환원된 포괄적 감정에 의한 그리고 그 감정을 향한 활동이다. 4) 이것이 바로 모든 존재 활동의 "근본-사실"이다.

> 존재의 가장 내적인 본성이 힘에의 의지라면, 쾌감이 힘의 모든 증대이고 불쾌는 저항하지 못하고 지배할 수 없는 느낌(Gefühl) 일체라면 : 쾌감과 불쾌를 근본-사실로 설정해도 되지 않을까? 긍정과 부정의 이런 두 진동 없이도 의지가 여전히 가능할까? 그런데 누가 쾌감을 느끼는가?……그런데 누가 힘을 원하는가?……불합리한 질문이다 : 존재하는 것 자체가 힘에의 의지이고 쾌감과 불쾌를 느끼는 행위라면. 그럼에도 불구하고 : 그것은 대립이, 저항이 필요하다……그러므로 상대적으로 우위를 점하는 단일성들이 필요하다……위치를 정한다 [⋯] A가 B에 영향을 미쳐야 A는 B로부터 위치상 분리된다.[11]

---

10) 니체, 『유고(1885년 가을~1887년 가을)』, 2[190], 197쪽.

11) 니체, 『유고(1888년 초~1889년 1월 초)』, 14[80], 69쪽. 스피노자의 『에티카』 제3부는 기쁨, 슬픔, 욕망 등과 같은 근본 감정을 바탕으로 인간의 신체와 사유의 유기적 관계를 해명하는 시도로 이루어져 있다(B. 스피노자, 『에티카』, 강영계 옮김, 서광사, 1990). 스피노자에 대한 니체의 긍정적인 평가는 바로 스피노자가 감정(Affekt)에 대한 형이상학적 평가로부터 가치론적으로 자유로웠기 때문이다. 하지만 인간 내면의 힘을 인식하는 방법에 따라서 스피노자와 니체의 차이는 그의 철학의 중기에서부터 시작되어 후기에까지 지속되며 비판은 더욱 거세진다. "스피노자와 복수심에 불타는 감정(der rachsüchtige Affekt), 감정을 극복했다는 저 가식 (die Heuchelei der Überwindung der Affekte), "순수 학문", "인식을 위한 인식"이라는 저 가식"(니체, 『유고(1884년 초~가을)』, 26[285], 297쪽). 다시 말해 힘에의 의지가 개념적으로 정리되어가면서 이 둘의 사상적 차이는 점점 더 분명해진다. "스피노자는 말한다 : 우리의 행위는 다만 욕망과 정동을 통해 규정된다. 인식 역시 행위의 동기가 되기 위해서는 정동이어야 한다. ─ 그러나 나는 말한다 : 인식은 동기가 되기 위해서는 열정(Leidenschaft)이어야 한다."

나아가 위의 글에 제시된 내용 중 "존재하는 것 자체가 힘에의 의지이고 쾌감과 불쾌를 느끼는 행위라면"이라는 니체의 물음에 대한 답은 다음과 같다. 만약 존재하는 것 자체가 쾌와 불쾌라는 힘의 경계에서 투쟁하는 의지라면, 쾌감과 불쾌감의 감정적 동기를 제공하는 정동은 곧 존재에 귀속된 하나의 특성이 아니라, 존재를 힘에의 의지로서, 다시 말해 존재를 존재로서 증명해주는 본질적인 요소이다. 힘에의 의지가 다양한 내적 생기활동을 대표하는 하나의 개념이라면, 정동은 힘에의 의지의 보다 내밀한 작동 원리이다.

그래서 니체는 해석을 "정동으로서의 현존재(Dasein […] als ein Affekt)"를 위한 "힘에의 의지의 한 형식"이라고 말하는 것이다.12) 니체

___

(니체, 『유고(1881년 봄~1882년 여름)』, 11[193], 515쪽) 니체의 이 말은 스피노자의 감정이론을 긍정하는 것처럼 보인다. 하지만 인식의 동기를 "열정"으로 규정하는 니체의 견해는 이성을 통한 "최고의 선"의 인식을 제시하는 스피노자와 차이를 두고 있음을 알 수 있다. 니체에게 있어 열정(Passion)은 절대성이 아니라, 오히려 삶의 모순과 부조리의 경계에서 발생하는 삶에 대한 사랑(긍정)으로부터 발생하는 의지(극복)의 힘을 대변한다. 그래서 니체는 자신의 인식 충동을 열정으로 규정하는 것이다(니체, 『유고(1880년 초~1881년 봄)』, 7[197], 467쪽; 이상범, 「니체의 열정(Leidenschaft)에 대한 연구」, 『니체연구』 제33집(한국니체학회, 2018년 봄), 133-193쪽). 또한 인간의 실존적 변화 가능성을 긍정과 극복의 심리학적-감정적 현상으로 설명하고 이를 "커다란 이성"이라는 몸의 인식론으로 확장시키는 니체에게 있어 인식과 감정(충동, 욕망)은 분리될 수 없다. 하지만 이성과 감정의 관계에서 이성을 우위에 두는 스피노자의 견해는 몸의 현상으로 이해하는 니체에게 있어 비판의 대상이 될 수밖에 없다. 예를 들어 몸의 현상으로서 쾌는 상승과 성장의 느낌이다. 하지만 이 느낌은 불쾌의 제거로부터 발생하는 것이 아니다. 이와 같은 몸의 현상은 전통 형이상학적 "작은 이성"으로는 해석될 수 없다. 오히려 불쾌감으로부터 새로운 쾌에 대한 가능성이 열리는 것이다. 불쾌는 쾌를 능동적으로 만드는 유일한 조건인 것이다. 즉 인간에게 쾌를 선사하는 선에 대한 참된 인식은 니체에게 중요한 사안이 될 수 없다. 이러한 의미에서 스피노자에 대한 니체의 견해는 분명하다. 특히 감정과 인식에 대한 스피노자의 견해를 담고 있는 『에티카』의 제4부는 니체의 인식론과 결정적인 차이를 드러낸다. 다음의 글을 보자. "자신의 본능을 신성하게 생각하는 논리학자의 우스꽝스럽고 옹졸한 태도. 스피노자는 모든 것을 완전히 인식했다고 믿는다. 그러면서 그는 최대의 권력을 느꼈다. 그 권력에 대한 충동이 다른 모든 충동을 제압하고 소멸시켰다. 이런 "인식"이 그에게 지속적으로 의식되었다 : 일종의 "신에 대한 사랑"이 거기서 나오고, 실존에 대한 기쁨이, 그 밖의 것들과 마찬가지로, 모든 실존에 대한 기쁨이 거기서 나온다. 나쁜 기분, 슬픔, 두려움, 증오, 시기는 어디서 오는가? 하나의 원천에서 : 사멸적인 사물에 대한 우리의 사랑에서. 이 사랑과 함께 저 욕망이 모두 사라진다. "내가 세상 재물이 아무것도 아니라는 것을 잘 알고 있다고 해도, 탐욕, 감각적 쾌락과 명예욕을 완전히 떨쳐버릴 수는 없었다. 그러나 나는 하나를 경험했다 : 나의 정신이 이런 생각을 깊이 하며 사는 한, 정신은 이 욕망에서 벗어나 있다"(니체, 『유고(1885년 가을~1887년 가을)』, 7[4], 325-326쪽).

12) 같은 책, 2[151], 172쪽.

는 인간의 존재 원리로서의 힘에의 의지에 의한 해석, 구체적으로 말해 자기감정에 의한 고유한 관점을 바탕으로 해석하고 또한 의지하는 현실의 구체적 실천을 통해 소크라테스, 플라톤, 데카르트, 칸트, 쇼펜하우어 등의 전통적인 이원론적 초보심리학을 극복한다. 의지가 정동을 원리로 할 수밖에 없듯이, 힘에의 의지 역시 힘의 증대를 쾌로, 힘의 감소를 불쾌로 자극하는 정동을 원리로 할 수밖에 없다. 힘에의 의지에는 정동이 내재해 있다. 그 이유는 정동이 현존재의 존재 원리이기 때문이다.

2) 힘에의 의지의 심리-생리학적 성격과 정동

『아침놀』과 『즐거운 학문』 등 니체의 철학적 중기에 힘과 감정의 문제로 등장하던 힘에의 의지는 『차라투스트라는 이렇게 말했다』에 이르러 모든 생명체의 생명력으로, 즉 자기극복의 원리로 구체화된다. 이후 1886년부터 1888년에 걸쳐 힘에의 의지는 심리학적-생리학적 관점에서 보다 구체적인 개념적 해명이 이루어진다. 물론 니체의 이러한 시도가 담긴 이 시기의 유고들이 공유하는 내용은 큰 차이가 없다. 하지만 이 글들 속에서 힘에의 의지는 점차 인간의 내-외면을 모두 포괄하는 심리-생리적 개념으로 변모되어 간다.

그리고 그 과정에서 정동이 제시된다. 인간 내면의 힘과 의지와 불가분의 관계를 대변하는 힘에의 의지는 필연적으로 심리학적이고 생리학적인 토대를 전제로 할 수밖에 없다. 그 이유는 힘에의 의지를 해석의 원리로 설정하는 니체에게 있어 정동의 인식론적 토대는 심리학적일 수밖에 없으며, 의지를 통해 표출되는 행위는 생리학적 힘을 전제로 할 수밖에 없기 때문이다. 이때 "힘의 느낌"은 심리-생리학적인 이 힘의 감정적 인식을 구체화하기에 적합한 표현이다.

니체는 이미 1886년부터 정동을 힘에의 의지로 환원한다는 계획을 제시한다.13) 이 계획은 힘에의 의지를 온전히 심리학적으로 이해하고자 하는 니체의 시도를 담고 있다. 하지만 여기에서는 1888년 초에 쓰인 한 유고의 단편(14[121])을 살펴볼 것이다. 이 단편에서 니체는 힘에의 의지를 심리학적으로 해석하고, 그다음의 단편(14[122])에서는 힘에의 의지의 심리학적이고 인식론적인 성격을 경험적으로, 다시 말해 인간 인식에 대한 힘의 기능과 활동의 원리를 생리학적으로 규명한다.14)

힘에의 의지 심리학적으로
심리학의 단일성 구상
우리는 엄청나게 많은 형식들의 형성을 단일성이라는 기원과 양립시키는 데에 익숙해져 있다.
힘에의 의지가 원초적인 아펙트-형식Die primitive Affekt-Form이라는 것, 다른 모든 아펙트들은 단지 그것의 형태들에 불과하다는 것 :
모든 생명 있는 것들이 추구한다고 하는 개체적 '행복' 대신에 힘을 설정하는 것에 대한 의미심장한 해명이 있다는 것 : '생명 있는 것은 힘을 추구하고, 힘 안에서 증대를 추구한다.' ─ 쾌감은 한갓 도달된 힘 느낌의 징후, 차이-의식에 불과하다 ─
─ 생명 있는 것은 쾌감을 추구하지 않으며, 쾌감은 추구된 것이 도달되었을 때 비로소 등장한다 ; 쾌감은 수반되는 것이지, 동인은 아니다……
모든 추동적 힘은 힘에의 의지라는 것, 그 외에도 생리적 힘도, 역동적 힘도, 심리적 힘도 존재하지 않는다는 것……15)

위의 글의 마지막 문장에서 확인할 수 있는 것처럼, 니체는 생명체의 역동적인 심리-생리학적인 힘을 힘에의 의지라는 단일 원리로 제시하고 있다. 1885년부터 1888년에 이르는 기간에 자신의 철학을 힘에의 의지라는 개념으로 종합하고 싶어 하며 저술로도 계획했었던 니체

---

13) 같은 책, 6[26], 302쪽.
14) 니체, 『유고(1888년 초~1889년 1월 초)』, 14[121], 119-120쪽; 14[122], 121-122쪽 참조.
15) 같은 책, 14[121], 119쪽.

는, 그 자신의 계획처럼 생명체의 모든 생기현상을 힘에의 의지라는 단일한 개념으로 대변하고 싶어 한다. 하지만 본 글에서 중요한 것은 생명체의 생명력, 니체의 표현에 의하면 모든 "추동력"으로서의 힘에의 의지, 행복에 대한 힘의 해석, 힘의 증대의 필연적 과정으로서 쾌감과 불쾌감의 관계 규명보다는 힘에의 의지가 "원초적인 아펙트 형식"이라는 것이다.

물론 위의 글에 언급된 모든 내용은 힘에의 의지의 형식을 이루는 중요한 득성들이다. 하지만 본 글에서는 아펙트, 다시 말해 정동(감정)이 힘에의 의지의 본질이라는 사실이 무엇보다 중요하다. 이에 대해 논의하기에 앞서 니체는 위의 글에서 모든 "추동적 힘"을 힘에의 의지로 규정하고 이 외에 그 어떤 역동적인 심리-생리학적인 힘도 존재하지 않는다고 말한다. 그럼에도 그가 힘에의 의지를 원초적인 아펙트 형식이라고 규정하는 이유는 힘에의 의지를 정동의 보다 구체적인 형식, 즉 생명체의 보다 내밀한 맹목적 생명력으로서의 충동을 제시하고 싶어서였을 것이다.

이렇듯 니체는 힘에의 의지를 정동 형식 외에도 충동의 형식으로 표현하기도 한다. 물론 니체의 철학에서 충동과 정동을 힘에의 의지를 설명하는 두 가지 요소로서 이해해도 무관하다. 하지만 충동을 "정동의 세계의 좀 더 원초적인 형태(eine primitivere Form der Welt der Affekte)"[16]로 이해하는 니체에게 있어 정동은 충동의 활동을 반영하는 보다 구체적이고 다양한 감정의 문제로서 다루어져야 한다. 인간 실존의 원리를 정동으로 이해하고 이를 힘에의 의지라는 하나의 개념으로 제시하는 니체에게 있어 정동은 힘에의 의지를 이해하는 또 하나

---

16) 니체, 『선악의 저편』, 36, 66쪽.

의 방법이 될 수 있을 것이다.

3) 힘의 느낌

> "많은 것, 모든 것이 힘의 느낌을 주는 것처럼 행동하고 사유하기. '누구와도
> 같지 않은' — 이것은 힘의 느낌에 관한 징표이다. — 도덕적 명령들은 자신을
> 엄격하고 독자적으로 인식하지 못하고 자신의 외부에서 규범을 가져야 하는 개
> 인들을 위한 임시방편들이다."[17]

니체의 이 말은 인간의 사유와 행동 그리고 그 내-외적 조건의 인간
학적 물음에 대한 답을 담고 있다. 그의 말에서 확인할 수 있는 것처럼,
인간의 사유와 행위는 힘의 느낌(Machtgefühl/Gefühl von Macht)을 전
제로 한다.[18] 이는 사유와 행위를 단순히 이성에 의존하는 기계적 체계
가 아니라, 인간 내면의 모든 비이성적 요건에 의해 매 순간 변화하는
감정의 영역으로 이해하고 있는 니체의 의도를 함의하고 있다. 힘은 이
성과 같이 인간의 내-외적 세계를 구성하는 단 하나의 원리로 작용함으
로서 인간의 삶을 하나의 목적 아래 이해하고 해석하는 도구일 수 없다.
"힘의 느낌"이라는 니체의 개념처럼, 힘은 이성적 사유보다 먼저 감정
적으로 느껴지는 것이다. 힘의 느낌은 인간이 자신의 힘을 욕구하고 인

---

17) 니체, 『유고(1880년 초~1881년 봄)』, 10[E89], 572쪽.

18) "Machtgefühl/Gefühl von Macht"은 "힘의 감정"으로 번역해도 무리가 없다. 하지만 필자는 힘
과 관련된 "Gefühl"은 "느낌"으로 번역할 것이다. 만약 "Gefühl"을 "감정"으로 번역하게 되면
힘에의 의지의 속성, 즉 인간의 내-외적 힘의 활동과 영향에 대한 이해가 한정될 수 있기 때문
이다. 그 이유는 니체에게 있어 힘은 일차적으로 쾌와 불쾌라는 심리학적 감정의 문제이지만,
이차적으로는 그 힘을 감정을 통해 직접 느끼는 생리학적 경험의 문제이기 때문이다. 감정이
현재 느끼는 힘이 쾌인지 불쾌인지를 심리적으로 구분하는 척도라면, 느낌은 이 감정과 그 영
향으로 유발하는 생리적 상태까지 포괄한다. 감정은—정동에 담긴 의미처럼—즉각적이고 폭발
적인 무의식적 반응이며, 느낌은 이 감정에 의해 체험되는 의식적 결과인 것이다. 즉 감정이 자
유롭다면 인간의 느낌, 다시 말해 그의 변화의 경험 역시 자유로워질 수밖에 없다. 이렇듯 니체
의 철학에서 힘은 감정의 영역에 국한되는 개념이 아니다. 따라서 필자는 "Machtgefühl/Gefühl
von Macht"를 힘의 내-외적 속성을 모두 담을 수 있는 "힘의 느낌"으로 번역할 것이다. 그럼에
도 때로는 문맥과 의미를 고려하여 느낌을 감정으로 번역하여 사용할 것이다. 단 이 경우에는
괄호 안에 원어를 함께 제시할 것이다.

식하며 이를 표출하는 행위와 행위자의 일치, 즉 자아와 자기의 일치로 대변되는 몸(Leib)의 존재임을 부각시킨다. 나아가 니체의 이러한 해석은 전통 형이상학과 종교의 독단적 인간 이해와 도덕적 명령을 극복하는 고유한 철학적 방법론으로 작용한다. 이렇듯 매 순간 자신의 힘을 느끼는 한, 인간은 단 하나의 의미와 가치로 규정될 수 없다.

힘의 인식을 느낌, 즉 감정의 영역으로 이해하는 니체의 사상적 의도는 일반적으로 그의 철학에서 정신적 가치의 차이로 대변되는 "거리의 파토스(Pathos der Distanz)"로 제시되며, 위에 제시된 "'누구와도 같지 않은' — 이것은 힘의 느낌에 관한 징표이다."라는 글은 이를 잘 반영하고 있다. 니체는 이를 보다 직접적으로 "거리의 정동(Affekt der Distanz)"[19]이라는 개념으로 표현한다. '누구와도 같지 않은 것'을 만드는 것은 힘의 차이지만, 보다 근본적으로 말하면 이 차이는 힘의 증대를 추구하도록 의지를 자극하고 명령하는 정동의 차이, 즉 감정의 차이이다. 그렇다면 삶의 주인은 공통된 도덕적 명령 아래 보편적인 삶의 의미와 가치를 공유할 수 없다. 그는 스스로 명령을 내리고 이를 실천하는 자기감정의 주인이기 때문이다.

> 도덕의 배타성은 인간의 약함에 대한 징후이다 : 약한 인간은 자신의 '비도덕성'을 두려워하며, 자신의 가장 강력한 충동을 부정해야만 한다. 그가 이 충동을 사용할 줄 모르기 때문이다……이런 식으로 지상에서 가장 풍요로운 면이 가장 오랫동안 경작되지 않은 채로 남아 있다 : — 여기서 주인이 될 수 있을 만한 힘이 결여되어 있다……[20]

---

19) 니체, 『유고(1882년 7월~1883/84년 겨울)』, 7[106], 361쪽.
20) 니체, 『유고(1887년 가을~1888년 3월)』, 10[206], 85쪽.

감정은 힘을 경험 가능한 것으로 인식하게 해준다. 다시 말해 모든 생명체는 자신의 힘의 느낌을 통해 사고하고 행위하며, 이러한 그의 사고와 행위는 자신의 힘의 느낌에 비례한다. 힘을 느낌의 문제로 전환하는 니체는 힘의 체험이 곧 자기감정의 체험, 다시 말해 심리적-생리적 힘의 감정적 체험이라는 사실에 주목한다. 그리고 힘을 실마리로 하는 감정과 느낌에 대한 니체의 심리-생리학적 이해는 영혼과 육체의 문제를 극복하는 근본적인 토대가 된다. 이렇듯 감정은 힘의 인식 문제로 전환되며 이는 니체의 철학에서 존재론적인 차이를 만들어내는 인간학적 조건으로서의 역할을 한다.21) 니체의 철학에서 힘에의 의지의 개념이 힘과 의지의 관계에 대한 해명 이전에 힘과 느낌의 감정적 관계 문제로서 먼저 다루어졌다는 사실에 주목하는 들뢰즈의 견해는 정당하다.22)

니체의 이러한 인간 이해, 즉 힘에 대한 감정이론은 전통 형이상학적 세계 질서와 세계 해석에 대한 반론이다. 니체에 의하면 세계의 이원화는 자연에 내재된 물리적 힘에 대한 오해, 보다 구체적으로 말하면 그 거대한 힘에 의한 불안과 두려움의 감정을 삶의 필연적 조건으로 긍정하지 못했기 때문이다. "약함의 감정(두려움)이 우세한가, 힘의 감정(das Gefühl der Macht)이 우세한가에 따라 비관적인 체계나 낙천적인 체계가 생겨난다."23)라는 니체의 말처럼, 인간의 사고와 행위는

21) Volker Caysa, *Ein Versuch, Nietzsches Affektlehre systematisch zu verstehen*, in : Volker Gerhardt/Renate Rschke (Hg.), Nietzscheforschung, Bd. 15, Berlin 2008, 195쪽 참조. 케이자 (V. Caysa)는 니체의 정동을 열정과 함께 하나의 감정으로 이해하며, 이를 하이데거와의 연관 아래 기분(Stimmung)으로 규정하며 논의를 진행한다. 그의 이러한 시도는 니체의 정동이론을 현존재의 근본 조건으로서 규정하는 하이데거의 실존적 인간학의 방법론적 성격을 토대로 하고 있다.

22) 질 들뢰즈, 『니체와 철학』, 이경신 옮김, 민음사, 2005, 122-123쪽; Gilles Deleuze, *Nietzsche und die Philosophie*, Hamburg 2008, 69-70쪽.

23) 니체, 『유고(1880년 초~1881년 봄)』, 4[194], 192쪽.

그의 내면의 힘의 느낌에 대한 인식으로부터 발생한다.

니체의 인식론은 신이 부재하는 허무주의의 위기 속에서 자유로운 실존적 춤의 놀이를 할 수 있는 위버멘쉬로의 변화를 향한 시도이다. 이 춤은 오랜 절대적 가치들이 파괴된 위기 속에서도 자신의 힘을 체감하며 삶을 긍정적으로 인식할 수 있는 용감하고 즐거운 감정, 니체의 표현에 의하면 "영웅적 감정(das heroische Gefühl)"으로부터 비로소 가능한 행위이다.24)

힘은 감성 없이는 인식될 수도 표출될 수도 없다. 힘의 느낌을 통해 발생하는 인간의 사유와 행위는 실재(Realität)를 전제할 수밖에 없기 때문이다. 이렇듯 니체의 인식론에 담긴 고유한 철학적 의미는 바로 그의 인식론이 모든 인간에게 대지라고 명명된 실재를 인식하도록 요구함에 있다. 세상을 아름답게 인식하고 그 안에서 춤을 출 수 있는 "도취감(Das Rauschgefül)" 역시 자신의 힘을 온전히 느끼고 있는 쾌의 상태, 즉 감정(정동/아펙트)에 대한 개념이다. "도취라고 명명되는 쾌의 상태는 정확히 고도의 힘의 느낌(ein hohes Machtgefühl)인 것이다."25)라는 말은 이를 잘 보증해준다.

그리고 여기서 "고도의 힘의 느낌"은 삶의 상승과 성장에 대한 감정, 즉 자기 힘의 충만함을 바탕으로 스스로 건강한 삶을 살고 있다고 느끼는 주인적 감정의 상태를 의미한다. 이 쾌의 감정은 단순히 심리

---

24) 니체, 『즐거운 학문』, 324, 294쪽. 1888년의 한 유고에서 자신의 철학적 시도를 "실험철학"으로 규정하기 이전에 니체는 이미 『즐거운 학문』에서 힘에의 의지를 바탕으로 자신의 삶을 인식하는 자의 삶을 "실험"으로 제시한다. 실험은 자신의 힘으로 새로운 가치를 창조하고 이를 자신의 삶에 적용하는 자의 예술적-실천적 인식행위를 의미한다. 니체는 이러한 자의 감정을 "영웅적"이라고 표현한다. 모든 개인에게 삶의 예술적-창조적 실험을 실존의 과제로 제시하는 니체의 철학적 시도에 대한 명칭이 바로 "실험철학"인 것이다. 니체에게 있어 실험은 곧 삶의 실재를 향한 실천이다(니체, 『유고(1885년 가을~1887년 가을)』, 1[75], 34쪽; 니체, 『유고(1888년 초~1889년 1월 초)』, 14[117], 354-355쪽 참조).

25) 같은 책, 14[117], 111쪽.

적인 상태만을 지시하는 것이 아니라 생리적인 상태까지 포괄한다.26)
"정동 자체(Affekt Selbst)가 가지고 있는 똑같은 현실성"27)을 추구한
다는 니체의 말처럼, 인간의 내면에 생기하는 이러한 자극과 작용의
충동 현상을 인식하지 못하면 세계와 인간의 존재론적 이원화는 결코
해체될 수 없다. 다시 말해 현실적 삶의 실재 세계로서의 대지를 쾌를
주는 삶의 세계로 느끼지 못한다면 그것은 부정적으로 사유될 수밖에
없다. 그래서 니체는 "사유(Denken)"를 충동을 반영하는 태도라고 말
하는 것이다.

> 우리의 욕망과 열정의 세계 외에 현실로 '주어진' 것이 아무것도 없다고 가정한
> 다면, 우리가 바로 자신의 충동의 현실에 다가가는 것 외에 다른 '현실'로 내려
> 가거나 올라갈 수 없다고 가정한다면 ― 왜냐하면 사유란 이러한 충동들 상호
> 간의 태도일 뿐이기 때문이다.28)

전통 형이상학과 종교를 현실과 실재를 인식할 수 없는 나약한 감정
의 문제로 환원하는 니체에게 있어, 쾌감과 불쾌감이라는 감정의 유기
적 관계에 대한 해명은 참된 자기인식의 가능성을 열어준다. 잘 알려

---

26) "근육의 지배 감정으로서의, 운동에서의 유연성과 쾌감으로서의, 춤으로서의, 경쾌함과 프레스
토로서의 강함. 강함에 대한 입증에서 느끼는 쾌감으로서의, 걸작과 모험과 대담함과 무관심
한 존재로서의 강함 […] 무언가에 소용이 있는 예술가는 강력히 (몸으로도) 진력을 다하고,
힘이 넘쳐나며, 힘센 짐승이고, 육감적이다"(같은 책, 14[117], 111-112쪽). 다음의 글도 함께
참조. "모든 예술은 암시로서, 소박한 예술적 인간에게서 근원적으로 활동하고 있는 근육과 감
관에 작용한다 ― 예술은 섬세한 자극감을 갖고 있는 신체 유형(Art von feiner Erreglichkeit
des Leibes)에만 말을 거는 것이다"(같은 책, 14[119], 113쪽). 니체의 철학에서 감정과 느낌
모두 능동적 작용을 대변한다. 이 중 어느 하나가 억압된다면, 그 외의 다른 것도 유기적으로
억압될 수밖에 없다. 이러한 의미에서 니체가 힘의 존재론적 문제를 탐구하며 의지의 강함과
약함을 심리-생리학적 관점에서 규정할 수 있는 이유는 힘의 느낌이 감정의 영역에 국한되지
않고, '감정적으로 느껴지는' 경험의 문제이기 때문이다. 자기 내면의 힘을 감정과 느낌, 심리-
생리학적으로, 다시 말해 총체적인 몸의 활동으로 인식하고 표출하는 인간은 끊임없이 변화를
경험하는 '되어가는 존재(der werdenden Wesen)'일 수밖에 없다.
27) 니체, 『선악의 저편』, 36, 66쪽.
28) 같은 책, 36, 66쪽.

진 것처럼 쾌와 불쾌는 니체가 자신의 철학에서 제시하는 근본적인 감정의 문제이다. 쾌와 불쾌를 느꼈다는 것은 그러한 감정을 느꼈다는 것, 다시 말해 그 감정에 담긴 힘을 경험했다는 것이다. 힘의 증대 및 감소와 같은 변화에 대한 이러한 감정적 경험은 한 인간의 삶의 관점과 태도를 지배할 수 있는 강력한 기제이다.

이러한 의미에서 오직 쾌만을 추구하고 불쾌를 제거하고자 하는 의지의 나약함은 그 감정에 담긴 힘을 극복할 수 없다는 사실과 다르지 않다. 니체는 쾌와 불쾌, 자기와 자아, 건강과 병, 상승과 하강, 성장과 퇴화 그리고 이편 세계와 저편 세계 등 이원화된 모든 삶의 양식을 내면의 힘의 문제로 전환한다. 그리고 이 힘을 인식하는 것이 본질적으로 인간의 의식, 정신, 지성 등 인간의 이성이 아니라 감정이라는 점으로부터, 니체의 고유한 사상적 시도가 보다 분명하게 드러난다.

4) 충동과 정동

힘과 감정이라는 유기적 관계 개념에서 볼 수 있는 것처럼, 힘과 감정은 서로 분리될 수 없다. 하지만 힘과 감정의 관계를 구체화하기 위해서는 이들의 활동을 조금 더 면밀하게 살펴봐야만 한다. 힘은 매 순간 강함(명령/쾌감/만족/충만)과 약함(복종/불쾌감/불만족/결여)의 경계에서 충동한다. 여기서 힘은 무언가를 향한 충동이기 때문에, 이 충동이 지향하는 바에 따라 의지는 활동하게 된다. 의지는 충동, 즉 힘의 자극 없이 운동하지 않는다. 즉 의지가 어떤 목적을 향한다는 것은 힘이 그 목적 속에서 충동하고 있다는 것을 의미한다. 만약 충동이 힘이 아니라면, 충동은 힘의 증대를 목적으로 삼을 수 없다. 중요한 것은 의지가 힘의 증대라는 목적을 추구하는 이유는 의지가 충동하는 힘의 증대가 쾌감의 문제, 즉 감정의 문제이기 때문이다. 충동은 정동의 자극으로 발생한다.

충동은 그 자체로 충동하는 힘이기 때문에 어떠한 방식으로든 억제하거나 부정할 수 없다. 니체에게 있어 충동을 발생시키는 쾌를 향한 폭발적 감정을 억압하는 것만큼 인간이 순화되는 일은 없다. 니체역시 이를 잘 알고 있었다. 그래서 그는 충동을 "정동의 세계의 좀더 원초적인 형태(eine primitivere Form der Welt der Affekte)"[29])로 표현함과 더불어 원형질에 비유하며 그것을 생명체의 원초적 생명력으로 규정했던 것이다. 하지만 생명체의 원초적인 생명력은 쾌 혹은 불쾌와 같은 하나의 감정만을 향해 충동할 수 없다. 이 생명력은 오히려 불쾌로부터의 불만족을 통해 다시 쾌를 향하도록 명령함으로써 우월한 감정을 느끼는 정동의 존재로, 다시 말해 매 순간 다시 새롭게 충동할 수 있는 자유로운 감정의 존재로 규정되어야만 한다.

그래서 니체는 정동을 "명령의 정동(Affekt des Commando's)", "우월의 정동(der Überlegenheits-Affekt)", "명령을 내리는 자의 우월감(Überlegenheits-Gefühl des Befehlenden)"으로 규정한다.[30]) 이렇듯 니체는 정동을 통해 생명체를 맹목적으로 충동하는 존재가 아니라, 어떤 자극에 의해 자유롭게 충동하는 존재로서 해명한다. 여기서 쾌감을 주는 힘의 증대를 향해 충동하도록 의지를 자극하는 정동의 의미가 명확하게 드러난다. 그리고 "사람들은 의욕의 원인이 아니라 의욕을 자극하는 것에 대해 말해야 한다."[31])라는 니체의 말은 이를 잘 보증해준다. 삶의 상승과 성장을 위해 자기 안에서 스스로 자극을 만들어낼 수 있

---

29) 같은 책, 36, 66쪽.
30) 같은 책, 19, 37쪽; 니체, 『유고(1884년 초~가을)』, 25[436], 165쪽.
31) 같은 책, 25[436], 165쪽.

는, 명령하는 우월한 정동의 인간은 정동을 통해 매 순간 자기 자신으로 존재하게 된다.

> 의지하는 자는 […] 명령하는 자로서의 쾌의 감정(Lustgefühle)에 명령을 수행하면서 성취시키는 도구, 즉 유용한 '하위에 있는 의지Unterwillen' 또는 '하위에 있는 영혼Unter-Seelen' — 우리의 몸은 많은 영혼의 집합체일 뿐이다 — 의 쾌의 감정을 덧붙인다. 그 결과, 그것이 바로 나이다.[32)]

이에 반해 영혼의 구원 및 내세와 같이 단 한 명의 신을 향한 충동의 힘이 강할수록 삶의 실재에 대한 부정적인 감정은 커질 수밖에 없다. 니체에게 있어 이 감정은 스스로 명령할 수 없는 자가 느끼는 복종의 감정일 뿐이다. 생성하는 대지에 적대적인 단 하나의 형이상학적-종교적 욕구의 근원을 니체가 "게으름의 아펙트(Der Affekt der Faulheit)"[33)]라고 표현하는 이유는 이 때문이다. 반면에 삶의 긍정과 극복을 향한 충동의 힘이 강하다는 것은 대지에서의 현실적 실재의 삶과 영원회귀를 쾌감으로 느낄 만큼 긍정적 감정이 충만하다는 것을 의미한다. "진리에의 의지"[34)]와 힘에의 의지가 두 현상을 대변하는 인간의 의지이다.

이러한 의미에서 인간의 실존적 변화에 대해 중요한 것은, 충동에 대한 해명보다는 충동을 발생시키는 쾌와 불쾌를 동기로 제시함으로써 의지의 운동을 유발하고 동시에 그 활동 일반을 온전히 반영하는 정동에 대한 해명이다. 다시 말해 인간을 매 순간 의지를 촉발시키는 감정에 반작용하는 존재가 아니라 스스로 작용함으로써 극복, 긍정, 상승, 성장, 건강에 반한 보존, 부정, 하강, 퇴화, 병까지도 의지의 자극으로

---

32) 니체, 『선악의 저편』, 19, 39쪽.
33) 니체, 『유고(1888년 초~1889년 1월 초)』, 15[46], 288쪽.
34) 니체, 『선악의 저편』, 1, 15쪽.

인식할 수 있는 존재로 규명해야만 한다. 여기서 쾌감과 불쾌감은 위와 같은 모든 감정을 포괄하는 대표적인 감정이다. 이원화된 다양한 감정은 정동에 대한 구체적인 해명을 통해서야 비로소 하나의 가치를 추구하는 유기적 관계로 이해될 수 있게 된다.

영혼과 육체, 건강과 병과 같은 이원화된 조건들을 하나의 가치로 포괄하는 "커다란 이성"과 "커다란 건강"처럼, 이제 힘의 충동은 불쾌에 의해서도, 도달된 힘에 대한 불만족에 의해서도, 병에 의해서도, 불안과 두려움에 의해서도 매 순간 다시 새로운 쾌와 건강, 다시 말해 새로운 정동을 향한 투쟁을 시작하게 된다. 이러한 연속적인 투쟁의 현상 속에서 감정은 매 순간 변화하며 동시에 행위의 토대로 작용한다. 증대된 자신의 힘을 느낀 일시적인 감정이 인간 실존의 지속적인 변화를 보증하는 것이다. 그 이유는 정동은 비록 일시적인 감정이지만 연속적으로 작용하기에 결코 자기보존의 원리일 수 없기 때문이다. 이는 힘에의 의지가 정동의 원리일 수밖에 없는 이유이다.

이렇듯 힘에의 의지는 힘의 증대를 추구하는 의지의 활동에 대한 개념이지만, 그 이면에는 힘의 증대를, 즉 쾌를 향한 충동이 작용한다. 의지는 힘의 증대에 도달하고자 하는 욕구이고 충동은 의지를 활동하게 하는 자극인 것이다. 인간의 내면세계는 다수의 힘이 충동하고 힘의 증대를 추구하는 의지 활동의 영역이지만, 보다 근본적으로 표현하면 힘의 증대를 쾌감으로 느끼고 충동하도록 의지에 명령하는 감정의 영역, 즉 정동의 영역이다. 정동은 니체의 철학에서 힘으로 대변되는 '충동들의 긴장을 발생'시킴으로써 의지를 자극하고, 동시에 그 변화를 반영하는 감정에 대한 포괄적 명칭인 것이다.

1883년의 한 유고에서 니체는 자신의 철학적 과제를 충동의 활성화로 제시하고 있다. "나의 과제. 선한 충동들이 배고픔을 느껴서 활동할 수밖에 없도록 그 충동들을 조정하는 것."35)이라는 니체의 말에서 다음과 같은 사실을 유추할 수 있다. 첫째, 충동의 허기를 채울 수 있는 것은 힘이고, 허기를 채우기 위한 충동의 활동이 바로 의지작용으로 드러난다. 충동이 힘을 향하도록 의지를 자극하는 것이다. 둘째, 이러한 충동은 무언가를 향한 자기 내면의 욕구이기 때문에 그 자체로 선한 것일 수밖에 없다. 다시 말해 충동은 형이상학적-종교적 평가를 받아야 하는 것이 아니라, 오히려 쾌를 향하도록 의지를 자극하는 명령일 뿐이다. 여기서 명령은 외적 작용에 반작용하는 것이 아니라, 그 스스로 작용함으로써 자극을 일으키는 정동의 활동에 대한 명칭이다. 충동은 무언가를 향해 욕구하도록 자극하는 정동, 즉 쾌(쾌를 주는 힘의 증대)라는 감정적 동기가 없이는 발생할 수 없다. 감정이 힘을 반영하는 한, 정동은 힘이 충동하는 지향점을 제시하는 동기이자 이를 대변하는 개념일 수밖에 없다.

충동이 자극이라면 정동은 쾌와 불쾌를 동기로 그 충동을 발생시킴으로써 의지를 운동하게 하는 강렬한 감정이다. 다시 말해 정동은 명령의 원리로서 의지를 자극하고, 의지는 그 명령(충동)에 따라 쾌감을, 즉 힘이 증대된 감정을 추구한다. 정동은 자기 내면의 힘을 온 몸으로 느끼며 인식할 수 있도록 해주는 원리로서의 힘에의 의지 그 자체이다. 이러한 측면에서 니체는 자기 조절, 동화, 영양 섭취, 배설, 신진대사 등과 같이 무언가를 향해 충동하는 유기체의 "충동적 삶(Triebleben)"의 방식을 "생명의 초기 형태(eine Vorform des Lebens)"로서 제시한다. 하지만 정동은 쾌와 불쾌라는 감정을 통해 충동적 생명현상뿐만 아니라

---

35) 니체, 「유고(1882년 7월~1883/84년 겨울)」, 7[88], 355쪽.

현실적 실재로서의 자기인식까지도 포괄할 수 있는 종합적 개념이다.36)

형이상학적 존재와 종교적 진리의 세계로부터의 진정한 해방은 자기 내면의 충동과 정동을 오역하지 않고 끊임없이 생성하는 대지의 세계를 실재로서 인식하고 관계할 수 있는 유일한 조건으로 인정할 수 있을 때 가능해진다. 니체가 자신의 인식론에서 인식, 관점, 해석의 조건을 힘의 증대로 규정하듯이, 실재를 인식한다는 것은 자기 내면의 실재를 억압하지 않을 때 비로소 가능하다. 매 순간 충동하고 의지하지만, 이 모든 현상을 오직 인간 내면의 생기현상으로 규정해주는 감정, 즉 정동은 끊임없이 생성하는 대지의 실재와 동일하다. 그래서 니체는 생성하는 대지의 실재 세계와 인간의 "정동 자체"가 동일한 현실성을 공유하고 있다고 말하는 것이다.37) 지금까지 논의된 충동, 의지, 감정에 대한 니체의 철학적 해명은 전통 형이상학과 종교, 도덕으로부터의 해방을 위한 철학적 시도이다. 그리고 정신과 의지의 해방을 위해 세계가 아니라, 인간 본연의 내적 현상과 원리를 읽어내는 그의 철학적 시도는 비철학적 철학의 방식으로, 다시 말해 비철학적 현상들을 철학적으로 탐구하는 방식으로 전개된다.

3. 의지와 정동의 관계 해명

1) 의지와 감정 그리고 행위 : 정동에 대한 비철학적 해석

『선악의 저편』의 제1장 「철학자들의 편견에 관하여」에서 니체는 의지와 감정에 대한 오랜 편견들을 다시 검토한다. 이 글에서 니체가 구

---

36) 니체, 『선악의 저편』, 36, 66쪽.
37) 같은 책, 36, 66쪽 참조.

체적인 문제의식을 담고 접근하는 철학자는 의지의 맹목성으로부터의 해방을 제시하는 쇼펜하우어이다. 니체에 의하면 예술적 관조를 통한 의지로부터의 해방 그리고 동정과 같은 반자연적 감정을 통한 자신의 고유한 개별성으로부터의 해방 등, 자기 의지의 주인이 될 수 없는 쇼펜하우어의 의지의 형이상학은 결국 삶의 무의미와 자기 의지의 무기력감을 드러낼 수밖에 없다.

> 위대한 정동에 대한 권리를(Das Recht auf den großen Affekt) — 인식자를 위해서 다시 되찾는다! 탈자기화와 '객관적'인 것에 대한 숭배가 이 영역에서도 잘못된 서열을 만들어낸 후. 쇼펜하우어가 다음처럼 가르쳤을 때, 오류는 극에 달했다 : 바로 정동과 의지로부터 떠나는 데(im Loskommen vom Affekt, vom Willen)에 '진리', '인식'에 이르는 유일한 길이 놓여 있으며; 의지로부터 자유로운 지성은 사태의 진정한 참된 본성을 볼 수밖에 없다고.[38]

니체에 의하면 인간의 의지활동과 그 작용은 진리 및 인식과 같은 절대적-보편적 해석 아래 그 가치가 억압될 수밖에 없다. 그에게 있어 무엇보다 중요한 것은 의지의 해방이다. 그리고 이를 가능하게 하는 조건을 인간 안에서 찾는 것이다. 자신의 힘에의 의지와 쇼펜하우어의 삶에의 의지와의 차이로부터 보다 구체화되는 니체의 문제의식은 바로 의지의 운동을 가능하게 하는 정동의 문제이다. 하지만 쇼펜하우어의 의지의 형이상학은 의지를 해명함에 있어 개별적 감정의 문제를 부정했다. 니체의 비판처럼 쇼펜하우어는 의지를 인간과 세계 해석의 단하나의 원리로 확정했으며, 이로부터 강한 철학적 선입견을 도출하였다. 탈자기화와 객관적인 것의 숭배는 의지와 감정의 관계에 대한 그의 부정적 해석으로부터의 필연적인 결과이다. 니체에 의하면 의지는

---

38) 니체, 『유고(1887년 가을~1888년 3월)』, 9[119], 85쪽.

욕구, 욕망, 본능, 충동, 감정 등 자기 내면의 힘에 반응하며 또한 그것들의 충만함을 힘의 증대로 인식한다.

> 쇼펜하우어 역시 의지만이 우리에게 본래 알려진 것이며, 완전히 알려진 것, 가감 없이 알려진 것이라고 암시했다. 그러나 나에게는 쇼펜하우어도 이 경우에 철학자들이 하곤 했던 일을 실행했을 뿐이며, 그가 대중의 선입견을 받아들여 이를 과장했다고 생각한다. "의지작용Wollen"이란 나에게는 무엇보다도 어떤 복합적인 것이며, 단지 말로 표현했을 때만 통일성이 있는 그 무엇처럼 보인다. ― 바로 하나의 용어에는 언제나 철학자들의 사소한 주의만을 제압해 온 대중의 선입견이 숨어 있다. 그러므로 우리는 한 번 더 주의하여 보고, '비철학적 (unphilosophisch)'이 되도록 해보자.[39]

위의 글에서 볼 수 있는 것처럼, 이제 니체는 인간 의지의 해명을 위해 그의 내면의 복합적인 작용의 관계를 고찰하기 시작한다. 그에 의하면 하나의 단어이자 개념으로서의 의지는 내면의 다양한 현상과 작용 관계를 표현해주는 하나의 통일일 뿐, 그 명칭 아래 내면의 다양한 활동들을 배제한다는 것은 하나의 선입견일 수밖에 없다. 의지에 대한 쇼펜하우어의 형이상학적 해석에 담긴 철학적 선입견을 증명함으로써, 니체는 인간의 감정에 대한 철학적 오해를 해소함과 동시에 쇼펜하우어의 삶에의 의지를 극복하며 이를 힘에의 의지로 전환한다. 니체가 의지와 정동의 관계를 해명함에 있어서 "비철학적"인 관점을 제시하는 이유는 이 때문이다. 전통 철학의 오랜 관습에 맞서는 니체의 비철학적 해명의 시도는 인간의 의지와 사고의 전제를 더 이상 형이상학적 인과론으로 제시하지 않는다. 오히려 니체는 그 전제를 정동으로 제시한다.

---

39) 니체, 『선악의 저편』, 19, 37쪽.

모든 의지작용에는 첫째, 감정의 다양함이 있다. 즉 떨어져 나가는 상태의 감정과 지향해 들어오는 상태의 감정, 이러한 나가고 들어오는 감정 자체가 있다. 그리고 그 다음에는 우리가 팔과 다리를 움직이지 않고도 '의지'하자마자 일종의 습관에 의해 움직이기 시작하는 수반되는 근육의 느낌도 있는 것이다. 그러므로 느낀다는 것을, 더구나 다양하게 느낀다는 것Fühlen을 의지의 구성 요소로 인정해야 하는 것처럼, 두 번째로 사고Denken 또한 의지의 구성 요소로 인정해야만 한다 : 즉 모든 의지의 행위 속에는 하나의 지배하는 사상이 있다. ― 우리는 이러한 사상을 의지작용에서 분리시킬 수 있고, 마치 그 후에도 의지가 여전히 남아 있는 것처럼 믿어서는 안 된다! 세 번째로 의지는 감정과 사고의 복합체일 뿐 아니라, 무엇보다도 하나의 정동Affekt이다 : 그리고 이는 실상 명령의 정동이다. '의지의 자유'라고 불리는 것은 본질적으로 명령에 순종해야만 하는 자에 대한 우월의 정동이다. […] 의지하는 인간은 ― 자기 안에 있는 복종하거나 복종한다고 믿는 그 무엇에 명령을 내린다.40)

의지와 감정에 대한 니체의 비철학적 해석은 다음과 같다. 첫째, 모든 의지작용은 다양한 감정을 수반하며 이를 토대로 활동한다. "나가고 들어오는(weg und hin selbst)" 감정이라는 니체의 표현처럼, 모든 의지의 근본 조건으로서 이 감정들은 인간의 의식 아래에서 활동하며 의지가 수반될 때 행위로 표출된다. 여기서 니체는 감정을 토대로 하는 의지의 활동에 무의식적 습관에 의해 움직이는 "근육의 느낌 (ein Muskelgefühl)"까지도 포괄시킨다. 이 말은 곧 육체의 부분들을 움직이게 하는 감정과 의지의 활동에 근육, 즉 힘이 작용하고 있다는 것을 의미한다. 여기서 만약 힘이 근육량에 비례하는 것이라면, 힘의 증가를 대변하는 근육량은 쾌의 감정을 불러일으키기 때문에 결과적으로 의지를 자극하는 요소로 봐도 무방할 것이다. 이렇듯 무의식적 습관에 의한 근육의 느낌은 곧 감정과 의지의 상호작용에 의한 현상이라 가정해도 무리가 없을 것이다. 이렇듯 니체가 말하는 힘을 향한 감정과 의지의 작용 관계는 힘에의 의지가 인간의 내면(무의식)과 외면

---

40) 같은 책, 19, 37쪽.

(의식)의 작용을 모두 포괄하는 활동이라는 사실을 드러내 준다.

둘째, 의지가 감정과 느낌을 토대로 활동하듯이 사고(Denken)를 포함한 사유, 생각 역시 의지의 구성 요소로 볼 수 있다. 비록 무의식적인 습관에 의해 육체의 일부를 움직이게 하지만, 모든 의지의 행위 이면에는 이를 행하고자 하는 사고(혹은 사상) 역시 작용하고 있다. 의지의 주체가 매 순간 팔을 올리겠다, 다리를 내리겠다 등 '무언가를 행위하겠다'고 사고하면서 행위하지 않음에도 불구하고 이를 행위하고 있다는 현상을 증명하기 위해, 니체는 감정, 느낌, 사고, 의지, 힘 등의 활동을 비철학적으로, 다시 말해 형이상학적 해석으로부터 벗어나 자유롭게 논의한다. 만약 오랜 형이상학적 전통에 의거해 이성을 인간의 사고와 행위의 조건으로 규정한다면, 이에 반한 감정, 느낌, 의지, 힘 등은 부정될 수밖에 없다. 이렇듯 니체의 비철학적 해석은 생명체로서의 인간 그 자체를 설명할 수 있는 유일한 방법론인 것이다. 1885년 가을의 한 유고는 이에 대한 좋은 근거가 되어준다.

> 사상(Gedanken)은 정동(Affekte)들의 유희와 투쟁에 관한 기호이다. 그것은 항상 그것에 숨겨져 있는 뿌리들과 연결되어 있다.[41]

셋째, 니체는 드디어 의지를 감정과 사고의 복합체로 규정하며 이를 포괄하는 하나의 개념을 제시한다. "명령의 정동(Affekt des Commando's)"으로 표현되는 이 정동은 위에서 논의한 감정(느낌), 사고, 의지, 힘의 복합적인 심리-생리학적인 활동과 작용의 성격을 명확하게 표현해준다. 즉 정동은 의지와 행위의 이면에 발생하는 감정이 비록 무의식적이지만 결코 수동적인 활동이 아니라 힘의 명령과 복종의 경계에서 끊임없이 발생

---

41) 니체, 『유고(1885년 가을~1887년 가을)』, 1[75], 34쪽.

하는 능동적인 활동임을 드러내기 위해 사용된 개념이다. 정동으로 인해서 보다 많은 힘과 쾌의 증대를 향한 힘에의 의지의 능동적인 성격이 더욱 명확해지는 것이다. 니체가 인간 내면의 복합적인 활동과 작용들을 설명하기 위해서 정동이라는 비철학적인 개념을 사용한 것은 그가 인간과 그의 행위에 수반되는 원초적인 현상들을 설명하기 위해 얼마나 고민했는지 알 수 있게 해준다. 그 이유는 니체가 정동을 통해서 자신의 고유한 인간관을 제시함과 동시에 전통 형이상학적 사고와 행위 이론 전반을 극복하기 때문이다.

이를 구체적으로 설명하면, 1) 힘에의 의지에 대한 개념적 해석을 통해 잘 알려져 있듯이, 인간의 내면에는 항상 수많은 힘이 벌이는 명령과 복종의 역동적 투쟁이 발생한다. 힘을 추구하는 과정에서 발생하는 내면의 투쟁 속에서 인간은 명령하는 자이자 복종하는 자이다. 하지만 근본적으로 명령하고자 하는 이 정동은, 니체의 표현처럼, 보다 많은 힘을 추구하는 과정에서 수많은 저항을 극복하고자 하는 "우월의 정동"이다. 이렇듯 인간의 의지는 단순히 무엇인가를 의욕한다는 사실로부터 증명될 수 없다.

> 어떤 상황에서는 생각에 행위가 뒤따른다 : 그와 동시에 생각과 더불어 명령하는 자의 정동(der Affekt des Befehlenden)이 생겨난다 — 사람들이 일반적으로 "의지" 자체 속으로 옮겨놓는(그것은 단지 의욕의 부수적 현상일 뿐인데도) 저 자유의 감정이 그것에 속한다.[42]

위의 글을 통해 다음과 같은 사실을 확인할 수 있을 것이다. 니체에 의하면 우리는 일반적으로 생각을 하고 행위를 한다. 그리고 우리는 스스로가 의지한 바를 행했기 때문에 자유롭다고 느낀다. 하지만 의지

---

42) 니체, 『유고(1884년 초~가을)』, 27[2], 367쪽.

는 무언가를 의욕하기 위한 작용일 뿐, 의지 자체에 대한 자극, 즉 명령일 수 없다. 니체에 의하면 우리가 의식할 수 있는지 없는지 여부와 상관없이 생각과 행위의 이면에는 행위 이전에 의지를 자극하는 감정(정동)의 변화가 일어나고 있다. 그리고 "아무리 부정확한 단어를 사용한다 해도, 정동을 만족시키는(누군가에 대한 사랑, 호감, 혐오의 감정) 행동들을 "희생적(selbstlos)"이라 부르지는 않는다."43)라는 니체의 말에서 우리는 다음과 같은 두 가지 사실을 확인할 수 있다. 첫째, 정동은 사랑, 호감, 혐오와 같은 인간의 감정을 대변하는 개념이다. 둘째, 정동은 의지와 의욕의 이면에서 활동하는 감정의 작용이기 때문에 몰아(沒我/selbstlos)적일 수 없고 또한 나 아닌 다른 어떤 존재를 위한 희생일 수 없다.

이렇듯 의지와 행위는 그 이면에 다양하고 복잡한 감정과 느낌의 활동 및 작용을 전제로 하며, 이때 의지는 쾌의 감정을 느낄 수 있는 행위를 향해 끊임없이 명령하고자 의지할 수밖에 없다. 중요한 것은 복종과 불쾌가 부정적인 역할을 하는 것이 아니라는 것이다. 힘의 투쟁이 지속될 수밖에 없는 이유는 명령하고자 하는 사건에 의해서만이 아니라 불쾌감의 강한 저항으로 인해 보다 강하게 명령할 수밖에 없는 사건에 의해서이기도 하다. "우리의 행위는 우리를 변형시킨다. 모든 행동에서 어떤 힘은 수행되고 다른 힘은 수행되지 않으며, 그러므로 때때로 무시된다. 하나의 정동은 그가 힘을 빼앗는 다른 정동을 항상 희생하면서 자신을 긍정한다."44) 니체의 이 말은 인간 내면의 힘의 투쟁이 보다 근본적으로 쾌를 향한 투쟁, 다시 말해 정동의 투쟁임을 보

---

43) 니체, 『유고(1881년 봄~1882년 여름)』, 12[43], 599-600쪽.
44) 니체, 『유고(1882년 7월~1883/84년 겨울)』, 7[120], 366쪽.

여준다. 아래의 글에서 니체는 인간의 행동 이면에 작용하는 내면의
원리를 "정동-체계(Affekt-Systeme)"라고 표현하며, 행위와 정동의 유
기적 관계를 보다 구체적으로 제시한다. 니체에 의하면 정동은 인간의
내적 자기관계를 대변하는 개념인 것이다.

> 모든 인간과 완전히 절연한 경우에도 인간의 가치는 지속적으로 변화한다. 즉
> 더 좋게 된다거나 또는 더 나쁘게 된다.
> 1) 왜냐하면 모든 행동이 그의 정동 체계(Affekt-Systeme)를 형성하기 때문에
> 2) 왜냐하면 모든 행동과 결부된 평가가 그를 형성하고 이것이 다시 나중의
>   행동들의 동기가 되므로.
> 3) 비열한 것, 고상하지 않은 것이 커진다 ― 또는 줄어든다 등.
> 4) 비열함에 대해 완전한 육체적인 토대가 일치한다. 이는 단지 얼굴의 특징에
>   서뿐만이 아니다!45)

　2) 하지만 "주체" 혹은 "자아"라는 오랜 이성중심주의적 개념 아래
이러한 인간의 내면세계는 철저하게 은폐되었다. 플라톤, 데카르트, 칸
트 등 이성 중심의 인간관은 이성(자아/영혼)과 비이성(자기/육체)을 이
분화함으로써 한 인간의 의지 활동 중 감정과 행위를 가치론적으로 분
리하는 자아 중심적 인간관을 특징으로 한다.46) "자아라는 종합 개념"
에 의해 지금까지 인간 내면의 명령과 복종의 "이중성"이, 즉 정동이
부정되고 은폐되었다는 것이 전통 형이상학과 오랜 동일성에 대한 니

---

45) 같은 책, 7[121], 367-368쪽.

46) 슈테그마이어(W. Sstegmaier)는 정동에 대한 니체의 글들은 정동 자체에 대한 이론의 정립을
위해서가 아니라, 정동들을 억압해왔던 독단적 이론들에 대한 비판을 향하고 있다고 말한다
(Werner Stegmaier, *Nietzsche. Umwertung (auch) der Affekte*, in : Hilge Landweer/Ursula Renz
(Hg.) : Klassische Emotionstheorien. Von Platon bis Wittgenstein, Berlin/New York 2018,
534쪽 참조). 이러한 의미에서 티츠(U. Tietz)는 이성과 정동 및 열정에 대한 구분을 함에 있
어 이성이 더 이상 정동과 열정에 영향을 줄 수 없는 이유를 정동과 열정이 곧 인간의 삶 그
자체라는 것을 분명히 한다. "삶은 충동이고, 정동이며 열정이다"(Udo Tietz, Die Grammatik
der Gefühle. Ein Versuch über Nietzsches Affektenlehre, in : Volker Gerhardt/Renate Rschke
(Hg.), Nietzscheforschung, Bd. 15, Berlin 2008, 203쪽 참조).

체의 비판적 문제의식이다.47)

이러한 의미에서 "정동 속에서(im Affekt) 인간은 자신을 드러내는 것이 아니라, 그의 정동이 자신을 드러낸다."48)라는 니체의 말은 정동, 즉 감정이 인간의 의지와 행위를 드러내는 본질이자 오랜 사상적-종교적 동일성으로부터 벗어나 인간의 실존적 차이를 발생시킬 수 있는 원리라는 것을 보여준다. 정동의 자유만이 낡은 동일성 이론 아래 억압되고 은폐된 감정의 존재론적 자기 동일성을 가능하게 한다. '감정적 자기 동일성', 즉 감정을 통한 자기인식만이 실존적 건강의 토대이다. "이성의 짐을 많이 짊어진 자에게 정동은 휴양이다. 즉 비이성으로서."49) 인간의 내·외적 세계를 모두 포괄하는 힘에의 의지라는 명칭은 이러한 의미에서 보다 큰 철학적 의미와 가치를 부여받게 된다. 『차라투스트라는 이렇게 말했다』의 「몸을 경멸하는 자들에 대하여」에서 논의된 것처럼, 니체가 이성중심주의적 자아("작은 이성")에 반해, 그 자아를 실천하는 내적 자기("커다란 이성")의 활동에 보다 큰 의미를 부여하는 것은 이 때문이다. 자아를 실천하는 것이 자기라는 것은 정동의 자극 없이 자아는 오히려 수동적일 수밖에 없다는 사실을 함의한다.50) 정동이 자아를 능동적이고 활동적이게 만드는 것이다.

이렇듯 감정의 자극이라는 비이성적 요인에 의해 촉발되는 한, 의지와 행위는 분리될 수 없다. 그 이유는 의지는 항상 무언가에 대한 의지(Etwas-wollen)51)이기 때문에, 행위의 전제는 의식화된 정동, 즉 의식

---

47) 니체, 『선악의 저편』, 19, 38쪽.
48) 니체, 『유고(1882년 7월~1883/84년 겨울)』, 3[1], 415, 131쪽.
49) 같은 책, 5[1], 16, 247-248쪽.
50) 이러한 의미에서 "정동은 커다란 이성을 암시한다."는 브루운(Lars. K. Bruun)의 견해는 정당하다(Lars. K. Bruun, *Vergessen als der größte Affekt? Affekt, Vergessen und Gerechtigkeit in Vom Nutzen und Nachteil der Hostorie für das Leben*, 220쪽).

적으로 느낄 수 있을 정도로 힘이 충만한 상태(쾌의 상태)의 의지이다. 쾌에 이르는 내면의 생기활동을 인식할 수 없을 뿐, 힘이 충만해진 상태가 의식 가능한 것이기에 인간은 비로소 자신 자신을 인식할 수 있게 되는 것이다. 아래의 글에서 확인할 수 있는 것처럼, 인간은 스스로 명령하고 그 명령을 수행하는 단 하나의 존재이다. 그렇기에 니체는 저항을 극복하는 것은 다름 아닌 자신의 의지 자체라고 말하는 것이다.

> 의지하는 사는 의지와 행위가 어쨌든 하나라는 사실을 상당히 확신을 가지고 믿는 것으로 충분하다. — 그는 성공이나 의지작용이 수행되는 것을 여전히 의지 자체에 돌리고, 여기에서 모든 성공이 가져다주는 저 힘의 느낌이 커지는 것을 즐긴다. '의지의 자유' — 이것은 명령하고 동시에 자기 자신을 명령을 수행하는 자와 일치시키는, 의지하는 자의 저 복잡다단한 쾌(快)의 상태를 나타내기 위한 말이다. 그는 수행하는 자로서는 저항을 극복하는 승리를 누리지만, 본래 저항을 극복한 것은 자신의 의지 자체라고 스스로 판단한다. 의지하는 자는 이와 같이 명령하는 자로서의 쾌의 감정에 명령을 수행하면서 성취시키는 도구, 즉 유용한 '하위에 있는 의지Unterwillen' 또는 '하위에 있는 영혼Unter-Seelen' — 우리의 몸은 많은 영혼의 집합체이다 — 에 쾌의 감정을 덧붙인다. 그 결과, 그것이 바로 나이다.[52]

지금까지의 논의를 통해 힘에의 의지의 활동 중 의지의 성격이 정동으로 대변될 수 있다는 사실을 확인할 수 있었다. 정동은 자기 안에서 끊임없이 활동하는 생명의 합목적적인 운동으로서의 힘에의 의지, 즉 힘(쾌)이 증대하는 감정(느낌)을 추구하는 의지의 성격을 구체적으로 드러내 주는 심리-생리학적 개념이다.[53] 인간의 의식 아래에서 행해지는 의지와 행위의 통일성은 니체가 이미 『차라투스트라는 이렇게 말했다』의 「몸을 경멸하는 자들에 대하여」에서 제시했던 것처럼 감정, 느

---

51) 니체, 『유고(1887년 가을~1888년 3월)』, 11[114], 351쪽.

52) 니체, 『선악의 저편』, 19, 38-39쪽.

53) Josef Ehrenmüller, *Nietzsches Psychologie bzw. Physiologie der Philosophie*, 221-222쪽 참조.

60   니체, 정동과 건강

낌, 사유, 정신, 영혼과 더불어 근육의 느낌과 같은 육체까지도 포괄하는 것으로서의 "몸(Leib)"으로 대변된다. ""의지의 자유"는 복종하는 자와의 관계에서 볼 때 "명령을 내리는 자의 우월감이다.""54)라는 니체의 말처럼, 정동에 대한 해명은 인간의 "의지의 자유"에 대한 보다 구체적인 이해를 가능하게 해준다. 하지만 이 자유는 자기의 내적 자유를 통해 자아를 실천적으로 변화시키는 몸의 삶을 살아가는 자에게만 주어진 특권이다.

2) 의지와 정동의 관계

몸에 대한 니체의 이해는 인간 내면의 보다 내밀한 활동을 철학적 탐구 영역으로 불러들인다. 그리고 니체가 생각하는 몸의 도덕적 원리는 의지와 사고를 자극하는 근본적인 감정과 그 상태의 변화로 대변되는 정동이다. 도덕은 생명체의 생명 원리에 적합한 개념이 아니다. 이제 니체는 몸을 도덕의 원리로 규정한다. 이러한 의미에서 니체는 개념화된 도덕이 아니라, 정동과 같은 생명체의 생명 활동을 온전히 반영하는 도덕을 몸의 "사실적 도덕성(Die thatsächliche Moralität)"이라고 표현한다.55) 또한 "도덕은 우리의 정동과 상태를 설명하기 위한 과학 이전의 형식이다."56)라는 그의 말처럼, 인간 내면의 정동은 과학과 도덕으로 규명될 수 없는 생명체의 본래적인 생명현상이다. 몸이 내-외적 도덕의 원리, 즉 행위의 원리가 될 수 있을 때 정동과 의지는 명령과 복종이 일치된 생명체의 생명 원리로 규명될 수 있다. 이렇듯 정동은 오랜 관습으로부터 해방되어 스스로 명령할 수 있는 고유한 자기감

---

54) 니체, 『유고(1884년 초~가을)』, 25[436], 165쪽.

55) 같은 책, 25[437], 166-167쪽.

56) 니체, 『유고(1882년 7월~1883/84년 겨울)』, 3[1], 373, 370쪽.

정을 바탕으로 의지할 수 있는 소유자, 즉 위버멘쉬로의 변화를 위한 니체의 철학적 개념이다.

> (사람들은 의욕의 원인이 아니라 의욕을 자극하는 것에 대해 말해야 한다).
> 뭔가를 의욕한다는 것 그<것은> 명령한다는 것이다 : 그런데 명령한다는 것은
> 어떤 특정한 정동이다(이 정동의 움직임은 일종의 갑작스러운 폭발이고) ─ 긴장
> 한, 명료한, 시야에 전적으로 하나만을 둔, 우월함에 대한 더없이 속 깊은 확신,
> 복종되고 있다는 확실성 ─ "의지의 자유"는 복종하는 자와의 관계에서 볼 때
> "명령을 내리는 자의 우월감이다(Überlegenheits-Gefühl des Befehlenden)"[57]

본 장에서는 의지와 정동에 대한 두 개의 글을 해명함으로써 두 개념의 관계를 조금 더 명확하게 살펴보고자 한다. 위에서 인용했던 다음의 글(인용문 39번)은 마치 니체가 의지와 정동을 때로는 상호 교환 가능한 의미로 제시하는 것처럼 보이게 한다. "의지는 감정(Fühlen und Denken)과 사고의 복합체일 뿐 아니라, 무엇보다도 하나의 정동 Affekt이다. […] "의지하는 인간은 ─ 자기 안에(in sich) 있는 복종하거나 복종한다고 믿는 그 무엇에 명령을 내린다." 물론 니체의 철학에서 의지는 힘을 추구하는 대표적인 명령-언어이다. 하지만 이 글을 통해서는 의지와 정동의 차이가 명확하게 드러나지 않는다. 이 글에 함의된 것은 근본적으로 의지하는 인간이 자신 안에 있는 그 무언가에게 명령을 내린다는 것이다. 그렇다면 자신 안에 있는 그 무엇(Etwas in sich)은 무엇일까? 아래에 제시된 같은 단편의 글은 이 문제를 해명할 수 있는 단초를 제공해준다. 의지의 진정한 자유는 명령할 수 있다는 것이다. 그리고 그 명령은 정동, 즉 감정을 전제로 한다. 자기감정에 명령을 내리고 이에 복종하며 실현하는 존재가 바로 나 자신인 것이다.

---

57) 니체, 『유고(1884년 초~가을)』, 25[436], 165쪽.

의지하는 자는 이와 같이 명령하는 자로서의 쾌의 감정(Lustgefühle)의 명령을
수행하면서 성취시키는 도구, 즉 유용한 '하위에 있는 의지Unterwillen' 또는 하
위에 있는 영혼 'Unter-Seelen' ― 우리의 몸은 많은 영혼의 집합체일 뿐이다 ―
에 쾌의 감정을 덧붙인다. 그 결과, 그것이 바로 나이다.[58]

이와 더불어 위에 제시된 인용문(인용문 56번)의 일부인 다음의
글은 정동을 의지를 발현시키는 보다 원초적인 자극으로 보다 분명
하게 제시하고 있다. "(사람들은 의욕(Wollen)의 원인이 아니라 의
욕을 자극(Reizen)하는 것에 대해 말해야 한다). 뭔가를 의욕한다는
것(Wollen) 그<것은> 명령한다는 것이다 : 그런데 명령한다는 것은
어떤 특정한 정동(ein bestimmter Affekt)이다." 니체는 정동을 단순
히 다수의 힘과의 투쟁 속에서 끊임없이 힘의 증대를 향해 의지가
충동하도록 자극하는 의지의 조건으로서뿐만 아니라, 조금 더 구체
적으로 말하면 쾌와 불쾌라는 감정적 동기를 통해 다수의 힘에 명령
하고 이들을 복종시키고자 하는 의지의 고유한 속성을 보다 구체적
으로 표현해주는 개념으로 사용하고 있다. 그래서 니체는 "의욕 속
에는 정동이 있다."[59]라고 말하는 것이다.

4. 의지의 자유와 정동

1) 정동의 동기 : 쾌와 불쾌

"의욕 속에 정동이 있다."라는 니체의 말은 정동이 의욕을 자극하는
동기로 작용한다는 것을 의미한다. 정동은 쾌와 불쾌라는 감정적 동기

---

58) 니체, 『선악의 저편』, 19, 39쪽.
59) 니체, 『유고(1884년 가을~1885년 가을)』, 34[251], 299쪽.

로 끊임없이 의지를 자극한다. 위의 인용문에서 니체는 무언가를 하고
자 하는 의욕으로서의 '무언가를 향한 합목적적인 의지'를 좀 더 명확
하게 '명령하는 것'으로 표현하고 있다. 그리고 힘을 향한 그 의지작용
의 원인을 "어떤 특정한 정동(ein bestimmter Affekt)"으로 규정한다.
그리고 니체는 무언가를 명령하는 이 정동의 움직임을 "일종의 갑작스
러운 폭발"로 표현한다. 그렇다면 쾌를 추구하는 것은 의지 그 자체가
아니라, 힘의 증대에 뒤이어 느끼는 불만족과 불쾌감으로 인해 다시
새로운 쾌감을 명령하는 감정의 폭발이 더 적당할 것이다. 니체는 이
폭발을 의지를 자극하는 강한 힘으로, 즉 정동으로 명명한다. 이러한
의미에서 니체는 1888년 초의 후기 유고에서 정동들(die Affekte)이
배제되면 쾌감은 더 이상 힘의 느낌일 수 없다고 명확하게 말한다.

> 쾌감은 특정한 힘 느낌이다 : 정동들이 배제되면, 최고의 힘 느낌을 주는, 따라
> 서 쾌감을 주는 상태가 배제되어버리는 것이다. 최고의 이성성은 온갖 종류의
> 도취를 수반하는 행복감을 주는 것으로부터 거리가 먼 냉정하고도 명료한 상태
> 이다……60)

이렇듯 정동의 폭발은 힘의 증대와 의지의 능동성을 대변하는 개념
이다. 그 이유는 정동은 복종하는 것들에 대해 느끼는 명령의 감정, 즉
우월의 감정이기 때문이다. 정동은 쾌를 의지의 방향으로 설정하고 이
를 지속해 나가려는 감정에 대한 개념인 것이다. 여기서 힘을 증대시
키는 정동은 쾌감이고, 힘을 감소시키는 정동은 불쾌감이다. 그렇다면
쾌감은 만족을 주는 정동이고 불쾌감은 불만족을 주는 정동이다. 쾌감
과 불쾌감은 정동의 동기로서 유기적인 관계를 맺고 있다. 힘에의 의

---

60) 니체, 『유고(1888년 초~1889년 1월 초)』, 14[129], 132쪽.

지의 작용처럼, 의지는 쾌감뿐만 아니라 불쾌감에 의해서도 매 순간 새로운 힘의 투쟁을 시작하기 때문이다. 이러한 의미에서 정동이 쾌와 불쾌의 관계를 동기로 한다는 것은, 1) 정동이 쾌를 주는 힘의 증대라는 합목적적 활동을 하게 해주는 자극이라는 것과 더불어 2) 쾌와 불쾌의 관계를 동기로 하여 사고, 의지, 행위의 끊임없는 심리-생리적 변화를 가능하게 한다는 것을 의미한다. 아래의 글은 쾌감과 불쾌감에 대한 보다 세부적인 논의를 가능하게 해준다. 그럼으로써 정동의 개념적 의미를 좀 더 확장할 수 있다.

> 앞선 경험을 근거로 하는 판단으로서의 본능 : 쾌-경험과 불쾌-경험으로부터가 아닌 : 왜냐하면 쾌라는 것이 먼저 본능-판단 형식의 하나이기 때문이다(증대된 힘에 대한 느낌 또는 : 힘이 증대되기라도 한 것처럼 느껴질 때와 같이) 쾌의 느낌과 불쾌의 느낌에 앞서 전체적으로 보아 기력에 대한 느낌과 무기력에 대한 느낌이 있다.[61]

정동은 힘의 증대와 의지의 능동성을 바탕으로 실제적인 행위 능력의 증대를 대변하는 개념이기도 하다. 오히려 쾌와 불쾌는 이 감정 이전에 "기력"이나 "무기력"과 같은 힘의 문제로 경험된다. 우선 이 지점에서 중요한 것은 쾌의 구체적인 현상에 대한 니체의 표현이다. 니체는 쾌감의 현상을 실제로 증대된 힘에 대한 느낌(ein Gefühl von vermehrter Macht) 또는 힘이 증대된 것 같은(wie wenn sich die Macht vermehrt hätte) 느낌까지도 포괄한다고 말하고 있다. 그리고 니체는 이 힘을 명령할 수 있는 내면의 지배력, 영향력과 같은 단어로서 "Macht"를 사용한다. 여기까지는 힘에의 의지에 대한 일반적인 해석으로서 큰 무리가 없다. 생명체의 생명성과 유기체의 자연성은 본능적으로 쾌감을 추구

---

61) 니체, 『유고(1884년 초~가을)』, 25[378], 144쪽.

하고 불쾌감을 저지한다. 하지만 모든 생명은 새로운 쾌감의 획득을 위해 결국 필연적인 불쾌감마저도 긍정하고 극복하게 된다.

니체는 쾌와 불쾌의 느낌에 앞서 경험할 수 있는 "기력과 무기력에 대한 느낌(Kraft-und Schwächegefühle)"이 있다고 말한다. 이때 사용된 힘은 "Macht"와는 다른 물리적 힘으로서의 "Kraft"이다. 물론 니체가 자신의 철학에서 사용하는 대표적인 힘 개념은 "Macht"이지만, "Kraft"를 사용함으로써 내면과 외면이, 보다 구체적으로 말해 쾌와 불쾌라는 감정의 문제가 기력과 무기력이라는 물리적 힘의 문제와 유기적인 관계를 맺고 있음을 보여주고 있다.[62] 이렇듯 정동은 쾌와 불쾌라는 동기로 인간의 의지를 자극하지만, 이 자극은 비단 내적 힘의 투쟁에만 머물지 않고 실제적인 인간의 행위에도 영향을 준다. "쾌락에 대한 평가는 어떤 행위의 가능한 결과, 하나의 활동 자체와 결합되어 있는 쾌락, 결합되고 축적된 힘의 발현이다."[63]

이러한 의미에서 우리에게 불쾌감을 주는 관념이 생리학적 변화에 직접적으로 작용하는 현상에 대하여 "정동이 자극된다(der Affekt wird erregt)."라고 표현하는 니체의 견해는 정동이 곧 정신적이고 육체적인 문제, 즉 심리적이고 생리적인 문제임을 드러낸다.[64] 니체가 의지의 병을 문제시하는 이유는 의지의 나약함이 정동의 억압, 즉 인간의 감정과 의지의 부자유와 다름없기 때문이다. 의지의 자유를 명령하는 자의 우월감으로, 즉 감정과 의지의 문제로 이해하는 니체에게 있어, 진정한 의미에서의 자유란 바로 자신의 감정-의지-행위가 일치된 상태를 의미한다.

---

62) 힘에 대한 이와 같은 두 표현은 결국 생명체의 생명성과 유기체의 자연성의 관점에서 사용된 것이기에, 의미상의 차이와 차별을 두어서는 안 된다. 힘에 대한 근대 자연과학의 기계론적인 해석에 반해 니체는 일반적으로 힘에의 의지(Der Wille zur Macht)라는 개념을 사용한다.

63) 니체, 『유고(1885년 가을~1887년 가을)』, 1[77], 34쪽.

64) 니체, 『유고(1882년 7월~1883/84년 겨울)』, 24[20], 883-884쪽.

2) 명령의 정동과 우월의 정동

"명령의 정동"은 곧 "우월의 정동"이다. 니체는 명령하는 자의 우월함을 자신의 의지에 명령할 수 있는 자의 자유로 제시한다. 이 자유는 형이상학적-종교적 명령의 세계로부터 자유로워진 정신만이 느낄 수 있는 실존의 해방감이다. 명령할 수 없다는 것은 자기 의지의 우월감을 느낄 수 없다는 것을 의미할 뿐이다. 명령할 수 없는 자의 병은 스스로 우월감을 느낄 수 없다는 것, 즉 니체가 『선악의 저편』과 『도덕의 계보』 등 자신의 후기 철학에서 제시하고 있는 고귀하고 주권적인 개인이 될 수 없다는 것을 의미한다.

정신과 의지의 자유 문제를 단순한 시대적 현상이 아니라 병의 증상으로 읽어내는 니체는 국부적인 치료가 아니라 시대의 모든 가치를 의문시하며 ― 『도덕의 계보』에서 시도되었던 것처럼 ― 그 가치들의 근원을 찾아 소급해가는 계보학적 진단을 시도한다. 그리고 그 진단의 끝에서 니체는 스스로 명령할 수 없는 자들의 속박된 정신과 의지의 반자연적 가치로 대변되는 형이상학 그리고 종교를 마주한다. 이러한 의미에서 아래의 글 『즐거운 학문』의 단편 「신자들과 그들의 신앙에 대한 요구」에서 니체는 형이상학과 종교의 사상적 유대와 낡은 관습을 인간학적 관점, 보다 구체적으로 말해 인간의 나약한 의지와 힘의 관점에서 비판한다.

> 한 인간이 삶을 꽃피우기 위해 얼마나 많은 신앙을 필요로 하는지, 흔들리지 않기 위해 고수해야 할 "확고함(Festes)"을 얼마나 많이 필요로 하는지가 ― 그가 지닌 힘의(보다 분명하게 말하면 그의 약함의) 척도이다. 내가 보기에 늙은 유럽대륙에서는 대부분의 사람들이 오늘날에도 여전히 그리스도교를 필요로 하고 있다. 이로 인해 그리스도교는 아직도 여전히 신심을 얻고 있다. 인간은 그런 존재이기 때문이다 : 인간은 신앙의 명제를 수천 번이라도 반박할 수 있다. ― 하지만 인간이 그것을 필요로 하는 한, 언제라도 거듭해서 그것을 "진리"로 여

길 것이다. ― 성경에서 이야기하고 있는 저 유명한 "힘의 증명"에 따라. 몇몇 사람들은 아직도 형이상학을 필요로 하고 있다. […] 이 나약한 본능은 비록 종교, 형이상학, 모든 종류의 확신을 만들어내지는 못하지만―적어도 보존하기는 한다.[65]

　자기 의지의 주인임에도 불구하고 자신의 고유한 힘을 추구하지 않는 형이상학적-종교적 모순의 해체를 위해 니체는 감정, 느낌, 사유, 힘, 정동과 같은 생명체의 생명력, 즉 그것의 원초적인 자기 운동에 관심을 돌리게 된 것이다. 굳이 힘에의 의지를 니체의 철학적 개념 안에서 이해하지 않더라도 우리는 무언가를 의지하기 위해 힘이 필요하다는 사실을 알고 있다. 힘이 동반되지 않으면 의지는 발현될 수 없다. 그래서 모든 생명체는 그 나름의 생의 방식대로 힘을 의지할 수밖에 없다. 다시 말해 힘의 증대를 추구할 수밖에 없다.

　하지만 힘과 의지보다 중요한 것은 힘을 추구하도록 자극하는 동기, 즉 스스로 명령할 수밖에 없는 감정적 동기가 자기 안에 있어야 한다는 것이다. 이 감정을 대변하는 개념이 지금까지 논의된 정동이다. 명령할 수 없는 자들은 명령해줄 존재를 필요로 한다. 이러한 의미에서 예술은 자기 안에 있는 명령의 동기를 외부로 표출하는 형식이다. 정동에 대한 형이상학과 종교의 저주는 이미『비극의 탄생』에서 참된 실존의 예술에 반하는 요인으로 제시되었다.[66] 형이상학과 종교는 지금까지 인간의 감정과 관점에 최면을 걸어왔다.

---

65) 니체,『즐거운 학문』, 347, 329쪽.
66)『비극의 탄생』의 새로운 서문「자기비판의 시도」에서 니체는 그리스도교와 도덕의 근본적인 문제로서의 내세가 "세계에 대한 증오", "감정(Affekt)에 대한 저주", "아름다움과 감성에 대한 두려움"으로부터 창조되었다고 말한다(니체,『비극의 탄생』,「자기비판의 시도」, 5, 18쪽). 그리고 그의 이러한 견해는『비극의 탄생』에서 "주관적 예술가(der subjective Künstler)"와 "객관적 예술가(objective)"의 대립으로 드러난다. "주관적인 것의 극복", "나로부터의 해방", "모든 개인적 의지와 욕망의 억제"로부터 예술은 삶의 구원일 수 없다(니체,『비극의 탄생』, 5, 50쪽).

의지가 결여된 곳에서는 언제나 신앙이 가장 커다란 갈망과 가장 긴급한 필요의 대상이 되는 것이다. 왜냐하면 명령의 정동인 의지야말로 자기주권과 힘의 결정적인 표징이기 때문이다. 다시 말해 명령할 줄 모르는 자는 그만큼 더 간절하게 명령하는 자를, 신, 영주, 신분, 의사, 고해신부, 도그마, 당파적·양심 등처럼 준엄하게 명령하는 자를 갈망한다. […] 열광주의는 이제 지배적으로 된 개별적 관점과 감정에 풍부한 영양을 공급하기 위해 감성과 지성 전체체계에 최면을 거는 것과 같은 역할을 했다. […] 어떤 사람이 자신에게 명령이 내려져야만 한다는 근본적인 확신을 갖게 된다면, 그는 "신앙인"이 된 것이다.[67]

1887년의 한 유고에서 니체는 다양한 의지 활동을 제시한다. 그리고 그는 이 활동들 중 원한다(wollen)와 욕구한다(begehren), 추구한다(streben), 요구한다(verlangen)를 구분하여 설명한다. 니체가 이 활동들을 하나의 의지 활동으로 규정하지 않는 이유는 보다 능동적인 의지의 내적 작용과 현상을 규명하기 위해서이다. 즉 니체는 의지 활동이 무언가를 희망하는 일종의 '바람'과 같은 것이 아니라, 자기 실존의 성장에 기여할 수 있는 무언가를 향해 끊임없이 명령하고 그로 인해 우월함을 느낄 수 있는 힘의 느낌을 동반한 의지만을 진정한 의미에서 '원한다'는 작용에 속한다고 생각한다.[68] "원한다(Wollen)는 것은 명령한다는 것, 좀처럼 대물림되지 않는, 그리하여 드문 어떤 것이다."[69] 라는 니체의 말처럼, 하나의 힘이 다른 힘에 작용하는 일반적인 긴장, 다시 말해 작용에 의한 반작용은 오히려 기계적이고 자기보존적일 수 있다. 그렇다면 니체에게 있어 존재와 진리를 사유했던 형이상학과 종교의 이원론은 스스로 명령할 수 없는 자들이 꾸며낸 일종의 허구일 뿐이다.

---

67) 니체, 『즐거운 학문』, 347, 330쪽.
68) Günter Abel, *Nietzsche. Die Dynamik der Willen zur Macht und die ewige Wiederkehr*, Berlin/New York 1998, 98-99쪽 참조.
69) 니체, 『유고(1884년 초~가을)』, 25[380], 144쪽.

'원한다'는 '욕구한다'나 추구한다, 요구한다가 아니며 : 이것들로부터 의지는 명령하는 아펙트(Affekt des Commando's)에 의해 구분된다. '원한다'는 존재하지 않으며, 단지 무엇을 원한다Etwas-wollen만이 존재한다 : 목표는 인식론자들이 그렇게 하듯이 상태로부터 분리되어서는 안 되는 법이다 : 인식론자들이 생각하는 '원한다'는 '생각한다'만큼이나 나타나는 일이 없다 : 즉 순전히 허구이다. 무엇인가가 명령된다는 것은 원한다는 의지작용에 속한다 (: 물론 이것은 의지가 '응한다'는 것을 말하는 것은 아니다……) 한 힘이 그 덕택에 작동하려하는 저 일반적인 긴장 상태는 ― '원한다'는 아니다.[70]

위의 글에서 니체는 무엇인가가 명령된다는 것이 곧 진정한 의미에서의 무엇인가를 원하는 의지이지만, 이 명령에 의지가 "응한다(effektuirt)"는 것은 아니라고 말한다. "무엇인가가 명령된다는 것은 원한다는 의지작용에 속한다 (: 물론 이것은 의지가 '응한다'는 것을 말하는 것은 아니다……)" 그렇다면 그 명령에 '응한다'는 것은 무엇을 의미하는 것일까? "무엇을 원한다"는 것과 더불어 "무엇인가가 명령된다는 것"이 능동과 수동으로 보일 수도 있지만, 내적 자극으로서의 정동을 염두에 둔다면 이 두 문장은 모두 능동이다.

1884년의 한 유고에서 니체는 이 감정을 불손하고 방자한 감정, 즉 "오만의 정동(eine Art Affekt des Übermuthes)"으로 표현한다. 이 감정은 커다란 장애를 극복하고 난 후에 얻을 수 있는 "유희의 감정"이며, 니체는 이 감정을 "명령하는 자의 최상의 주권(höchste Souveränität des Befehlenden)"으로 제시한다. "인간의 유기체 안에서 최고의 존재-종은 정신화된 정동(vergeistigter Affekt)으로 나타난다. 명령하고 지배하며."[71] 이에 대한 예로 니체는 『도덕의 계보』에서 병으로부터 도피하지 않고 오히려 병을 건강의 조건으로 삼는 오만함을 "극단의 자기 확

---

70) 니체, 『유고(1887년 가을~1888년 3월)』, 11[114], 351-352쪽.
71) 니체, 『유고(1885년 가을~1887년 가을)』, 6[26], 303쪽.

신성을 갖는 인식의 방자함"으로 표현한다.72) 이처럼 이 감정은 삶의 주인만이 느낄 수 있는 실존적 강함과 건강함의 표시이자 특권이다.

> 자유 그리고 힘에 대한 느낌. 대가들의 경우, 커다란 난관을 극복할 때 갖게 되는 유희의 감정(Das Gefühl des Spiels) ; 의지에는 그것에 정확히 상응하는 행동이 뒤따른다는 자기 확신 ― 거기에는 일종의 오만의 정동, 명령하는 자의 최상의 주권이 있다. 거기에는 저항감, 중압감이 있음에 틀림없다 ― 그러나 거기에 의지에 대한 어떤 속임수가 : 저항을 극복하는 것은 의지가 아니다 ―73)

이렇듯 의지는 단지 무엇인가를 원하는 의지로서만 해명될 수 있는 것이 아니다. 그렇다면 니체의 힘에의 의지는 단순히 힘과 의지의 관계성만을 대변하는 개념으로 확정할 수 없다. 오히려 정동에 대한 해명이 힘과 의지의 관계에 앞서 작용하는 감정까지 포괄함으로써, 힘에의 의지에 대한 개념적 이해의 토대를 보충해준다. 위의 글 중 다음과 같은 문장은 이를 잘 보증해준다. "의지에는 그것에 정확히 상응하는 행동이 뒤따른다는 자기 확신 ― 거기에는 일종의 오만의 정동, 명령하는 자의 최상의 주권이 있다."

3) 의지의 자유와 거리의 정동

형이상학과 종교에 의한 반자연적 도덕에 반해 생명의 자연적 원리를 대변하는 힘에의 의지는 그 자체로 의지의 자유를 보증하는 개념이다. 생명이라는 인간 내면의 텍스트를 힘에의 의지로 읽어내는 니체에게 있어, 자유는 신학적 자연법이나 일반적인 정치철학의 개념으로 해명될 수 없는 인간 실존의 영역이다. 자유에 대한 정치철학적 시도 속

---

72) 니체, 『도덕의 계보 II』, 24, 447쪽.
73) 니체, 『유고(1884년 초~가을)』, 27[24], 144쪽.

에서 힘에의 의지의 내적 토대는 허물어질 수밖에 없다.74) 그렇다면 의지는 어떤 상태에 있을 때 비로소 자유롭다고 말할 수 있는 것일까? 아래의 글은 『우상의 황혼』의 「내 자유 개념」이라는 제목의 단편이다. 여기서 니체는 자신의 자유 개념이 어떤 유형의 것인지와 더불어 그것이 결코 정치철학적인 영역의 것이 될 수 없음을 명확하게 밝히고 있다.

> 자유주의적 제도들은 [⋯] 힘에의 의지의 토대를 허물어버린다. 그것은 도덕으로 끌어올려진 산과 골짜기의 평준화 작업이다. [⋯] 자유주의 : 이것은 솔직하게 말하자면 군서동물로 만드는 것이다⋯⋯그러면 자유란 무엇이란 말인가? 자기 책임에의 의지를 갖는다는 것. 우리를 분리시키는 거리를 유지하는 것. 노고와 난관과 궁핍과 심지어는 삶에 대해서까지도 냉담해지는 것. [⋯] 자유는 남성적 본능, 전투적이고 승리의 기쁨에 찬 본능이 다른 본능들, 이를테면 '행복'을 지배하는 것을 의미한다. [⋯] 개인에게서나 대중에게서 자유는 무엇에 의해 측정되는가? 극복되어야 할 저항에 의해서, 위에 머무르기 위해서 치르는 노력에 의해서. 최고로 자유로운 인간 유형은 최고의 저항이 끊임없이 극복되는 곳에서 발견될 수 있을 것이다.75)

니체의 "자유" 개념은 그 어떤 형이상학적-종교적-도덕적 가치에 의존하지 않고 오직 자기 자신만의 의미와 가치로 삶에 책임을 다할 수 있는 '의지의 자유'와 더불어 보편적이고 평균적인 가치로부터 거리를 벌일 수 있는 '정신의 자유'를 포괄한다. 스스로 명령하고 그 명령에 우월감을 느끼는 삶의 자유로운 유희의 감정을 자신 안에 가지고 있는 자들에게 있어 보편적 행복보다 중요한 것은 자신만의 행복을 추구하는 것이다. 이러한 인간은 "모든 정동"을 배제해버리는 이성의 도덕적 공식을 따르는 삶을 살지 않는다.76) 오히려 그는 자신 안에 명령할 수밖에 없는

---

74) 니체, 『우상의 황혼』, 「어느 반시대적 인간의 편력」, 38, 177쪽.

75) 같은 책, 38, 177-178쪽.

76) 니체, 『유고(1888년 초~1889년 1월 초)』, 14[129], 132쪽.

감정적 동기를 억압하지 않으며, 자기 내면의 긴장으로 인해 항상 깨어 있는 정신으로서의 삶을 살아가게 된다. 여기서 깨어있다는 것은 내면의 긴장을 감정적으로 인식한다는 것을 의미한다. 이것은 실존적 변화의 가능성을 자신 안에 담고 있는 인간이 가진 위대함이다. "위대한 정동(Große Affekte)은 긴장 속에서 힘을 집중시키고 유지한다."77)

그러한 인간에게 행복의 목적은 도덕적일 수 없다. 그 이유는 자기 명령의 상실은 삶의 주권의 상실일 수밖에 없기 때문이다. 삶을 가볍게 춤을 출 수 있는 곳으로 만드는 것은 자유로운 의지와 정신 이면에 삶을 즐겁고 명랑한 곳으로 느끼는 감정, 즉 힘의 증대를 자기 삶의 쾌감으로 추구할 수 있는 자유로운 정동이다. 명령할 수 있는 자는 스스로가 자기 자신의 자극이 될 수 있는 인간, 다시 말해 삶의 동기를 자신의 내면에서 끌어올릴 수 있는 자를 의미한다. 니체에 의하면 명령할 수 있는 자, 즉 삶의 동기가 자신의 정동(감정)을 전제로 하는 자만이 의지의 진정한 자유를 획득한 자이다.

> ─ "의지의 부자유에 관한" 학설에서 사람들이 못마땅해하는 것은 이것이다. 이 학설은 마치 "네가 행하는 것은 네가 자발적으로가 아니라 비자발적으로, 즉 강요에 의해 행하는 것이다"라고 주장하는 것처럼 보인다. […] 그러므로 사람들은 "자유롭지 못한 의지"를 "남의 의지를 통해 강요받은 것"으로 이해한다. 그것은 마치 "네가 행하는 모든 것을 너는 남의 의지를 통해 강요받아 행한다"라고 주장하는 것처럼 보인다. 자신의 의지에 복종하는 것은 우리는 강요라고 부르지 않는다. 왜냐하면 거기에는 즐거움이 있기 때문이다. 네가 너 자신에게 명령한다는 사실, 그것은 "의지의 자유"를 의미한다.78)

---

77) 니체, 『유고(1881년 봄~1882년 여름)』, 11[73], 456-457쪽.
78) 니체, 『유고(1885년 가을~1887년 가을)』, 1[44], 22-23쪽. 의지의 자유는 스스로 원하는 삶을 선택하고 의욕하며, 그 삶을 위해 자신 안의 모든 힘을 집중시킬 수 있는 자의 삶의 양식이다. 1885년 4월~6월 사이의 한 유고에서 니체는 의지의 자유를 인간의 내적 작용을 토대로 설명하고 있다. 여기서 니체는 의지의 자유를 설명함에 있어 명령(Befehl)과 강제(Zwang)를 동일한 의미로 사용한다. "우리는 활동하는 존재이며, 힘(Kraft)이라는 것이 우리의 근본 믿음이다. 자유롭다는 것은 "강제의 느낌(Zwangsgefühl)"이 없고, 부딪히고 밀려나는 것이 없는" 상태를

진정한 자유는 자신의 힘을 온전히 자신의 것으로 소유할 수 있는 자가 느낄 수 있는 감정이다. 이러한 의미에서 스스로 명령하는 삶을 사는 의지의 자유를 가진 자는 명령할 수 없는 자, 즉 절대적인 가치에 복종할 수밖에 없는 자와의 정신적 차이를 느낄 수밖에 없다. 니체는 이 차이의 거리를 "거리의 정동(Affekt der Distanz)"[79]으로, 다시 말해 명령과 복종의 경계에서 거리를 벌리며 자기 자신을 극복하는 존재로 유지하기 위해 매 순간 다시 새롭게 의지하는 정동의 원리로 개념화한다. 에피쿠로스를 예로 들고 있는 것처럼, 니체는 "거리의 정동"을 통해서 이성과 비이성, 영혼과 육체라는 낡은 이원론적 대립의 해체를 시도한다.

> 잘못된 대립. 여전히 모든 단계는 나란히 있다. (또는 많은 단계들이) ― 그러나 더 높은 단계는 더 낮은 단계를 길과 수단으로 인정하지 않으려고 한다 ― 그것들은 그 반대여야 한다! 이는 거리를 두려는 정동이다! 거리를 두려는 정동을 소유하거나 보여주지 않는 자는 가장 큰 혼동을 야기한다. 예를 들면 에피쿠로스.[80]

이러한 의미에서 "거리의 정동"은 삶의 주인과 노예, 위대함과 비천함, 강함과 약함, 능동과 수동, 긍정과 부정, 극복과 보존과 같은 경계에서 발생하는 실존적 차이를 인간학적으로 표현한 "거리의 파토스(Pathos der Distanz)"와 의미론적 측면에서는 동일하다. 인간의 모든 육체성, 다시 말해 정념은 영혼과 육체의 이원론적 대립 아래 부정되

의미하는 것이다. 주의하라! 우리가 저항에 부딪히고 그 저항에 굴복해야만 하는 곳에서 우리는 스스로 자유롭지 못하다고 느낀다 : 우리가 그 저항에 굴복하지 않고, 그 저항으로 하여금 우리에게 굴복하도록 강제하는 곳에서는 자유롭다고 느낀다. 즉 이것은 우리가 "의지의 자유"로 표시하는 우리의 힘의 증가의 느낌이며, 우리의 힘이 강제되는 힘과의 관계에서 강제한다는 의식이다"(니체, 『유고(1884년 가을~1885년 가을)』, 34[250], 298-299쪽).

79) "거리를 두려는 정동을 잃지 말라!"(니체, 『유고(1882년 7월~1883/84년 겨울)』, 7[106], 361쪽).

80) 같은 책, 7[129], 370쪽.

었으며,[81] 니체에게 있어 이 증상은 모든 인간이 자기 내면의 힘을 체감할 수 없는 상태, 다시 말해 자기 자신으로 존재할 수 없는 정동의 부정과 다름없다. 무엇을 원하고 어떤 가치를 추구하는지에 대한 근본원리는 오직 인간 그 자신 안에 있다. 그리고 자기 삶의 의미와 가치를 선택하고 추구하는 근본원리는 의지하는 힘의 방향을 설정해주는 정동, 즉 감정이다. 스스로에게 명령을 내리고 또한 이를 따르는 주인으로서의 삶을 살지 못하는 "의지의 커다란 병"[82]과 "속박된 정신"[83]은 니체가 자신의 철학에서 진단한 실존적 병의 근본 원인이다. 니체의 철학적 시도가 나약한 의지와 정신의 치유를 목적으로 하는 건강철학일 수밖에 없는 이유이다.

5. 정동의 인간학 : 정동의 인간학적 차이

"너희가 강력한 대립과 서열의 차이(Rangverschiedenheit)를 없애기를 원할 때, 너희는 강렬한 사랑, 차원 높은 생각, '홀로 있음'의 감정(Gefühl)도 마찬가지로 없애버린다."[84] 니체의 이 말은 인간학적 가치 감정의 차이에 담긴 의미를 잘 보여준다. 이러한 차이는 자기 실존의 주인과 노예의 차이로 대변되는 정동의 차이로서, 명령하는 삶 속에서 느끼는 우월한 가치 감정을 부각시키는 니체의 인간학적 방법론이다.

---

81) 데모크리토스, 플라톤, 스토아학파, 에피쿠로스 등의 정동에 대한 비판에 대한 내용으로는, J. Lanz, *Affekt*, in : Joachim Ritter(Hrsg.), Historisches Wörterbuch der Philosophie Bd.1, Basel/ Stuttgart, 1971, 89-91쪽 참조.

82) 니체, 『즐거운 학문』, 347, 330쪽.

83) 니체, 『인간적인 너무나 인간적인 Ⅰ』, 225, 227쪽; "속박된 정신은 자신의 입장을 근거에서가 아니라 습관에서 받아들인다"(같은 책, 226, 228쪽).

84) 니체, 『유고(1887년 가을~1888년 3월)』, 11[141], 365쪽.

1885년의 한 유고에서 니체는 거리의 파토스를 "서열 차이의 느낌(das Gefühl der Rangverschiedenheit)"과 동일시한다.[85] 또한 그는 이러한 차이를 "서열의 거리(Rangdistanz)"[86]로 표현하기도 한다. 니체에게 있어 이 차이의 거리는 곧 스스로 느끼는 힘의 느낌의 차이를 의미한다. 이러한 힘의 느낌의 차이가 주인과 노예라는 거대한 가치 감정의 차이를 만들어낸다. 그리고 이 차이는 자기 삶의 가치를 창조할 수 있는 자와 없는 자의 인간학적인 차이로 드러난다.

> 우리가 인류의 종교적 기관에게 말을 할 때 보호하는 것이 바로 이러한 고독이다 : ─ 그리고 "자유정신"이라고 잘못 불리는 무리동물과 평등의 사도들로부터 우리를 그렇게 명백하게 구별해주는 것은 아마 없을 것이다. : ─ 무리동물과 평등의 사도들은 모두 고독을 견뎌낼 수 없을 것이다. 정치의 기초 학설의 연장과 심화로 생각되고 있는 종교. 이 학설은 항상 불평등한 권리에 대한 학설이고, 고귀한 것과 비천한 것, 명령하는 자와 복종하는 자를 갖춘 사회 구조의 필연성에 관한 학설이다. 종교는 우리에게 영혼의 계급 차이(Rangverschiedenheit der Seelen), 비천한 사람들의 비용으로 이루어지는 고위한 영혼들의 훈련과 실현의 학설을 의미한다.[87]

가치와 그 차이에 대한 니체의 논의는 비단 형이상학적-종교적 영역에만 국한되지 않는다. 니체는 자신의 철학 후기에 이르러 인간학적 차이로 대변되는 선과 악, 고귀함과 비천함, 명령과 복종, 쾌와 불쾌 등과 같은 정동의 가치들을 도덕의 계보학적 탐구 아래 국가, 정치, 법, 사회, 문화 등 다양한 영역과의 유기적 관계 속에서 드러내며 자신만의 사상을 전개해나간다. 이러한 측면에서 양심의 심리학적 기원을 기억, 책임, 죄, 형벌 등과 같은 가치를 통해 계보학적으로 논의하는 『도

---

85) 니체, 『유고(1885년 가을~1887년 가을)』, 11[141], 365쪽.
86) 니체, 『유고(1888년 초~1889년 1월 초)』, 16[39], 361쪽.
87) 니체, 『유고(1885년 가을~1887년 가을)』, 3[13], 214쪽.

덕의 계보』의 「제2논문」은 정동을 정의와 원한의 대립 속에 내재한 인간학적 차이를 드러내는 가치로 제시한다.

니체는 증오, 질투, 시기, 불신, 숙원, 복수에 유리한 도덕적 "감정"과 지배욕, 소유욕 등과 같은 심리-생리학적 힘-느낌의 가치론적 대립을 "반동적 정동(der reaktive Affekt)"과 "능동적 정동(der aktive Affekt)"의 대립으로 표현한다.88) 그리고 이 관계를 "반동적 인간(der reaktive Mensch)"과 "능동적이고 공격적이며 지배적인 인간(der aktive, der an greifende, übergreifende Mensch)"과의 차이로 규정한다.89) 『삶의 가치 (Der Werth des Lebens)』라는 책에서 정의감을 본질적으로 원한이자 반동적 복수의 감정으로 규정하는 뒤링(Eugen Dühring)이 니체의 강한 비판의 대상이 될 수밖에 없는 이유는 이 때문이다.90) 양심과 책임에 대한 니체의 해석에서 볼 수 있는 것처럼, 정의는 원한과 복수에 의한 반작용

---

88) 니체, 『도덕의 계보 Ⅱ』, 11, 417쪽; "인간이나 사건에 대한 도덕적 평가는 고통 받는 사람, 억압받는 사람, 내적으로 혼란스러운 사람을 위한 위로의 수단이다 : 일종의 복수를 취함이다" (니체, 『유고(1880년 초~1881년 봄)』, 3[69], 88쪽).

89) 니체, 『도덕의 계보 Ⅱ』, 11, 418쪽. 슈바르츠발트(K. Swarzwald)는 자신의 논문에서 니체의 정동이론과 인간학의 관점에서 삶의 주인이 되고자 하는 자의 특권으로서의 "동경(Sehnsucht)"을 『차라투스트라는 이렇게 말했다』의 "커다란 이성(die große Vernunft)"과 "작은 이성(die kleine Vernunft)"을 구분했던 방식으로 "커다란 동경(die große Sehnsucht)"과 "작은 동경(die kleine Sehnsucht)"으로 구분한다. 그리고 이러한 두 개의 개념적 구분을 바탕으로 실존적 강함과 약함, 즉 마지막 인간과 위버멘쉬를 구분한다. 하지만 삶에 대한 사랑과 열정을 통해 지속적인 자기극복을 시도하는 유형과 작은 행복 속에 자기 자신을 보존하는 유형의 인간학적 구분 속에서 정동(Affekt)에 대한 논의와 근거가 조금 부족하다. 그 이유는 슈바르츠발트는 커다란 동경을 "정동을 추구하는 작은 동경(affektgetriebenen, Kleine Sehnsüchtigen)", 탐욕과 같은 "멈추지 않는 감정(ein anhaltendes Gefühl)", "열정(eine Leidenschaft)" 등에 반한 것으로 표현하고 있기 때문이다. 물론 슈바르츠발트 역시 커다란 동경과 작은 동경을 상호 전제하는 관계로 설정하고는 있다(Konstanze Schwarzwald, Nietzsche und die große Sehnsucht. Ein Versuch, Nietzsches Affektenlehre und Anthropologie weiterzudenken, in : Volker Gerhardt/Renate Rschke (Hg.), Nietzscheforschung, Bd. 15, Berlin 2008, 240-245쪽 참조). 하지만 필자의 생각에 니체의 철학에서 정동은 마지막 인간과 위버멘쉬의 인간학적 특성과 삶의 자세 등을 구분하는 요소가 아니라, 오히려 두 인간유형을 포괄하는 개념이다. 중요한 것은 정동이 인간의 내면에서 어떤 작용을 하는가이다.

90) Paolo Stellino, Affekte, Gerechtigkeit und Rache Nietzsches Zur Genealogie der Moral, in : Volker Gerhardt/Renate Rschke (Hg.), Nietzscheforschung, Bd. 15, Berlin 2008, 248-249쪽 참조.

의 감정이 아니라 실존적 강자가 욕구하는 능동적 감정이다.

> 능동적인 인간, 공격적이고 지배적인 인간은 언제나 반동적인 인간보다 백 걸
> 음 정도나 더 정의에 가깝다. 그러한 능동적인 인간에게는 반동적 인간이 하거
> 나 할 수밖에 없는 방식으로, 대상을 그릇되게 편파적으로 평가할 필요가 전혀
> 없는 것이다. 그러므로 사실상 어느 시대나 공격적인 인간은 좀 더 강하고, 좀
> 더 용기 있고, 좀 더 고귀한 인간으로 또한 좀 더 자유로운 눈과 좀 더 훌륭한
> 양심을 자신의 편에 지녀왔던 것이다 : 이미 잘 알고 있는 바이지만, 이와는 반
> 대로 도대체 양심에다 '양심의 가책'을 발명한 자는 누구인가 — 그는 원한의
> 인간이다![91]

이러한 대립을 통해 니체는 정동으로 대변되는 "원한의 인간(Mensch des Ressentiment)"의 "반동적 감정(das reaktive Gefühl)"이 그의 의지와 행위의 토대가 되고 있다는 것을 드러낸다.[92] 자기 내면의 힘을 추구하지 않고 외부의 작용에 따라 반작용하는 인간, 다시 말해 명령하는 삶을 살며 그 삶에 우월한 감정을 느끼지 못하는 반동적 정동의 인간유형으로서의 원한의 인간은 내면의 투쟁이 마비된 인간일 뿐이다. 내적 투쟁의 마비 증상은 인간의 자연성에 대한 형이상학적-종교적-도덕적 자기부정이며, 니체는 그 원인을 "양심의 가책"으로 규정한다. "인간은 너무 오랫동안 자신의 자연적 성향을 '나쁜 눈'으로 보아왔기 때문에, 이 성향은 인간에게서 마침내 '양심의 가책'과 밀접하게 연결되었다."[93]

양심의 가책은 자기 내면의 "정동-체계(Affekt-System)", 다시 말해 자신의 자연성을 반자연적 성향으로 오해하고 부정하는 인간 인식의 병이다. 여기서 니체는 인간 인식의 병의 치유를 위해 "커다란 건강에 속하는 극단의 자기 확신성을 갖는 인식의 방자함"[94]을 제시한다. 매 순간

---

91) 니체, 『도덕의 계보 II』, 11, 418쪽.
92) 같은 책, 11, 417, 418쪽.
93) 같은 책, 24, 446쪽.

새롭기에 더없이 유쾌한 건강으로 대변되는 "커다란 건강(die grosse Gesundheit)"은 필연적으로 병의 긍정과 극복을 전제로 한다. 하지만 이 건강은 보편적이고 평균적일 수 없기 때문에 극단적인 자기 확신이 필요하다. 니체에 의하면 양심의 자연성도 "주권적 개인"의 자기 확신과 자유로부터 도출된 자기책임에 대한 표현이다.[95] 가책하지 않는 양심으로의 전환으로부터 니체는 내면의 자유로운 정동-체계를 복원시킨다.

6. 정동과 니체의 건강철학

전통 형이상학과 종교의 절대적 진리와 도덕적 인식으로부터의 해방은 인간 실존의 건강을 위한 근본 토대이다. 매 순간 온전히 자기 자신으로서 존재하고 나아가 그러한 삶을 살기를 희망하는 정신과 의지의 자유는 그동안 의미론적으로 억압되고 가치론적으로 폄하된 욕구, 욕망, 본능, 충동, 감정 등과 같은 정념(Pathos)의 자유로 대변되는 인간 내면의 자유를 의미한다. 단 하나의 진리만을 추구해 온 서구 정신사에서 다음과 같은 니체의 주장, "우리는 악이 없거나 열정이 없다면 살 수 없다."[96]는 형이상학과 종교 그리고 도덕의 해체를 부르짖는 선언과도 같다.

스스로 명령할 수 없는 인간은 보편적 삶의 진리 아래 자신만의 고유한 삶의 양식을 창조할 수 없는 자일 수밖에 없으며, 니체에게 이러한 인간은 병든 의지와 속박된 정신일 수밖에 없다. 실존적 상승과 성

---

94) 같은 책, 24, 447쪽.

95) 같은 책, 2, 397-399쪽 참조.

96) 니체, 『유고(1881년 봄~1882년 여름)』, 11[73], 456쪽.

장을 향한 자기 자신의 내적 명령의 원리 외에 그 어떤 절대적-보편적 명령의 체계도 허용하지 않는 니체의 주장과 관련하여 다음의 글은 좋은 예가 될 수 있을 것이다. "학문은 끊임없이 명령(Gebot)을 내린다. 예를 들어, 건강이나 교육을 위해 : 학문은 그 명령에 토대를 세우기 위해 이것들을 소홀히 한 경우에 생기는 유해한 결과를 제시한다."97) 니체의 비판적 관점에서 보면 영혼의 평안과 구원 역시도 일종의 "유해한 결과"일 뿐이다. 그에 의하면 자신만의 고유한 삶의 의미와 가치의 창조가 기쁨(쾌)이 되고 이를 위해 자신의 의지에 명령할 수 있는 인간만이 건강한 자이다. 니체는 다음의 글에서 정동과 건강의 관계를 명확하게 제시하고 있다.

> 우리는 악이 없거나 열정(Leidenschaft)이 없다면 살 수 없다 ― 모든 사람이 모든 사람에게, 그리고 모든 사람이 각자 자신에게 완전히 적응한다는 것(스펜서에서처럼), 그것은 오류이며 극심한 발육 부진일 것이다. ― 가장 멋지고 신체적으로도 가장 강한 맹수는 정동(die stärksten Affekte)도 제일 강하다 : 그의 강한 증오심이나 탐욕은 자신의 건강에 필수적인 것이 된다. 그래서 이에 만족감을 느끼면 건강도 더없이 훌륭하게 발전한다. 심지어 인식하는 데도 나는 나의 충동들을 필요로 한다. 좋은 충동이거나 나쁜 충동이거나 상관없이. […] 모든 위대한 인간들을 위대하게 만든 것은 그들의 정동이 가진 강함(durch die Stärke ihrer Affekte) 을 통해서이다. (만약 건강이 이 위대한 정동(der große Affekt)에 걸맞게 발전하지 않았다면, 그리고 오히려 그 건강을 필요로 한다면, 건강도 아무 소용이 없다.) 위대한 정동은 긴장 속에서 힘을 집중시키고 유지한다.98)

정동과 건강의 관계에 대한 니체의 견해는 분명하다. 단 하나의 절대적이고 보편적인 진리를 추구하는 인간은 "발육 부진"일 뿐이라는 그의 표현처럼, 정동은 자신의 고유한 삶의 진리와 지혜를 추구할 수 있는

---

97) 니체, 『유고(1880년 초~1881년 봄)』, 3[71], 88쪽.
98) 니체, 『유고(1881년 봄~1882년 여름)』, 11[73], 456-457쪽.

실존적 성장의 조건이다. 니체가 자신의 철학 곳곳에서 야수(Bestie), 야성(Wildheit), 잔인함(grausam) 등을 자신의 삶에 대해 가지는 인간의 강한 열정으로 표현하듯이,[99] 위의 글에 제시된 "맹수(Raubthier)"라는 메타포는 평균적 대중인의 나약한 정신과 의지에 반해 실존의 건강함을 대변하는 개념으로서 정당하다.

여기서 중요한 것은 니체가 맹수가 가진 건강함의 조건을 "가장 강한 정동(der stärkste Affekt)"으로 규정하고 있다는 것이다. 정동이 없는 건강의 소유자는 스스로 건강하다고 느끼지 못하는 감정 불능의 인간일 수밖에 없다. 그리고 그는 대지의 세계와 자기 자신의 삶과 건강한 관계를 맺을 수 없다. 형이상학과 종교는 지금까지 이런 자들의 감정적 대리인의 역할을 해왔다. 실존의 건강이란 스스로 자기 안에서 끊임없이 감정적 동기들을 발생시키고 이를 실천적 행위의 조건으로 이해하는 인간과 그의 삶을 대변하는 가치이다. 그래서 니체는 맹수라는 메타포를 위대한 인간에 대한 특성으로 그리고 정동을 그의 건강함의 근본 요소로 제시하는 것이다. "모든 위대한 인간들을 위대하게 만든 것은 그들의 정동이 가진 강함(die Stärke ihrer Affekte)을 통해서이다."

자기 실존의 주인으로서 위대한 인간유형들의 본질은 그들이 매 순간 참된 자기 찾기와 자기되기를 시도한다는 데에 있다. 이러한 의미에서 "사육의 도덕과 길들임의 도덕"[100]이 그들의 삶과 행위의 원리일

---

99) 야수, 야성 등을 열정의 관점에서 해석한 글로는, 이상범, 『니체의 열정(Leidenschaft)에 대한 연구』 제33집(한국니체학회, 2018년 봄), 165-169쪽 참조.

100) 니체, 『우상의 황혼』, 5, 130쪽. 인간의 개선과 관련하여 니체는 과연 도덕이 인간을 개선했는지 물으며, 인간에게 있어 도덕은 개선의 도구가 아니라 오히려 궁핍과 쇠약의 결과로서 생리적 퇴보일 뿐이라고 진단한다. ""질병은 사람을 개선한다." […] 도덕과 질병 사이에는 혹 인과적 결속이 있는 것인가? "인간의 개선", 크게 보면 예컨대 지난 세기에 이루어진 유럽인의 부인할 수 없는 온화함, 인간화, 순화―그것은 혹 오랫동안의 은밀하고 무시무시한 고통, 잘못됨, 궁핍, 쇠약의 결과인가? "질병"이 유럽인들을 "개선했는가?" 또는 달리 물으면 : 우리의 도덕성은 […] 생리적 퇴보의 표현인가?"(니체, 『유고(1885년 가을~1887년 가을)』, 4[7], 222쪽).

수 없음은 분명하다. 니체는 인간의 실존적 병의 원인을 도덕으로 규정한다. 그 이유는 절대적 진리에 대한 믿음과 도덕적 행위는 삶의 자기원리로서의 정동을, 즉 인간 내면의 고유한 자기감정의 활동을 전제로 할 수 없기 때문이다. 이러한 의미에서 니체는 도덕을 필요로 하지 않는 인간을 "의사도 약도 귀찮은 조치도 없이 살아가는 사람"[101]이라고 표현한다.

이제 니체는 도덕에 내재한 절대성을 해체하기 위해 이를 취향의 문제로 전환한다. 취향이 무언가를 추구하고 행하고자 하는 감정의 방향이라면, 도덕에 의한 개선은 심리-생리학적 문제로 다루어질 수밖에 없다. "'취향의 정화'는 단지 인간 유형이 강화된 결과일 수 있다."[102]라는 니체의 말은 이를 잘 보증해준다. 도덕의 절대성을 취향의 문제, 다시 말해 힘의 문제로 전환하는 니체에게 있어 그 힘을 동반하는 감정의 문제는 심리-생리학적 힘과 의지의 토대로서 작용하는 정동의 문제일 수밖에 없다. 이러한 의미에서 "취향의 건강함(Gesundheit des Geschmacks)"이라는 니체의 표현은 건강으로 오해되어 온 인간의 도덕적 취향을 전환하여 참된 건강을 추구하도록 정신과 의지를 일깨우는 감정의 방향 전환, 즉 정동의 변화와 다르지 않다.

> 취향의 건강함 ― 건강이 질병처럼 그렇게 전염되지 않는 것은 무슨 까닭일까?
> ― 도대체 취향에서 건강은 어떻게 되는 것일까? 아니면 건강의 전염병이라는 것이 존재하는 것일까?

위의 글에서 확인할 수 있는 것처럼 니체는 전염된 병으로부터, 그

---

101) 니체, 『유고(1880년 초~1881년 봄)』, 163쪽.
102) 니체, 『유고(1887년 가을~1888년 3월)』, 9[119], 85쪽.

의 표현에 의하면 "종교적 감염(die religiöse Infektion)"[103]으로부터 치유되어 매 순간 자기 자신으로 살아가며 새로운 미래를 실현할 수 있는 근본 조건으로서 새로운 건강과 그 취향을 확산시키고 싶어 한다. 건강을 모든 인간에게 빠르고 깊숙하게 전염시키고 싶어 하는 니체의 철학적 의도는 그의 "건강의 전염병(Epidemien der Gesundheit)"[104] 개념에 잘 담겨 있다. 이 건강은 매 순간 자기 자신으로 살고자 의지하는 주인적 인간유형들의 위대한 정동으로부터 도출되는 쾌의 감정이다. 니체의 정동이론은 자기 실존의 주인이 되기 위해 모든 인간이 온전히 자기 자신에게 집중할 수 있도록 자신의 감정을 살피는 철학적 건강이론이다. 삶의 주인은 자기감정의 주인이다.[105] 자신의 감정을 놓치지 않을 때 인간은 비로소 자신의 삶에 주인으로서 참여할 수 있다.

---

103) 니체, 『유고(1876년~77/78년 겨울)』, 19[58], 91쪽.

104) 니체, 『인간적인 너무나 인간적인 Ⅱ』, 129, 309쪽.

105) 이에 반해 자기감정의 노예는 결국 몸의 문제, 즉 실존적 자기인식의 문제이다. "자기 자신에 대한 허위, 자신에 대한 신뢰의 결여, 자신에 대한 공포, 자신에 대한 경멸─무력한 자들의 모든 정동은 지속적으로 또한 몸을 변형시킨다. 자기 지배가 결여된 의식, 고상하지 않은 표정이 나타나게 된다─"(니체, 『유고(1882년 7월~1883/84년 겨울)』, 7[120], 367쪽).

제2부

정동의 관점에서 바라본
형이상학, 종교, 도덕 비판

1. 자기인식의 전제 : 정동

형이상학과 종교 그리고 도덕에 대한 니체의 강한 비판은 근본적으로 삶의 실재 세계인 대지의 가치를 부정함으로써 온전히 자기 자신의 삶을 살아가지 못하는 자기인식의 불능 증상을 향해 있다. 그렇다면 인간은 어떻게 자기 자신을 인식하고 매 순간 자기 자신과 관계할 수 있는 것일까? "너는 너 자신이 되어야만 한다."[1]라는 니체의 철학적 명제는 어떻게 성립될 수 있는 것일까? 이 물음에 대한 답은 전통 형이상학과 종교 그리고 도덕에 대한 니체의 비판 속에서 찾을 수 있다. 또한 실존적 자기 찾기와 자기되기로 대변되는 그의 이러한 철학적 시도는 자유정신, 신의 죽음, 위버멘쉬, 영원회귀와 운명애 등의 대표적인 개념을 통해서도 설명될 수 있다.

하지만 니체의 철학에 등장하는 욕구, 욕망, 충동, 본능, 정동, 느낌, 감성 등의 정념(Pathos) 개념들은 그가 자신의 철학적 시도를 위해 실마리로 삼았던 몸의 현상들로서 위의 철학적 명제를 증명하는 보다 구체적인 방법론으로서의 역할을 한다. 결론적으로 정념이 억압된 상태에서 인간은 결코 자신의 삶에 주인으로서 참여하는 고유한 자기 자신으로 존재할 수 없다. 형이상학과 종교 그리고 도덕에 대한 니체의 비판은 바로 정념의 억압과 그 증상들을 전제로 한다. 이 중 정동은 ─ 이원화된 불연속적 가치를 추구하고 이 가치를 강요하는 형이상학과 종교에 반하여 ─ 인간 내면의 다양한 정념 활동을 자극하고 또한 그 활동들을 연속적인 운동으로 생기하게 만드는 근본 조건이다. 인간의 내적 생기의 전제는 정동(아펙트/Affekt), 즉 다양한 정념의 지속적인

---

1) 니체, 『즐거운 학문』, 270, 250쪽.

운동을 자극하는 감정이다.

끊임없는 힘의 증대를 추구하는 의지의 활동을 대변하는 개념 "힘에의 의지"는 힘을 쾌로 느끼고 또다시 그 쾌를 추구하고자 스스로 명령하는 감정, 즉 "정동"을 전제로 할 수밖에 없다. 형이상학과 종교의 절대성으로부터 해방된 정동의 자유를 통해 인간의 정신과 의지의 자유는 비로소 실현될 수 있다. 이러한 의미에서 "위버멘쉬"는 저편의 절대적 세계와 보편적 삶의 가치를 추구하지 않는다. 그는 오직 자기 자신과 관계하고 있음을 인식하며 자신 안에서 긍정되고 극복되는 것이 다름 아닌 '자기 자신'이라는 감정을 느끼는 자이다. 또한 "영원회귀"는 무한히 반복될 지금 이곳의 삶에 대한 긍정이 영원으로 확장된 사랑의 감정이 없다면 성립할 수 없다. 정동은 자기인식의 전제이다. 그 이유는 감정을 배제한 자기인식은 성립될 수 없기 때문이다. 이렇듯 니체의 철학에 등장하는 다양한 정념 활동들은 이성 중심의 전통 이원론과 목적론에 반해 인간의 자연을 드러내기 위한 그의 철학적 방법론의 일환으로 제시된다.

2. 정동의 소진

스스로를 자기 삶의 주인으로 느끼지 못하는 자기감정의 불능 증상은 결국 자신 안에 내재한 변화의 가능성을 깨닫지 못하는 자기인식의 불능 증상으로 드러난다. 니체는 자기감정의 불능 존재로 전락한 나약한 인간들의 형이상학적-종교적-도덕적 욕구를 "게으름의 정동(Der Affekt der Faulheit)"[2]이라고 표현한다. 그가 비판하는 이와 같은 게으른 감정을 설명하는 데는 『이 사람을 보라』의 「나는 왜 이렇게 현명한지」에 등장하는 "러시아적 숙명론"은 좋은 예가 될 수 있을 것이다. 이 숙명론을 통해서 니체가 문제시하는 것은, "무저항의 숙명론"과 "겨울잠을 자게 만드는 의지"와 같은 그의 표현처럼[3], 자신의 고통을 피할 수 없는 숙명으로 받아들이며 그 어떤 변화도 추구하지 않고 오히려 자신에 대한 "원한 감정(mit den Ressentiments-Affekten)"에 빠져드는 의지의 병적 증상이다.

"힘에의 의지"의 관점에서 보면 이들은 현재를 보존할 수 있을 정도의 힘만을 필요로 할 뿐, 변화를 실현할 수 있는 보다 큰 힘을 원하지 않는 자들이다. 그리고 "모든 가치의 전도"의 관점에서 보면 낡은 관습에 얽매인 삶만을 살며 나아가 "영원회귀와 운명애"의 관점에서 보면 더 이상 새로운 미래를 추구하지 않는 자기보존적 인간유형일 뿐이다. 무저항은 더 이상 아무것도 하고 싶지 않은 의지의 병이지만 그 이면에는 더 이상 아무것도 할 수 없다고 생각하는 지쳐버린 숙명론적 감정이 내재한다. 이 상태가 '정동의 소진'을 대변한다. 니체에게 있어 이러한 감정의 소진 증상은 자신의 삶을 쾌로 느낄 수 없는 불쾌(원한)의 감정에 빠져 더 이상 자기 자신을 긍정하고 극복할 수 없는 상태를 의미한다.

> 이것은 행군이 너무 혹독하면 결국 눈 위에서 쓰러지고야 마는 일종의 러시아 군인의 숙명론이며, 이런 무저항의 숙명론(ein Fatalismus ohne Revolte)은 그의 자기 보존 본능에 속한다. […] 힘을 가능한 한 적게 쓴다 ─ 반응을 하면서 자신을 소모하지 않는다 ─ 힘이 적다는 것에서 나오는 일종의 절약 : 이것이 숙명론의 위대한 이치인 것이다. 생리적으로 표현하자면 : 생리적 요소의 소비의 절감, 그것을 천천히 소비시키는 것. ─ 정동들(아펙트/Affekten)은 이것들을 가장 빨리 불살라버린다. 원한, 노여움, 복수에 대한 갈망, ─ 이것들은 병자에게

---

2) 니체, 『유고(1888년 초~1889년 1월 초)』, 15[46], 288쪽.

3) 니체, 『이 사람을 보라』, 「나는 왜 이렇게 현명한지」, 6, 341-342쪽.

는 모든 가능한 상태들 중에서 가장 해로운 것이다.[4]

자신을 고통스럽게 하는 모든 것에서 벗어나고자 하는 인간은 필연적으로 자신의 고통에 새로운 의미를 부여해 줄 또 다른 존재를 필요로 하게 된다. 형이상학과 종교는 고통받는 자의 감정에 위안을 안겨 주는 사유 체계에 대한 명칭이다. 이러한 의미에서 니체가 『도덕의 계보』에서 시도한 계보학은 인류가 창조해 온 가치의 흔적을 심리-생리학적으로 고찰한 방법론이다. 그리고 니체는 그 흔적의 끝에서 더 이상 자신의 삶을 실험의 공간으로 만들지 못하는 나약한 정신과 의지의 증상,[5] 즉 끊임없이 자기 자신이 되고자 하지 않는 게으름과 무저항의 증상을 발견한다.

"모든 싸움에 대립하고, 자신이-싸우고 있다는-느낌 전체에 대립하는 것이 복음에서는 본능적이 된다 : 저항에의 무능력(die Unfähigkeit zum Widerstand)이 도덕이 된다."[6] 그래서 니체는 무저항의 숙명론을 자기치유 본능의 소진 상태, 다시 말해 인간 안에 있는 일종의 면역력으로서의 "저항과 공격 본능의 쇠퇴"라고 표현하는 것이다.[7] 이제 니체는 고통을 자신의 의지를 통해서도 극복할 수 없는 숙명이 아니라, 오히려 잠이 든 정신과 의지를 깨어나게 함으로써 주어진 현실을 변화시키며 나아가 건강한 미래를 실현하기 위한 조건으로 긍정할 수 있기를 요청한다.

---

4) 니체, 『유고(1888년 초~1889년 1월 초)』, 24[1], 2, 528쪽.
5) 같은 책, 24[1], 2, 528-529쪽 참조.
6) 니체, 『안티크리스트』, 29, 252쪽.
7) 니체, 『이 사람을 보라』, 「나는 왜 이렇게 현명한지」, 6, 341쪽.

3. 형이상학과 사유

1) 형이상학과 정동

사유는 인식의 조건이다. 그렇다면 형이상학적 사유는 인간 인식의 한계일 수밖에 없으며, 이 한계는 결국 의지의 한계일 수밖에 없다. 형이상학에 대한 니체의 비판을 통해 알 수 있는 것처럼, 형이상학은 인간의 정신과 의지의 나약화의 근본 원인이다. 최초 자연에 내재한 물리적 힘을 신화적으로 해석하는 과정에서 발생한 행위와 행위자의 인과론은 인류의 이성적 사유와 원시적 제식 행위로부터 시작되었다.8) 니체의 비판처럼 형이상학과 종교는 "힘을 두려워해야 했던 자들의 상상 속에 있는 힘"9)으로부터 창조되었다. 니체에 의하면 이러한 사유 방식은 고대 그리스의 자연철학을 지나 중세에 이르러 형이상학과 종교의 공식으로 보다 명료해진다.

니체에게 있어 형이상학의 방법론으로서의 이원론은 근본적으로 이편 세계와 저편 세계, 생성과 존재, 육체와 영혼 등과 같은 다양한 관계에 대한 이론이지만, 그 관계를 온전히 사유하지 않았기 때문에 헛된 이론일 뿐이다. 형이상학에 대한 니체의 비판은 근본적으로 이원론적 사유의 문법 속에서 인간이 더 이상 자기 자신과 자신이 살고 있는 세계와 온전히 관계할 수 없다는 사실에 있다.10) 즉 그에게 형이상학

---

8) "원시인의 영혼의 내적 생활에서는 악에 대한 공포가 크다. 악이란 무엇인가? 세 종류이다 : 즉 우연, 불확실한 것, 급작스러운 것. 원시인은 악을 어떻게 퇴치하는가? ─ 그는 악을 이성으로, 권력으로, 인격 자체로 생각한다"(니체, 『유고(1887년 가을~1888년 3월)』, 10[21], 155쪽).

9) 니체, 『유고(1882년 7월~1883/84년 겨울)』, 7[102], 360쪽.

10) "우리와 어떤 관계가 있는 이 세계가 왜 허구여서는 안 되는가? 이때 "그러나 허구에는 창작자가 있어야 할 것이 아닌가?"라고 묻는 사람이 있다면, 왜 있어야만 하는가 하고 묻는 사람에게는 명백하게 대답하지 않는 것이 좋을 것이다. 이러한 '있다'는 것이 아마 허구에 속하는 것은 아닐까? 술어나 목적어에 대한 것과 마찬가지로 주어에 대해서도 결국 어느 정도는 역설적이어도 되지 않는가? 철학자는 문법에 대한 믿음을 넘어서야 할 필요가 있지 않을까?"(니체,

은 차이에 대한 사유가 아니라, 삶에 적대적인 차별에 대한 사유 형식일 뿐이다. 하지만 건강한 미래의 삶은 오직 생성과 생기, 즉 대지와 나의 관계에 대한 사유를 통해서만 실현될 수 있다.[11] 니체가 낡은 가치의 파괴를 시도하는 이유는, 차별이 아니라 차이에 대한 인정이 자유로운 사유의 조건일 수밖에 없기 때문이다.

> 형이상학적 세계 ― 형이상학적 세계가 존재할 수 있다는 것은 타당하다 ; 그것의 절대적인 가능성에 대해서는 논쟁의 여지가 없다. [...] 이것은 순수히게 학문적인 문제이며, 인간에게 걱정을 끼치는 부적절한 문제이다 ; 그러나 지금까지 인간에게 가치 있고 놀랍고 기쁨에 넘치는 것으로 만들었던 모든 것, 즉 그 가정들을 만들었던 것은 열정, 오류 그리고 자기기만이다 ; 최선의 인식 방법이 아니라 최악이 인식 방법이 이를 믿도록 가르쳐왔다. 현존하는 모든 종교와 형이상학의 기초로 이런 방법이 발견되었다면, 그 방법은 이미 부정된 것이나 다름없다. 그 후에도 그 가능성은 여전히 남아 있다 ; 그러나 그런 가능성으로 인간은 전혀 아무것도 시작할 수 없다. 하물며 이런 거미줄같이 미약한 가능성에 행복, 안녕, 생명이 구속되게 내버려둘 수는 없다. ― 왜냐하면 우리는 형이상학적 세계에 대해서는 하나의 다른 존재, 즉 우리가 다가갈 수도 파악할 수도 없는 다른 존재라고 말할 수밖에 없기 때문이다. [...] 만약 그런 세계의 존재가 잘 입증되어 있다 하더라도, 그 인식은 확실히 모든 인식 중에서도 가장 하찮은 것일지도 모른다.[12]

위의 글에서 니체는 다음과 같은 사실을 명확하게 제시하고 있다. 첫째, 니체 역시 형이상학적 세계가 존재할 수 있다는 사실에 대해서는 부정하지 않는다. 하지만 그렇다고 하더라도 이 세계에 대한 탐구와 증명은 학문의 영역일 뿐, 인간과 삶을 규정하는 척도가 될 수 없

『선악의 저편』, 34, 65쪽).

11) "비로소 인간은 세계를 자신이 사고할 수 있는 것으로 만든다 ― 우리는 여전히 그러고 있다 ― 그리고 그가 일단 세계를 이해하게 되면 그는 이제 그것을 자신의 작품이라고 느낀다. ― 아! 그는 이제 모든 창조자와 마찬가지로 자신의 작품을 사랑해야만 한다"(니체, 『유고(1882년 7월~1883/84년 겨울)』, 4[67], 169-170쪽).

12) 니체, 『인간적인 너무나 인간적인 Ⅰ』, 9, 29-30쪽.

다. 둘째, 형이상학적 세계는 영혼 및 존재에 대한 믿음을 바탕으로 현실적 실재의 삶에 대한 인간의 사유를 지배할 수 없다. 니체는 이러한 사유 방식을 "최악의 인식 방법"이라고 단언한다. 그 이유는 형이상학-종교적 인식은 실재에 대한 인식과 감정(정동)의 분리를 전제로 하고 있기 때문이다. 니체에게 있어 감정의 억압은 자신의 삶을 인식의 조건으로 하고 있지 않다는 사실의 증명에 불과할 뿐이다. 자신의 삶에 대한 실존적 무기력과 창조적 무능력, 즉 나약한 정신과 의지의 실존적 병은 바로 이와 같은 위험한 인식 방법으로부터 발생한다. 아래의 글은 형이상학적 사유 및 자기인식에 대한 니체의 경고이다.

> 자신의 정동을 극복한다는 것은 대개의 경우 그것을 일시적으로 지체시켜 쌓이게 하는 것을 의미한다. 따라서 위험을 더 크게 만드는 것을 의미한다.[13]

셋째, 형이상학과 종교의 사유 방식 속에서 인간의 고유한 특성은 부정될 수밖에 없다. 이러한 절대적 사유 방식 속에서 인간은 절대로 자기 삶의 주인이 될 수 없다. 니체의 말처럼, 현실적 실재가 구체적으로 드러나는 대지의 삶으로부터 벗어나 다른 세계를 사유하는 것은 가장 하찮은 인식일 뿐이다. 니체는 이와 같은 형이상학적 인과에 의한 사유의 억압, 그의 표현에 의하면 "공상의 지배"를 받는 인간의 사유의 증상을 "지성의 병(eine Krankheit des Intellekts)"[14]이라고 표현한다. 이 병은 불안하고 두려운 삶을 위해 또 다른 삶을 창조하는 인식의 확장의 시도이지만, 니체에게 이러한 시도는 스스로 명령을 내릴 수 없어 또 다른 명령의 존재를 갈망하는 "의지의 커다란 병(eine

---

13) 니체, 『유고(1882년 7월~1883/84년 겨울)』, 4[67], 169쪽
14) 니체, 『유고(1880년 초~1881년 봄)』, 4[152], 182쪽.

ungeheure Erkrankung des Willens)"일 뿐이다.15)

스스로 명령을 내릴 수 없다는 것은 자신의 힘에 대한 인식의 부재이자16) 힘의 증대를 추구하고자 하는 감정의 부재, 다시 말해 복종할 수밖에 없는 힘의 나약함으로 인해 자기 삶의 주인이 될 수 없다는 것을 의미한다. 니체의 개념 "명령의 정동(Affekt des Commando's)"과 "우월의 정동(der Überlegenheits-Affekt)"을 통해 알 수 있는 것처럼,17) 삶의 주인이 될 수 없다는 것은 자신 안에 내재된 힘의 부족함을 느낀다는 것, 즉 스스로를 자기 삶의 주인으로서 느끼지 못하는 감정의 문제이다. 이러한 의미에서 니체는 스스로 명령하며 자신이 원하는 삶을 실현할 수 없어 또 다른 세계를 창조하는 인간들의 나약한 정신과 의지의 증상을 "게으름의 정동(Der Affekt der Faulheit)"18)이라고 표현한다.

> 무언가가 믿어진다는 것 ― ― ―
> 오류와 무지는 숙명적이다.
> 진리가 현존한다는 주장, 무지와 오류가 끝장났다는 주장은 더할 나위 없이 큰 유혹 중의 하나이다. […]
> 게으름의 정동(Affekt)이 이제 '진리'의 편을 든다;
> ― '사유는 곤궁이요, 고통이다!' […]
> ― 복종하는 것이 시험하는 것보다 더 편안하다…… '나는 진리를 갖고 있다'고 생각하는 것이 자신의 주변에서 오로지 암흑만을 보는 것보다 더 기분 좋은 일이다……19)

---

15) 니체, 『즐거운 학문』, 347, 330쪽.
16) "우리가 적게 획득했을 때 그것은 우리의 의지 탓이 아니라 힘의 탓이자 연습이 부족한 탓이다 : 무엇보다도 우리 힘에 대한 지식(Kenntnis)의 탓이다 : 그렇지 않다면 우리는 많은 것을 전혀 원하지 않을 것이다"(니체, 『유고(1880년 초~1881년 봄)』, 4[156], 182-183쪽).
17) 니체, 『선악의 저편』, 19, 37쪽.
18) 니체, 『유고(1888년 초~1889년 1월 초)』, 15[46], 288쪽.
19) 같은 책, 15[46], 288쪽.

니체에 의하면 생성하는 삶에 대한 그 어떤 종교적 "확실성", 다시 말해 명령을 해줄 존재를 요구한다는 것은 곧 "형이상학"을 필요로 하고 있다는 사실에 대한 증거이다.[20] 그리고 삶에 대한 형이상학적-종교적 사유는 자기 자신의 힘으로 스스로를 증명할 수 있는 힘-느낌(Machtgefühl)의 마비,[21] 즉 힘의 증대를 쾌감으로 느끼고 이를 위해 마땅히 불쾌감을 긍정하고 극복하는 정동의 억압 증상을 의미한다. 현실적 실재의 삶을 사유하지 못하고 다른 구원의 세계를 추구하는 것은 인간의 "나약한 본능(Instinkt der Schwäche)"[22]으로부터 유발된 현상이다. 이렇듯 형이상학적 이원론과 인과성은 단순히 자연 세계에 대한 탐구로 치부할 수 없는 인간 실존의 근본 토대로 작용한다. 1887년의 한 유고에서 니체는 형이상학과 인간의 삶을 연결하는 사유의 인과성을 극복하기 위해 두 사유의 관계 속에 은폐된 정동들의 활동을 심리학적으로 탐구한다.

> 심리학과 인과론.
> 나는 현상성Phänomenalität을 내부 세계에서도 확인한다 : 즉 우리에게 의식되는 모든 것은 철두철미하게 먼저 조정되고 단순화되고 도식화되며 해석된다 — 내적 '지각'의 실제 진행, 사유와 느낌과 욕구들 사이의 인과 결합은 주체와 객체 사이의 인과 결합과 마찬가지로 우리에게는 완전히 은폐되며—아마도 순전한 상상일 것이다. 이런 '가상적인 내부 세계'는 '외부 세계'를 다룰 때와 전적으로 동일한 공식과 절차들을 가지고 다루어진다. 우리는 결코 '사실'에 부딪치지 않으며 : 쾌와 불쾌는 나중에 파생된 지성의 현상이다 ……
> '인과성'이 우리에게서 무심코 새어나가 ; 논리학이 행하는 것처럼 사유들 사이에 직접적이고 인과적인 끈을 상정한다—이것은 가장 거칠고도 서투른 관찰의

---

20) 니체, 『즐거운 학문』, 347, 329쪽 참조.

21) 본 글에서는 번역과 의미의 중복을 방지하기 위해서 "Gefühl"을 느낌으로, "Affekt"를 보다 본질적인 의미에서 감정으로 사용할 것이다. 하지만 "Gefühl"이 느낌보다는 감정으로 번역되는 것이 자연스러운 경우에는 괄호 안에 원어 "Gefühl"을 제시할 것이다.

22) 같은 책, 347, 329쪽 참조.

결과이다. 두 사유 사이에는 가능한 모든 정동들(alle möglichen Affekte)이 여전히 그들의 유희를 펼치고 있지만 : 그 움직임이 너무나 빠르고, 바로 이 때문에 우리는 그것들을 옳게 간파하지 못하고 부정한다……23)

형이상학과 인간의 관계를 대변하는 사유의 인과성을 해명하기 위해 니체는 인간의 내부와 외부 세계의 현상을 구분하지 않는다. 그 이유는 인간이 어떤 대상을 인식하거나 어떤 사실을 경험할 때, 그는 대상과 사실 그 자체가 아니라 항상 자기 내면의 힘을 반영하는 특정한 관점을 통해 그 대상 및 사실과 만나기 때문이다. 니체는 힘을 반영하는 특정한 관점의 근거를 인간의 내면에서 활동하는 욕구, 욕망, 충동, 의지 등과 같은 "가능한 모든 정동들"의 유희로부터 찾는다. 니체가 모든 생각(Gedanken)의 이면에 "정동(Affekt)"이 은폐된 채 활동하고 있다고 말하는 이유는 이 때문이다.24) 형이상학과 인간의 두 사유 사이에 작용하는 목적론적 인과성은 사실 자기 내면의 다양한 정동들의 활동을 부정한 결과이다.

2) 정동과 관점

삶은 단 하나의 충동에 의해 만들어지는 것이 아니다. "모든 사상, 모든 감정, 모든 의지는 하나의 특정한 충동에서 태어난 것이 아니라, 하나의 전체 상태이며 전체의식의 전체 표면으로서의 우리를 구성하는 충동들 모두의 ― 그러므로 지배적 충동뿐만 아니라 그것에 복종하거나 저항하는 충동까지 모두의―권력(힘)을 순간적으로 확인한 결과이다. 가장 가까운 생각(Gedanken)은 전체 권력 상황이 그동안 어떻게

---

23) 니체, 『유고(1887년 가을~1888년 3월)』, 11[113], 350-351쪽.
24) 니체, 『유고(1885년 가을~1887년 가을)』, 1[61], 30쪽.

움직였는지에 대한 기호이다."25) 다시 말해 형이상학적 사유는 한편으로 대지에 대한 불안과 두려움(복종)으로부터 기인하는 것이지만, 또 다른 한편으로 이러한 불안과 두려움으로부터 해방(명령)되고 싶은 삶의 실재에 대한 사유이기도 하다.

생성하는 실재 세계로서의 대지의 삶은 형이상학과 같은 단 하나의 절대적 관점에 의해서가 아니라 끊임없는 힘의 변화에 상응하는, 보다 구체적으로 말해 쾌를 주는 힘의 증대를 추구하도록 자극하는 정동을 반영하는 다양한 관점에 의해서 만들어진다. 니체는『도덕의 계보』에서 자신의 관점주의(Perspektivismus)를 설명하면서, 인간의 인식에 관하여 칸트, 헤겔, 쇼펜하우어와 같은 단 하나의 형이상학적-금욕주의적인 사유의 방식이 아니라 하나의 현상에도 다양한 사고와 감정을, 다시 말해 '정동의 관점'을 가져야만 한다고 말한다.

> 우리는 '순수 이성'이나, '절대 정신'이나, '인식 자체'와 같은 그러한 모순된 개념의 촉수를 경계해야 할 것이다 : 여기에서는 항상 도저히 생각할 수 없는 하나의 눈이 있다는 것을 생각하도록 요구하고 있는데, 이는 전혀 어떤 방향도 가져서는 안 되는 하나의 눈이며, 이러한 눈에서 본다면 본다는 것이 또한 어떤 무엇을 본다는 것이 되는 능동적이고 해석적인 힘은 저지되어야만 하고, 결여되어 있어야만 한다. 따라서 여기에서 눈이 요구하는 바는 언제나 불합리와 이해할 수 없는 것이다. 오직 관점주의적으로 보는 것만이, 오직 관점주의적인 '인식'만이 존재한다; 우리가 한 사태에 대해 좀 더 많은 정동(je mehr Affekte)으로 하여금 말하게 하면 할수록, 우리가 그와 같은 사태에 대해 좀 더 많은 눈이나 다양한 눈을 맞추면 맞출수록, 이러한 사태에 대한 우리의 '개념'이나 '객관성'은 더욱 완벽해질 것이다. 그러나 의지를 모두 제거하고, 정동을 남김없이 떼어낸다는 것은, 우리가 그것을 할 수 있다고 가정해도, 어떻게 할 수 있단 말인가?26)

---

25) 같은 책, 1[61], 30쪽.
26) 니체,『도덕의 계보 Ⅲ』, 12, 483쪽.

"필연적 관점주의(notwendiger Perspektivismus)"[27]라는 니체의 개념처럼, 모든 인간은 자기 나름의 고유한 관점을 가질 수밖에 없으며, 이 관점에 따라 그의 인식 방향이 결정된다. 하지만 "관점주의적 인식(ein perspektivisches Erkennen)"의 이면에는 욕구, 욕망, 충동, 의지 등과 같은 다양한 생기활동을 자극하는 정동이 활동하고 있다. 인간 내면의 생기활동은 근본적으로 쾌감과 불쾌감이라는 정동의 자극으로부터 운동을 시작한다. 예를 들어 만약 의지가 항상 "무언가에 대한 의지(Etwas-wollen)"[28]라면, 그 "무언가"는 분명히 쾌를 주는 것이어야만 의지를 자극할 수 있다. 의지는 항상 쾌를 주는 무언가를 향하지만, 이 때 그 무언가를 쾌로서 느끼도록 만드는 감정에 대한 명칭이 곧 정동인 것이다.

힘에의 의지라는 개념에서 힘의 증대를 향한 의지의 지속적인 운동을 가능하게 하는 것은, 의지의 속성이 아니라 바로 힘의 증대를 쾌감을 주는 것으로 느끼며 보다 많은 힘을 추구하도록 끊임없이 의지를 자극하는 정동이다. 그렇다면 정동의 부정, 다시 말해 자기감정의 불능은 삶의 실재에 대한 관점의 형이상학적 마비와 다름없다. 이렇듯 관점은 자기 내면의 정동과 다양한 생기활동을 토대로 하기에 온전히 자신의 삶에 대한 관점일 수밖에 없다. 나아가 정동과 관점의 상실은 실재에 대한 인식의 불가능을, 즉 자기인식의 불가능을 유발하는 근본 원인이다.

---

27) 니체, 『유고(1888년 초~1889년 1월 초)』, 14[186], 207쪽.
28) 니체, 『유고(1887년 가을~1888년 3월)』, 11[114], 351쪽.

4. 종교와 사유

1) 종교와 정동

삶에 고유한 자기감정을 가질 수 없다는 것은 자신 안에 내재된 힘과 의지를 삶의 실존적 변화를 위해 발현할 수 없다는 것을 의미한다. 삶의 이름으로 자기 자신에게 명령하고 그 명령에 복종함으로써 매 순간 스스로를 실재로서 느낄 수 있는 힘과 의지의 소유자만이 진정한 자기 자신으로 존재할 수 있다. 사유는 인식의 조건이며 그 조건은 삶이다. 그리고 삶의 변화는 그 사유의 실현이다. 삶의 실존적 건강을 향한 인간의 사유가 매 순간 실험일 수밖에 없는 이유는 이 때문이다. 니체에 의하면 삶이 아닌 또 다른 인식을 제공하는 형이상학과 종교는 인간의 실존을 규정하는 일종의 정신적 시험이다. 여기서 "위험하게 살아라!"29)라는 그의 말은 "다양한 실험으로 존재하라!"30)는 말과 동일하며, 이때 단 하나의 절대적 가치 평가를 요구하는 형이상학과 종교는 매 순간 자신의 힘과 의지에 대한 감정을 시험하게 하는 실험의 조건이다.

> 만약 이전에 천연두가 육체적인 구성물의 힘과 건강을 시험해보았고 견디지 못한 사람은 죽게 되었다면 : 사람은 아마도 이제 종교적인 감염(die religiöse Infektion)을 정신적인 구성물의 힘과 건강을 위한 시험(die Kraft und Gesundheit der geistigen Constitution)으로 간주할 수 있다. 사람은 그것을 극복하든지 아니면 정신적으로 그것으로 몰락하게 된다.31)

이러한 의미에서 "건강의 전염병이라는 것이 존재하는 것일까?"32)

---

29) 니체, 『즐거운 학문』, 283, 262쪽.
30) 니체, 『아침놀』, 453, 349-350쪽.
31) 니체, 『유고(1876년~77/78년 겨울)』, 19[58], 91쪽.

라는 니체의 물음은 "종교적 정동(der religiöse Affekt)",33) 즉 종교를 향한 인간들의 나약한 의존적 감정을 치유하고 이 감정에 반영된 힘과 의지의 방향을 전환하고자 하는 그의 의도를 잘 보여준다. "종교적 정동이야말로 지금까지 인간이 빠져든 것 가운데 더없이 흥미로운 질병이다. 그것에 대한 연구는 건강한 사람을 지겹게 그리고 역겹게도 만든다."34) 니체는 『안티크리스트』에서 강력한 전염적인 감정으로서의 동정을 "의기소침하고 전염적인 본능(der depressive und contagiöse Instinkt)"35)이라고 표현한다. 그리고 정동과 대립하는 동정에 대하여 다음과 같이 말한다.

> 동정은 생명감의 에너지를 증대시키는 강장적인 정동(der tonische Affekt)과는
> 반대의 것이다 : 그것은 의기소침하게 만든다. 동정을 느낄 때, 사람들은 힘을
> 상실한다.36)

니체의 종교 비판은 항상 인간학적 비판을 향해 진행된다. 자기 내면의 힘과 의지를 온전히 자신의 삶을 위해 표출할 수 없는 데카당스적 병의 원인을 종교로 지목하는 니체에게 있어 종교적 감정의 문제와 이 감정을 다시 삶에의 의지로 전환하는 작업은 그의 철학의 근본적인 문제의식이었다. 하지만 이 병은 본질적으로 자기 내면에서 끊임없이 활동하는 힘과 의지가 더 이상 자신의 삶을 변화시킬 수 없을 것이라는 자기의심의 병, 다시 말해 '정동의 병'이다. "강장적인 정동"이라는 니체의 표현처럼, 정동은 인간의 내면에서 끊임없이 긍정과 극복의 에너지를 생성하는 강

---

32) 니체, 『인간적인 너무나 인간적인 II』, 129, 309쪽.

33) 니체, 『유고(1884년 초~가을)』, 25[512], 191쪽.

34) 같은 책, 25[512], 191쪽.

35) 니체, 『안티크리스트』, 7, 220쪽.

36) 같은 책, 7, 219쪽.

장제로서의 역할을 해야만 한다. 저편 세계의 구원을 향한 힘과 의지의 나약함은 자기의심, 다시 말해 삶에 대한 권태의 감정으로부터 발생하는 것이다. 이러한 자기의심의 병은 결국 자기파괴일 수밖에 없다. 이에 대하여 니체는 다음과 같이 짧게 표현하기도 한다. "자기-파괴에 대한 그리스도교적 정동(der christliche Affekt der Selbst-Zerstörung)"[37]

> 그리스도교에서는 정복된 자와 압박받는 자의 본능들이 전면에 나타난다 : 그리스도교에서 구원을 찾는 이런 자들은 최하층 사람들이다. 이 종교에서는 죄에 대한 궤변, 자기 비판, 양심의 심문이 권태에 맞서는 일이자 수단으로서 행해진다; 이 종교에서는 '신'이라 불리는 권력자에 대한 정동이 지속적으로 유지된다(기도를 통해서)[38]

니체에 의하면 "종교적 정동"은 "권력자에 대한 정동(Affekt gegen einen Mächtigen)", 즉 "신"에 대한 감정이다. 이에 반해 힘의 증대를 자기 삶의 쾌감으로 느끼고 이를 위해 자신의 의지를 발현하는 인간에게 있어 정동은 그 어떤 존재에 대한 의존적 감정이 아니라, 매 순간 온전히 자기 자신으로 존재하고 있음을 느끼게 해주는 감정이다. 세계와 자기 삶의 관계에 대한 근본적인 사유를 가능하게 하는 정동으로 인해 인간은 더 이상 단 하나의 절대적 존재와 가치로서의 신과 도덕이 요구해 온 '선한 것'에 대한 믿음을 의심할 수 있게 된다. 니체에 의하면 이 의심은 자신의 삶에 직접 참여하기 위한 "심리학적으로 필수적인 정동"인 것이다.

이 의심은 자기 자신에 대한 부정적 의심이 아니라 오랫동안 자신에게 요구되어 온 것들과 스스로 복종해왔던 것들에 대한 의심으로서 긍

---

37) 니체, 『유고(1884년 초~가을)』, 25[101], 45쪽.
38) 니체, 『안티크리스트』, 21, 238쪽.

정적인 시도이다. 이러한 의미에서 니체는 허무주의를 스스로 자기 삶의 주인이 되기 위해 지금까지 부정되어 온 악한 것들에 대한 의심을 바탕으로 삶의 새로운 가치 해석을 가능하게 하는 긍정적인 사건으로 평가한다. 이러한 의심을 통해서 인간은 비로소 자기 실존의 의미에 자신만의 고유한 감정을 부여하게 된다.

> 만약 신과 본질적으로 도덕적인 질서에 대한 믿음이 더 이상 견지될 수 없다면, 자연의 절대적 비도덕성과 무(無)목적성 및 무의미성에 대한 믿음은 심리학적으로 필수적인 정동(der psychologisch nothwendige Affekt)이 된다. 실존에 대한 불쾌가 예전보다 더 크기 때문이 아니라 사람들이 악, 즉 실존 속에 들어 있는 "의미"에 대해 의심하기 때문에 허무주의가 지금 나타나는 것이다. 하나의 해석이 몰락한다. 그러나 그것이 해석으로 여겨졌기 때문에, 마치 실존에 아무런 의미가 없는 것처럼, 마치 모든 것이 헛된 것처럼 보인다.39)

이렇듯 정동은 매 순간 자기 자신의 힘과 의지를 느끼며 세계와 삶의 관계를 인식하는 실존적 강함의 조건이다. 강한 정신과 의지의 인간유형들은 자신의 고유한 가치 감정으로부터 창조되지 않은 행복을 참된 것이라고 오해하지 않는다. 이들에게는 의심조차도 자기 삶의 행복을 위한 고유한 해석의 조건일 뿐이다. 하지만 종교는 이들의 행복을 오히려 불행한 것으로 규정하며 이러한 인식을 그들의 양심에 주입한다. 강한 정신과 의지의 소유자가 추구하는 삶의 진정한 행복이 종교적·심리적 가책의 문제로 전환된 것이다. 니체가 강자에 대한 금욕주의적 성직자의 투쟁을 "간지(奸智)('정신'/ein Krieg der List (des 'Geistes'))"40)에 의한 투쟁이라고 말하는 이유는 이 때문이다.

---

39) 니체, 『유고(1885년 가을~1887년 가을)』, 5[71], 4, 265쪽.
40) 니체, 『도덕의 계보 Ⅲ』, 15, 492쪽.

"행복한 것은 부끄러운 일이다! 너무 많은 불행이 있다!" …… 그러나 이와 같이 행복한 자들, 잘난 자들, 몸과 정신이 강한 자들이 자신의 행복에 대한 권리를 의심하기 시작하는 것보다 더 크고 더 숙명적인 오해는 없을 것이다. 이러나 '전도된 세계'는 없어져버려라! 이러한 부끄러운 감정의 유약화(die schändliche Verweichlichung des Gefühls)는 없어져버려라! […] 병자가 건강한 사람을 병들게 하는 — 이것이 그 유약화일 것이다.[41]

2) 정동과 고통

『도덕의 계보』의 「제3논문」에는 금욕주의적 성직자들이 어떻게 강한 자들의 정동, 즉 감정을 이용하여 그들을 심리-생리학적으로 유약한 병든 인간으로 전락하게 만드는지에 대한 비판이 담겨 있다. 금욕주의적 성직자가 시도하는 강자의 유약화는 이들이 가진 힘과 의지가 나약하기 때문이 아니라, 오히려 이들이 가진 강한 힘과 의지에 의해서 실현된다. 그 이유는 강자들은 자신들의 삶에 더 이상 기대할 것이 없는 좌절한 인간이 아니라, 오히려 자신들의 고통에 민감하게 반응하는 자들이기 때문이다. 이러한 의미에서 그리스도교는 "불교"[42]와 같이 고통에 대한 정신적 수용이 아니라, 어떻게 해서든지 자신의 고통을 해석하려는 강자의 힘과 의지, 니체의 표현에 의하면 "포학한 맹수 같은 건강"[43]을 지배하기 위해 이들의 고통을 자기원한에 의한 것으로 전환한다.[44] 물론 니체는 정동의 원초적인 활동으로서의 충동을 기피하는

---

41) 같은 책, 14, 490쪽.

42) "불교는 노년의 인간을 위한, 쉽게 고통을 느끼는 호의적이고 부드럽고 지나치게 정신적이 되어버린 인간 종을 위한 종교이다"(니체, 『안티크리스트』, 22, 239쪽).

43) 니체, 『도덕의 계보 Ⅲ』, 15, 492쪽.

44) "그리스도교는 더 이상은 지쳐 있는 인간들을 전제 조건으로 하지 않았다. 오히려 내적으로 야만화되고 스스로를 괴롭히는 — 강한 인간이지만 실패작인 자들을 전제 조건으로 삼았다. 자기 자신에 대한 불만, 자기 자신으로 인한 고통이 여기서는 불교 신자들에게서처럼 극도의 민감성이나 고통의 감수성 때문이 아니라, 오히려 거꾸로 고통을 주려는 강력한 요구, 내적 긴장을 적대적인 행위와 표상들로 방출하려는 강력한 요구 때문에 생긴다. 그리스도교는 야만인들을 지배하기 위해서 야만적 개념과 가치들을 필요로 했다 : 첫 자식을 제물로 바치는 것, 성찬식에서 피를 마시는 것, 정신과 문화를 경멸하는 것 ; 육체적이거나 비육체적인 형식의 온갖

불교 역시 결국 "비존재"를 향하는 것일 뿐이라며 비판한다.45)

니체가 금욕주의적 성직자들을 "맹수를 길들이는 자(Raubthier-Bändiger)"로, 그리고 강자를 약자로 만들기 위한 전쟁을 "맹수와의 전쟁"이라고 표현하는 이유는 이 때문이다.46) 자신의 고통을 해석하고자 했던 강자들은 결국 그 고통을 죄와 벌로 이해하는 자기원한의 감정에 빠져든다. 그리고 자기원한의 병적 증세는 자신이 겪고 있는 고통에 대한 해석의 무능력, 다시 말해 고통 아래 억압된 감정을 자기인식을 위해서가 아니라, 자기 밖의 또 다른 존재를 통해서 배출하고 위안을 받음으로써 더욱 깊어진다. 니체의 저작 중 『도덕의 계보』의 「제3논문」에 유독 "정동(Affekt)" 개념이 많이 등장하는 이유는 원한, 경멸, 혐오, 양심의 가책, 복수 등 성직자들의의 시도가 강자의 주인적인 감정을 약화시키기 위한 시도였기 때문이다. 금욕주의적 성직자와 그들의 종교적 치료에 대한 니체의 비판을 통해 알 수 있는 것처럼, 니체는 인간을 근본적으로 정동의 존재, 즉 '감정적 존재'로 규정하고 있다.

> 성직자란 원한의 방향을 변경시킨 자이다. 즉 모든 고통 받는 자는 본능적으로 자신의 고통의 원인을 찾는다. 더 정확히 말하자면, 고통을 일으킨 행위자를, 더 확실히 말하자면, 고통에 민감한 죄 있는 행위자를 찾는다. 간단히 말하면, 그가 자신의 감정(Affekt)을 행위에 의해서나 어떤 구실을 붙여 그 초상(肖像)에 배출할 수 있는 어떤 살아 있는 자를 찾는다 : 왜냐하면 감정을 배출한다는 것(die Affekt-Entladung)은 고통 받는 자의 가장 큰 진통의 시도, 즉 마비의 시

고문 ; 대단하게 화려한 제의 등을 말이다"(니체, 『안티크리스트』, 22, 239쪽).

45) "불교를 지배하는 생각 : '모든 욕망, 그리고 정동과 피를 만드는 모든 것은 곧 행위로 된다'는 생각 ― 바로 이것으로 인해 악이 경고받는다. 왜냐하면 행위는 ― 아무런 의미도 갖지 않기 때문이다. 행위는 인간의 삶 안에서 확인된다 : 그러나 모든 인간의 삶은 아무런 의미도 없다. 불교도는 악에서 비논리적인 어떤 것으로의 충동을 본다 : 말하자면 그들의 목적이 부인된 은 수단을 긍정하려는 충동을. 그들은 비존재로 향하는 길을 추구하며, 그래서 정동측의 모든 충동을 기피한다. 결코 복수하지 말라! 결코 원수가 되지 말라!는 것은 그 예이다"(니체, 『유고(1887년 가을~1888년 3월)』, 10[190], 280쪽).

46) 니체, 『도덕의 계보 Ⅲ』, 15, 493쪽.

도이며, 어떤 종류의 고통에 맞서 본의 아니게 갈구하는 마취제이기 때문이다. 내가 추측하는 바로는, 바로 이 점에서만, 즉 감정에 의해 고통(Schmerz durch Affekt)을 마비시키려는 갈망에서, 원한이나 복수나 그와 유사한 것의 진정한 생리학적 원인이 발견될 수 있다.[47]

니체에 의하면 자기 내면의 힘과 사유에 대한 의심으로부터 발생하는 이 병의 원인은 심리학적이고 생리학적인 것이다. 그리고 이 병의 구체적인 증상은 자기원한(Selbstressentiment)으로 대변되는 자기경멸(Selbstverachtung)과 자기혐오(Selbsteckel)이다. 여기서 중요한 것은 니체가 자신의 철학에서 사용하는 "경멸(verachten)" 혹은 "몰락(Untergang)"과 같은 개념이 이전과는 다른 새로운 삶과 미래를 창조하려는 자의 조건과 같은 긍정적인 의미로 사용될 때가 있다는 것이다.[48] 하지만 본 장에서 논의하는 "양심의 가책", "혐오", "경멸" 등은 자신의 내적 힘과 의지의 능력을 불신하고 결국은 자신에 대해 불만족하는 원한 감정의 일종으로 사용되고 있다.

"성직자는 증오하기보다는 더 쉽게 경멸하는 좀 더 섬세한 동물의 최초의 형태이다."[49] 성직자들이 원한의 방향을 변경했다는 것은 곧 삶에 대한 강자의 태도와 자세를 변경했다는 것을 의미한다. 이제 강자들은 더 이상 힘과 의지를 자신의 고통을 긍정하고 극복할 수 있는 것으로서 사용하지 못한다. 니체가 "가장 악질적인 두 가지 전염병(die zwei schlimmsten Seuchen)"을 동정과 더불어 "인간에 대한 커다란 혐오(der grosse Ekel)"로 제시하는 이유는 이 때문이다. 고통의 원인을 자기 자신에 대한 원한 감정으로 변경시키고 나아가 그 고통을 신

---

47) 같은 책, 15, 493-494쪽.
48) 니체, 『차라투스트라는 이렇게 말했다』, 「창조하는 자의 길에 대하여」, 107쪽 참조.
49) 니체, 『도덕의 계보 Ⅲ』, 15, 492쪽.

이 겪은 고통에 대한 의무로 전환하는 종교적 시도는 분명히 니체의 초기 『비극의 탄생』에서 제시된 "디오니소스의 원초적인 고통(das eigentlich dionysische Leiden)"[50]과는 다른 것이다. 이렇듯 고통 속에서 자신을 경멸하고 혐오하는 것은 "비극의 신비스러운 가르침"을 제시하던 니체의 초기 사상에서부터 이미 거부된 사실이다. 니체의 비극은 오히려 고통 속에서 삶이 드러낼 수 있는 변화의 가능성을 부각시킨다.

이러한 의미에서 "'내가 불쾌한 것은 그 누군가에게 틀림없이 책임이 있다'— 이러한 방식으로 추론하는 것은 모든 병자의 특징이며",[51] "그러나 너 자신이 이러한 그 누군가이며, 오로지 너 자신이야말로 이것에 대해 책임이 있다. — 너 자신이 오로지 네 스스로에 대해 책임이 있다!"[52]라는 니체의 말은, 자신의 고통에 대한 해석이 '강요'되고 있다는 것, 즉 고통에 대한 고유한 해석이 '마비'되었다는 것을 드러낸다. 자신의 고통을 해석하고자 했던 자들은 결국 그 고통을 죄에 대한 벌로 이해하게 되는 삶에 적대적인 감정, 니체에 의하면 스스로를 경멸하고 혐오하는 "격렬한 감정(der wilde Affekt)"에 빠져들게 된다.[53]

> 괴롭히며 은밀하고 견딜 수 없게 된 고통을 어떤 종류의 격렬한 감정을 통해 마비시키고, 적어도 한순간이나마 의식에서 지우려는 경우 [...] 이것을 위해서는 하나의 감정이, 가능한 한 격렬한 감정(einen Affekt, einen möglichst wilden Affek)이 필요하며, 그러한 것을 일으키기 위해서는 최초의 가장 좋은 구실이

---

50) 니체, 『비극의 탄생』, 10, 85쪽.

51) 니체, 『도덕의 계보 III』, 15, 493-494쪽.

52) 같은 책 III, 15, 493-494쪽.

53) "원한을 지닌 인간이 생각할 수 있는 '적'을 상상해보자 — 바로 여기에 그의 행위가 있고 그의 창조가 있다 : 그는 '나쁜 적'을, '악한 사람'을 생각해내고, 사실 그것을 근본 개념으로 거기에서 그것의 잔상(殘像/Nachbild) 또는 대립물로 다시 한 번 '선한 인간'을 생각해낸다 — 그것이 자기 자신인 것이다!"(같은 책 I, 10, 371쪽).

필요하다. ""내가 불쾌한 것은 그 누군가에게 틀림없이 책임이 있다" — 이러한 방식으로 추론하는 것은 모든 병자의 특징이며, 실상 그들이 느끼는 불쾌함의 참된 원인, 즉 생리학적인 원인은 더욱 그들에게 감추어진 채 있게 된다. […] 고통스러운 자는 모두 고통스러운 감정(zu schmerzhaften Affekten)에 대한 구실을 꾸미는 데 놀라울 정도로 열중하며 독창적이다."[54]

하지만 니체는 이러한 "단순한 감정 치료(eine blosse Affekt-Medikation)"가 진정한 의미에서 치료가 될 수 없음을 분명히 한다.[55] 금욕주의적 성직자는 단지 자기 자신에 대한 무거운 피로와 우울 속에 빠져 있는 강자들의 나약해진 감정을 자극 — 니체의 표현에 의하면 "감정의 자극(Stimulanz-Affekten)"[56] — 하며 고통에 대한 능동적 해석의 감정이 아닌 수동적 원한의 감정, 다시 말해 죄의식을 내면화시킨다. 이러한 의미에서 성직자들의 치료는 "죄책", "죄", "죄스러움", "타락", "영원한 벌" 등과 같은 개념들을 통해 강자를 약자로 만드는 것, 다시 말해 무해한 존재로 만드는 순화일 뿐이다.[57] 니체에 의하면 죄인이라는 개념 아래 인간은 자기 자신을 혐오하고 경멸하는 등 자신에게 악의를 품을 수밖에 없다.[58] "약화"와 "개선"이라는 두 개념에 대한 비판적 차이가 니체와 종교 사이의 극복될 수 없는 근본적인 차이이다.[59]

이렇듯 금욕주의적 성직자들은 고통받는 자의 고통 자체를 치유한 적이 없다. 오히려 그들은 고통의 원인을 인간 자신으로 설정하며, 그렇게 나약해진 인간의 감정 속에서 신과의 고리를 만든다. 고통의 이유가 자기인식의 조건으로서의 해석이 아닌 죄에 대한 벌로 이해되는

---

54) 같은 책 Ⅲ, 15, 494-495쪽.
55) 같은 책 Ⅲ, 16, 496쪽.
56) 같은 책 Ⅲ, 17, 498쪽.
57) 같은 책 Ⅲ, 16, 496쪽.
58) 니체, 『우상의 황혼』, 「인류를 '개선'하는 자들」, 2, 127쪽.
59) 같은 책, 2, 127쪽.

순간, 인간의 감정(정동)은 마비된다. 이는 자기 내면의 힘을 느끼는 것이 아니라, 자신의 고통을 죄에 대한 벌로 느끼게 함으로써 오히려 자신을 향한 변화의 힘을 포기하게 만든다.

왜냐하면 그 고통은 자신의 능력으로 극복할 수 없는 필연적 고통으로 인식될 수밖에 없기 때문이다. 다시 말해 그 감정은 결국 고통을 자기 실존의 조건으로 긍정하기 위함이 아니라, 실존 너머의 삶을 향한 구원에의 의지일 수밖에 없다. 니체가 "감정을 통해 고통을 마비시키려는 갈망(Verlangen [⋯] nach Betäubung von Schmerz durch Affekt)",60) 보다 구체적으로 말하면 감정의 마비를 통해 고통에 대한 자기 해석을 그만두고 싶어 하는 갈망을 심리-생리적 힘의 소진 상태로 표현함으로써 금욕주의적 성직자들의 치유의 시도를 "마비의 시도(Betäubungs-Versuch)"61)라고 하는 이유는 이 때문이다.

이러한 존재론적 불완전성 속에서 신을 치유의 대상으로 인식하게 함이 금욕주의적 성직자의 근본적인 의도이다. 이제 고통받는 인간은 자신의 고통에 대한 치유를 위해 현실적 실재의 삶을 초월한 존재에게 의지하게 된다. 다시 말해 그들은 더 이상 자신의 삶에 능동적으로 참여할 수 없는 수동적인 인간이 되어버린 것이다. 이러한 의미에서 니체는 『도덕의 계보』의 「제1논문」에서 행복과 행위의 관계를 통해 능동과 수동의 인간유형을 구분한다. 능동적인 인간은 행복과 자신의 행위가 분리될 수 없다는 것을, 즉 자신의 고유한 행위 없이 행복은 가능하지 않다는 사실을 알고 있는 인간유형이다. 이에 반해 "무력한 자", "억압받는 자", "독이 되는 증오의 감정의 소유자"들은 자신의 행위를

---

60) 니체, 『도덕의 계보 Ⅲ』, 15, 494쪽.
61) 같은 책 Ⅲ, 15, 494쪽.

통해서 자신만의 행복을 만들 수 없는 나약한 힘과 의지의 인간유형일 뿐이다. 수동적인 그들에게 있어 "행복이란 본질적으로 마취, 마비, 안정, 평화, '안식일', 정서적 긴장 완화, 안도로, 간단히 말하자면 수동적인 것으로 나타난다."[62]

3) 종교와 도덕

> 도덕판단은 존재하지도 않는 실재성을 믿는다는 점에서 종교적 판단과 공통된다. […] 도덕판단은 종교적 판단처럼 실재라는 개념도 갖고 있지 않고, 실재와 가상을 구별조차 하지 않는 무지의 단계에 속한다. […] 그러나 도덕판단은 증후학으로서는 대단히 가치 있다. […] 도덕은 단지 기호언어에 불과하며, 증후학일 뿐이다.[63]

종교와 도덕은 정신과 의지, 다시 말해 사유와 실천의 관점에서 불가분의 관계에 있다.[64] 니체에 의하면 형이상학과 윤리학, 종교와 도덕은 비존재가 의인화된 실재성을 전제로 하는 필연적인 관계를 가지며, 이는 니체의 계보학적 비판이 다다른 지점이기도 하다. 『우상의 황혼』의 「인류를 '개선'하는 자들」에서 니체는 종교와 도덕의 관계를 비판하며 인간의 약화, 사육, 개선 등에 대한 논의를 통해 자신의 철학이 지향하는 인간학적 시도를 잘 보여주고 있다. 니체의 철학적 인간학의 관점에서 바라 본 종교와 도덕에 대한 비판은 위의 논의에 이어 아래의 글에서도 확인할 수 있는 것처럼 다음과 같은 점에서 수행된다. 1) 개선에 대한 그의 비판은 인간의 힘과 의지가 더 이상 자기 자신을 향할 수 없고, 2) 오히려 자신이 가진 힘과 의지, 다시 말해 지금까지 자

---

62) 같은 책 Ⅰ, 10, 369쪽.

63) 니체, 『우상의 황혼』, 「인류를 '개선'하는 자들」, 1, 125쪽.

64) 종교와 도덕의 관계에 대한 신학적 해명에 대해서는 Winfried Schröder, *Moralischer Nihilismus. Radikale Moralkritik von den Sophisten bis Nietzsche*, Suttgart 2005, 93-101쪽 참조.

신이 누려왔던 고유한 행복의 가치가 죄가 되어버린 벌을 받는 인간, 즉 고통받는 인간이 되었다는 것, 3) 개선으로 대변되는 사육과 길들임이라는 형태는 종교와 도덕이 나약함의 수단으로 동일하게 공유하고 있다는 사실로부터 시작된다.

> 어느 시대든 사람들은 인간을 '개선시키기'를 원했다 : 무엇보다도 이것이 바로 도덕이 의미하는 바다. […] 짐승 같은 인간을 길들이는 것뿐 아니라, 특정한 인간 종류의 사육도 '개선'이라 불리어왔다 […] 그 야수들은 덜 위험스럽게 만들어지며, 침울한 공포감과 고통과 상처와 배고픔에 병는 야수가 되어버린다. ― 성직자가 '개선시켜' 길들여진 인간의 경우에도 사정은 다르지 않다. 실제로 교회가 동물원이었던 중세 초기에 사람들은 어디서나 '금발의 야수Blonde Bestie'의 가장 그럴듯한 표본을 찾아 사냥을 했으며 ― 예를 들어 고귀한 게르만인을 '개선시켰다'. […] 게르만인은 '죄인'이 되어버렸고, 우리에 갇혔으며, 사람들은 그를 완전히 끔찍한 개념들 사이에 가두어버렸다……그러자 그는 거기서 병들고, 움츠린 모습으로 자기 자신에게도 악의를 품은 채 누워 있었다 ; 삶을 향한 충동에 대한 증오에 가득 차고, 여전히 힘 있고 행복한 모든 것에 대한 의심에 가득 찬 채, 짧게 말해서 그는 '그리스도교인'이 되어버렸던 것이다……65)

1888년 초의 유고에 「데카당스로서의 종교 : 장(章)에」라는 제목으로 올린 계획의 일부에서 니체는 "종교적 도덕"이라는 세부 제목을 제시하고 있다.66) 그리고 다음과 같이 말한다. "정동(Affekt), 커다란 욕망, 권력과 사랑과 복수와 소유의 열정 ― : 도덕주의자들은 이것들을 소거하고 근절하여, 영혼을 이것들로부터 '정화'하기를 원한다." 니체의 견해는 명백하다. 그가 제시한 "정화(reinigen)"는 곧 종교와 도덕이 공유하는 단 하나의 목표, 다시 말해 "개선"이다. 육체성을 전제로 하는 정동의 제거, 즉 삶에 대한 자신만의 고유한 감정과 관점의 제거가 개선의 원칙이며, 약화는 그 결과이다.

---

65) 니체, 『우상의 황혼』, 「인류를 '개선'하는 자들」, 2, 127쪽.
66) 니체, 『유고(1888년 초~1889년 1월 초)』, 14[163], 175쪽.

또한 니체는 "인간은 먼저 거세되어야 선해진다."라는 명제 아래 인간의 정동을 길들이지 않고 오히려 근절시켜버리는 금욕주의적 성직자와 그들의 종교적 도덕의 추론방식을 선과 악, 건강과 병의 관점에서 "그리스도교 도덕-돌팔이 의사"라고 표현한다. 위에서 이미 논의된 바와 같이 금욕주의적 성직자는 인간의 병을 치유한 것이 아니라 오히려 개인적 선을 보편적 악으로, 강함을 약함으로, 건강을 병으로 전환하는 사고의 변경을 수행했다. 욕구, 욕망, 의지, 열정, 힘의 증대, 쾌 등과 같은 감정, 즉 정동을 제거하기 위한 종교적 도덕의 원칙은 아래와 같다.

제1명제 : 영혼의 건강을 질병으로 간주하고, 불신한다……
제2명제 : 강력하고 만개하는 삶의 전제들인 강력한 욕망들과 열정들을, 강력하고 만재가흔 삶에 대한 이의 제기로 간주한다
제3명제 : 인간을 위험에 직면하게 하는 모든 것, 인간을 지배하고 인간을 몰락시킬 수 있는 모든 것은 악하고 비난받아 마땅하다
제4명제 : 자신에 대해서나 타인에 대해서 위험하지 않게 된 인간, 유약하고 겸허와 겸손에 몸을 굽히며 자신의 약한 면을 의식하는 인간 '죄인' ─ 바로 이런 인간이 가장 바람직한 유형이며, 영혼에 약간의 외과 수술을 가해 산출해낼 수 있는 유형인 것이다……67)

5. 도덕과 사유

1) 도덕과 정동

"우리가 […] 감각하지 않는 모든 것은 우리와 거의 관계가 없다. 우리는 그것을 지속적으로 잊어버린다. 우리의 정동들을 칭찬하거나 비난하는 것, 그러니까 가치 평가하는 것을 나는 '도덕'이라 부른다."68)

---

67) 같은 책, 14[164], 177쪽.
68) 니체, 『유고(1882년 7월~1883/84년 겨울)』, 4[143], 202쪽.

니체의 이 말은 도덕과 정동의 관계를 잘 드러내 주고 있다. 그의 이러한 시도는 '삶의 다양한 도덕적 판단과 도덕적 가치 평가의 근원은 무엇인가?'에 대한 답을 찾고자 하는 시도이다. 지금까지 인간은 하나의 현상에 대한 형이상학적-종교적-도덕적 평가 아래 무엇이 '선한 것'인지 그리고 '악한 것'인지를 판단해왔다. 하지만 자기 내면의 힘에 대한 감정적 인식을 바탕으로 좋음(gut)과 나쁨(schlecht)을 구분하는 고귀한 인간의 도덕적 평가는 이와 다르다.

『선악의 저편』에서 주인도덕과 노예도덕의 유형을 구분하는 가치 평가의 원리로서 자기 내면의 강한 힘을 전제로 제시했던 것처럼, 니체는 도덕적 가치판단을 좋음과 나쁨의 원리로 전환한다. 자신의 삶을 긍정하는 주인도덕의 능동성과 삶의 원한 감정으로부터 탄생한 노예도덕의 수동성은 바로 삶에 대한 자신의 도덕적 가치 평가 그리고 그 이면에서 활동하는 정동의 활동을 전제로 한다. 도덕과 정동의 관계에 대한 해명의 시도 속에서 니체는 고유한 자기감정(정동)의 부정으로부터 인간은 결코 자기 삶의 주인이 될 수 없다는 사실을 증명했다. "정동이 '선한 것 자체'와 '악한 것 자체'를 창조했던 것이다."라는 니체의 말은 이를 잘 보증해준다. 이렇듯 도덕에 대한 니체의 강한 비판은 단 하나의 목적을 위해 인간 내면의 다양한 정념의 활동을 억압하는 절대적 도덕의 해체를 향해 있다.

> '무엇에 좋다', '무엇에 나쁘다schlimm'. 근원적으로 모든 도덕적 판단은 목적을 위한 수단에 대한 판단이다. [⋯] 마치 그 자체로 선한 것이 있을 수 있는 것처럼 말이다. 사람들은 언제나 하나의 목적의 관점에서 칭찬했고 비난했다. 그러나 결국은 존경, 사랑 또는 혐오 같은 감정(Gefühle)들이 이런 수단들에서 바로 느껴졌을 때, 완전하게 칭찬하고 비난할 수 있기 위해서 목적을 부정했다. 그러니까 정동이 '선한 것 자체'와 '악한 것 자체'를 창조했던 것이다.[69]

중요한 것은 단 하나의 절대적 도덕에 대한 니체의 사상적 해체의 시도는 모든 사람이 나름의 도덕적 가치 평가를 함으로써 야기되는 혼란을 긍정하고자 함이 아니라는 것이다. 그가 희망하는 새로운 미래 도덕의 큰 전제는 매 순간 생기하는 몸의 존재로서의 삶을 살아갈 수밖에 없는 생성의 세계, 즉 대지이다. 니체에게 있어 몸과 대지는 인간과 세계의 관계를 더 이상 형이상학적-종교적으로 이원화하지 않고, 모두 함께 주인으로서 살아가게 해주는 실존적 생명의 메타포이다. 니체에 의하면 생명체의 생명성은 육체와 영혼, 이성과 비이성을 이분화하는 형이상학과 종교에 의해 부정되고 도덕과 그 이성적 판단에 의해 억압된다. 삶에 대한 고유한 자기감정을 망각하게 하기 위해 형이상학과 종교는 정동을 공포스러운 것으로, 즉 선에 반한 악으로, 죄에 따른 벌로 규정했던 것이다.[70]

> 도덕적인 판단들은 우리의 정동을 몸짓이나 행동을 통해서가 아니라 지적인 방법으로 방출하기 위한 수단이다. 때리거나 침을 뱉는 것보다 차라리 욕설이 낫다 ; 아부하는 편이 쓰다듬거나 키스하는 것보다 낫다 ; 저주는 동물이 직접 적에게 맞서 행하는 복수를 신이나 귀신에게 맡기는 것이다. 도덕적인 판단으로 인해 인간의 용기는 가벼워지고 그의 정동은 방출된다. 이성 형식들의 사용이 이미 신경과 근육의 진정을 함께 가져 온다 ; 도덕적 판단은, 정동이 부담스러운 것으로, 몸짓이 너무 조야한 기분 완화로 느껴지는 시대에 생긴다.[71]

이렇듯 니체가 자신의 철학에서 문제시하는 도덕은 "형이상학과 그

---

69) 같은 책, 4[147], 203-204쪽.

70) "우리는 덕성들을 더 이상 필요로 하지 않는다 : 따라서 우리는 그것들을 상실한다 : "하나가 필요하다"에 관한 도덕뿐만 아니라 불멸과 영혼의 행복에 관한 도덕은, 인간에게 무시무시한 자기 제어를 가능하게 해주는 하나의 수단(무시무시한 공포의 정동을 통해) : […] 인간 사육의 형태를 결정하는 다양한 종류의 궁지 : 궁지는 일하고, 사유하고, 스스로를 제어하는 법을 가르친다 […] 생리적 순화와 강화"(니체, 『유고(1885년 가을~1887년 가을)』, 5[61], 258-259쪽).

71) 니체, 『유고(1880년 초~1881년 봄)』, 3[51], 82쪽.

리스도교와의 결합"72) 아래 인간의 사유와 행위를 단 하나의 절대적 진리를 향한 존재로, 다시 말해 인간을 자신의 고유한 삶의 감정(정동)을 형이상학적-종교적으로 해소하는 존재로 만드는 원리로서의 도덕이다. 니체에게 있어 이 도덕은 인간의 감정, 사유, 행위의 가치론적 폄하를 전제로 할 수밖에 없다. 그리고 자기 자신과 삶에 대한 고유한 가치 감정의 상실은 사유와 행위의 상실과 다름없다. 이를 극복하기 위해 니체는 정동을 사상적 개념으로 제시하며 정동의 치유를 시도한다.

욕구, 욕망, 충동, 본능, 의지, 정동 등 인간 내면의 모든 정념의 부정과 억압은 단 하나의 원리에 맞게 사유하고 행위 해야만 하는 도덕의 절대적 판단 속에서 나약해질 수밖에 없다. 니체에 의하면 이러한 현상은 스스로 자기 삶의 의미와 가치를 창조할 수 없는 나약한 정신과 의지의 병이다. "공동의 감정(Gemeingefühl)"을 위해 개인감정의 가치를 폄하하고 감정에 대한 이성적 지배를 도덕적 성취로 규정하는 도덕적 현상은 일종의 병, 니체의 표현에 의하면 "일종의 도덕적 질병(eine Art von Krankheit moralis)"일 뿐이다.73)

니체가 도덕적 판단에 대한 우세로 정동이 부담스러운 시대에 인간의 병은 도덕적인 현상으로 등장할 수밖에 없다고 말하는 이유는 이 때문이다.74) 이러한 의미에서 니체는 나약한 정신과 의지의 시대적 현상을 "세계주의적인 정동과 지성의 혼돈(ein kosmopolitisches Affekt- und Intelligenzen-Chaos)"75)이라 표현한다. 도덕과 정동의 관계에 대한 물음은 결국 그 시대의 도덕과 실존적 병의 관계론적 물음으로 진

---

72) Gerhard Schweppenhäuser, *Nietzsches Überwindung der Moral*, Würzburg 1988, 16쪽.

73) 니체, 『유고(1882년 7월~1883/84년 겨울)』, 4[142], 202쪽.

74) 같은 책, 3[51], 82쪽; 4[142], 202쪽 참조.

75) 니체, 『유고(1887년 가을~1888년 3월)』, 11[31], 308쪽.

행될 수밖에 없으며, 니체는 이 병의 원인과 증상을 "생리적 퇴보(eine physiologische Rückgang)"라고 진단한다.

> "질병은 사람을 개선한다." […] 도덕과 질병 사이에는 혹 인과적 결속이 있는 것인가? "인간의 개선", 크게 보면 예컨대 지난 세기에 이루어진 유럽인의 부인할 수 없는 온화함, 인간화, 순화─그것은 혹 오랫동안의 은밀하고 무시무시한 고통, 잘못됨, 궁핍, 쇠약의 결과인가? "질병"이 유럽인들을 "개선했는가?" 또는 달리 물으면 : 우리의 도덕성은 […] 생리적 퇴보의 표현인가?76)

2) 정동과 개인성

지금까지의 논의를 바탕으로 도덕적 현상으로 진단된 병을 살펴보면, 이 병은 생리적 힘의 퇴보임과 동시에 실존적 변화의 힘을 자신의 내면에서 생성시킬 수 없는 심리적 힘의 퇴보이기도 하다. 니체가 위의 글에서 제시한 온화함, 인간화, 순화 등은 결국 나약한 심리적 힘의 결과로 드러난 생리적 현상이기 때문이다. 이기주의와 이타주의에 대한 니체의 논의처럼, 도덕적 판단과 그 감정으로 인해, 다시 말해 스스로 자신의 삶에 주인으로서 참여할 수 없는 나약한 정신과 의지의 심리-생리적 힘에 의해 인간은 온전히 자기 자신의 삶을 살아오지 못했다.77) "인간은 사랑을 항상 오해했다 : 무사(selbstlos zu sein)를 사랑이라고 믿는다. 왜냐하면 인간은 다른 존재의 이익을 원하며, 종종 자기 자신의 고유한 이익에는 반하기 때문이다."78) 이제 니체는 정동과 도덕과의 관계를 해명함에 있어 정동과 이타심과의 연관 아래 보다 구

---

76) 니체, 『유고(1885년 가을~1887년 가을)』, 4[7], 222쪽.

77) 인간의 이기심과 생리적 힘의 관계에 대한 내용으로는, 니체, 『우상의 황혼』, 「어느 반시대적 인간의 편력」, 33, 167-168쪽 참조.

78) 니체, 『유고(1887년 가을~1888년 3월)』, 11[89], 337쪽. 니체는 이와 같은 선한 인간에 대하여 다음과 같이 말한다. ""선한 인간"이란 위험스러운 존재, 탈진 상태의 한 징후 ─ 활기 잃은 이기주의(Egoismus)의 징표일 뿐이다"(니체, 『유고(1884년 초~가을)』, 25[510], 191쪽).

체적으로 정동의 의미를 드러낸다.

> 인간이 얼마나 많은 장점을 희생하며, 얼마나 조금 '이기적(eigennützig)'인지!
> 그의 정동과 열정 모두는 권리를 갖기 원하지만 — 얼마나 정동은 이기주의
> (Eigennutz)의 똑똑한 사용으로부터 멀리 떨어져 있는지![79]

니체는 다음과 같이 단호하게 말하기도 한다. "이기심의 결여 때문
에 인류가 신음한다."[80] 이기주의의 관점에서 낡은 도덕은 보편적이고
인정직인 미래를 공유하고자 하는 무리인간의 가치체계일 뿐이다. 니
체에게 있어 이기주의는 자유로운 정동의 상태를 대변하는 역할을 한
다. 그 이유는 이기주의를 허용하지 않는 무리감정 속에서 개인의 사
고와 행위는 제약될 수밖에 없으며, 결과적으로 실존적 모험과 실험은
불가능하기 때문이다. 이에 반해 동정 및 이웃사랑으로 대변되는 데카
당스 감정으로서의 이타주의는 비개인성으로 대변되는 자기감정의 상
실, 다시 말해 고유한 개인성(이기주의)을 지탱하는 힘의 심리-생리적
퇴화와 다르지 않다.[81] 여기서 정동은 낡은 관습적 도덕으로부터의 의
식적인 해방을 시도하고 자기감정을 바탕으로 고유한 자기 자신을 형
성시킬 수 있는 근본 조건으로서 작용한다. 이타주의와 개인의 비개인
성은 정동의 부재와 다름없다. 이제 니체는 오랜 도덕과 그 가치들 속
에서 부정되고 억압되어 온 정동의 의미를 부각시킨다. 이렇듯 "개인

---

79) 니체, 『유고(1887년 가을~1888년 3월)』, 11[89], 337쪽.
80) 니체, 『유고(1880년 초~1881년 봄)』, 2[15], 48쪽.
81) "생리학자는 […] 가치의 대립을 전혀 의심하지 않는다. 만일 유기체의 내부에서 가장 비소한
    기관이라도 자기 보존에, 자기의 힘의 보충에, 자기의 '이기주의'를 완벽하게 확실히 관철시키
    는 데 약간이라도 실패하고 있다면, 유기체 전체가 퇴화하기 때문이다. 생리학자는 퇴화된 부분
    을 잘라내기를 요구하고, 퇴화된 부분과의 어떠한 연대도 부정하며, 일체 동정하지 않는다. 하지
    만 사제는 바로 전체의 퇴화, 인류의 퇴화를 원한다 ; 그래서 사제는 퇴화된 부분을 보존한다 —
    이런 값을 치르면서야 사제는 인류를 지배하는 것이다"(니체, 『이 사람을 보라』, 「아침놀. 편견
    으로서의 도덕에 관한 사유들」, 2, 416쪽).

적이 된다는 것"을 "비개인적인 자"의 새로운 덕으로 규정하는 니체에
게 있어 정동은 도덕에 대한 규명 이전에 해명되어야만 하는 인간의
존재론적 필수 조건, 다시 말해 스스로 자기 자신을 고유한 나로서 느
끼는 감정에 대한 명칭이다.

> "비개인적인 자들"이 말한다. ─ "현명하고 인내하며 우월하게 있는 것보다 더
> 쉬운 일은 없다. 우리는 배려와 동정이라는 기름에 흠뻑 젖어 있다. 우리는 터
> 무니없을 정도로 의로우며, 모든 것을 용서한다. 바로 그 때문에 우리는 우리를
> 좀 더 강하게 유지해야 한다 ; 바로 그 때문에 우리는 때때로 작은 어떤 정동
> (einen kleinen Affekt), 정동의 어느 작은 악덕을 육성시켜야 한다. 이것이 우리
> 에게 마땅찮은 일일 수 있으며 ; 그러면서 우리가 제시하는 관점을 우리끼리는
> 비웃을 수도 있다. 그렇지만 이 비웃음이 무슨 소용이 있다는 말인가! 우리가
> 자기극복의 다른 방식을 갖지 않는데 말이다 : 이것이 우리의 금욕이고, 우리의
> 속죄이다." …… 개인적이 된다는 것 ─ "비개인적인 자"의 덕……82)

지금까지 도덕은 "자신의 고유한 자연본성에 대한 용기를 상실"한
자들에게 유용한 원리였다.83) 하지만 이에 대하여 니체는 다음과 같이
단호하게 말한다. "정동을 시인하기 위해서는 아무런 도덕적 공식도
필요 없다는 것."84) 그 이유는 정동은 인간의 자연적 본성, 즉 몸의 원
리 자체이기 때문이다. 몸의 원리의 척도는 "오직 한 사람이 어디까지
자신의 본성을 긍정할 수 있는지"85)에 달려있다. 몸은 "커다란 이
성"86)이라는 명칭처럼, 매 순간 자기 자신으로 존재할 수 있게 해주는

---

82) 니체, 『우상의 황혼』, 「어느 반시대적 인간의 편력」, 28, 165쪽. 도덕에 대한 비판과 개인의 개인
   성에 대한 청년 니체의 연구는 『비극의 탄생』의 아폴론론과 디오니소스에 대한 관계론적 탐구로부
   터 시작되었다. 이에 대한 글로는, Maurice Schuhmann, *Radikale Individualität. Zur Aktualität
   der Konzepte von Marquis de Sade, Max Stirner und Friedrich Nietzsche*, Bielefeld 2011,
   104-111쪽 참조.
83) 니체, 『유고(1887년 가을~1888년 3월)』, 10[165], 260쪽.
84) 같은 책, 10[165], 260쪽.
85) 같은 책, 10[165], 260쪽.
86) 니체, 『차라투스트라는 이렇게 말했다』, 「몸을 경멸하는 자들에 대하여」, 52쪽.

몸이라는 생명의 원리 그 자체로서의 도덕성을 지니고 있다.

3) 인간의 "사실적 도덕성" : 몸

니체가 『차라투스트라는 이렇게 말했다』를 준비하던 1882년~1884
년 사이의 유고에는 "몸"과 그 생명현상에 대한 글이 많이 남겨져 있
다. "생리학적으로 세포 곁에 세포가 있듯이 충동 곁에 충동이 있다.
우리 존재에 대한 가장 일반적인 상은 서로 간의 지속적인 적대와 결
합을 수반한 충동의 사회화이다. 지성은 경쟁의 대상이다."87) 비교적
잘 알려진 이 글은 명령과 복종의 "놀이형식"88)으로 이루어진 인간 내
면의 긴장 상태를 생명의 생명성으로 규정하는 니체의 견해를 잘 담고
있다.89) 니체에 의하면 생명체의 내적 정동 현상에 대한 도덕적이고
지성적인 이해는 단편적일 수밖에 없다. 도덕과 과학이 비판의 대상이
될 수밖에 없는 이유는 이 때문이다.

> 도덕은 우리의 정동과 상태를 설명하기 위한 과학 이전의 형식이다. 도덕이 공
> 통된 감정(Gemeingefühle)을 다루는 미래의 병리학에 대해서 갖는 관계는 마치
> 연금술이 화학에 대해서 갖는 관계와 같다.90)

몸의 이성을 철학적으로 확립했던 이 시기에 니체는 그 어느 때보
다도 다양한 사상적 개념을 제시하며 체계적으로 이성중심주의적 세계
해석과 인간 이해의 사상적 전복을 시도했다.91) 그 시도의 중심에

---

87) 니체, 『유고(1882년 7월~1883/84년 겨울)』, 7[94], 356-357쪽; "충동에 기초하여 더 높은 기
   관이 형성되고 이러한 기관들은 영양분이나 자극을 얻기 위해 서로 싸운다"(니체, 『유고(1882
   년 7월~1883/84년 겨울)』, 7[211], 397쪽).
88) 니체, 『유고(1884년 가을~1885년 가을)』, 36[22], 371쪽.
89) "우리는 하나의 공동의 영양분 섭취 과정에 의해 결합된 다수의 힘을 '삶'이라고 부른다"(니
   체, 『유고(1882년 7월~1883/84년 겨울)』, 24[14], 876쪽).
90) 같은 책, 3[1], 373, 125쪽.

"몸"에 대한 새로운 해석이 자리한다. "정신적인 것은 몸의 기호 언어 (Zeichensprache, des Leibes)로 파악되어야 한다."92)라는 니체의 말처럼, 이제 소크라테스 이래로 매 순간 동일성을 유지하기 위한 실체의 조건으로서 여겨진 이성, 의식, 정신, 영혼 등은 오히려 감정, 느낌, 의지, 정동과 같은 육체성이 합일된 자연적 몸의 세계에 따라 변화하는 기호일 뿐이다.93) 이렇듯 몸은 니체가 형이상학적-종교적 세계관의 전복을 위해 시도한 매우 중요한 철학적 개념이다.

> 우리의 몸은 우리에게 알려진 인간적인 모든 결사와 공동체보다 훨씬 더 고귀하고 더 섬세하며 더 복잡하고 더 완전하고 더 도덕적인 것이다. 그것의 도구와 하인이 보잘것없다는 것은 결코 그것에 대한 정당한 반론이 아니다! 아름다움에 관해서는 몸의 업적이 가장 뛰어나다. 그리고 우리의 예술작품은 빛날 뿐 아니라 살아 있는 이 아름다움에 비하면 벽에 비친 그림자일 뿐이다.94)

몸에 대한 니체의 철학적 의미와 사상적 찬사는 오히려 지금까지 오해되고 억압되어 왔던 몸의 역사에 대한 처절한 비판이기도 하다.95) 위

---

91) "몸에 대해서 ― 그곳에서 얼마나 많은 체계가 동시에 작용하고 있는가, 얼마나 많이 서로를 위해 그리고 서로에게 대립적으로 행해지는가, 평형 등에 얼마나 많은 섬세함이 존재하는가 ― 라는 생각을 조금이라도 한 사람은 모든 의식은 몸에 비해 빈약하고 협소한 것이라고 판단할 것이다" (같은 책, 7[126], 369쪽). 다음의 글도 함께 참조. "몸(Leib)의 실마리로 하여 우리는 인간을, 부분적으로 싸움을 벌이고 있는, 부분적으로는 상호 배열되어 있으며 종속되어 있는, 개별적 존재에 대한 긍정 속에서 저도 모르게 그 전체를 긍정하는, 살아 있는 존재의 다양성으로 인식한다. 이들 살아 있는 존재 가운데는 상당 정도, 순종하기보다는 지배하는 자가 있으며, 그리하여 이들 사이에 또 다시 싸움이 일고 승리가 있다. 인간의 전체성은 일부 알려져 있지 않은, <일부> 충동의 형태 속에서 의식되는 저 유기체의 특성을 모두 갖고 있다"(니체, 『유고(1884년 초~가을)』, 27[27], 376-377쪽).

92) 니체, 『유고(1882년 7월~1883/84년 겨울)』, 7[126], 370쪽.

93) 소크라테스와 플라톤의 정동 이해에 대한 글로는 Michael Erler, *Platon : Affekteund Wege zur Eudaimonie*, in : Hilge Landweer/Ursula Renz (Hg.) : Klassische Emotionstheorien. Von Platon bis Wittgenstein, Berlin/New York 2018, 25-30쪽 참조.

94) 니체, 『유고(1882년 7월~1883/84년 겨울)』, 7[133], 371-372쪽.

95) 몸에 대한 니체의 미학적 해석은 낡은 형이상학적-종교적 평가를 극복하기 위한 니체의 실존 미학적 특징이다. "무엇이 아름다움인가? 승리를 얻은 자와 주인이 된 자에 대한 표현"(니체, 『유고(1885년 가을~1887년 가을)』, 6[26], 303쪽).

의 글에서 확인할 수 있는 것처럼, 몸은 그 어떤 인간적인 공동의 목적이나 집단보다도 완전한 체계를 갖고 있다. 니체는 충동, 힘, 본능, 의지, 정동 등과 같은 개념을 사용해서 몸으로 명명되는 새로운 생명성의 원리를 '몸의 자연적 도덕성'으로 제시한다. 그리고 그는 이 원리를 "몸의 생명 속에 깃들어 있는 인간의 사실적 도덕성(die thatsächliche Moralität)"[96]이라고 표현한다.

니체의 이 도덕은 기존의 형이상학적-종교적 도덕을 해체하고 새로운 미래의 인간성을 창조하기 위한 시도이다. 칸트와 쇼펜하우어가 인간의 이성과 의지를 형이상학적으로 해석함으로써 나름의 도덕적 체계를 구성했다면, 니체의 '새로운 도덕'은 그의 표현처럼 인간 내면의 원리와 현상을 가감 없이 드러내는 "사실적 도덕성"이다. 이 도덕의 원리는 몸의 원리, 다시 말해 명령과 복종의 놀이이다. 여기서 놀이가 의미하는 것은 몸의 도덕은 더 이상 그 어떤 다른 세계, 존재, 진리에 의해 도출되는 것이 아니라, 한 생명체가 오직 자신의 감정을 바탕으로 힘과 의지를 발현함으로써 삶의 고유한 원리를 창조할 수 있다는 것을 의미한다. 개인과 그의 덕의 다양성은 바로 이러한 심리-생리적 힘과 의지를 전제로 하기에 가능하다. 그리고 니체의 이 도덕은 낡은 도덕과 도덕성의 근거를 인간 내면의 힘과 의지의 문제로 전환하는 주인도덕과 노예도덕에 맞닿아 있다.

> 몸의 생명 속에 깃들어 있는 인간의 사실적 도덕성은 모든 개념적 도덕화가 그랬던 것보다 백배나 크고 섬세하다. 우리 속에서 끊임없이 활동하고 있는, 저 많은 "너는 마땅히 해야 한다" 당위! 명령하는 자와 복종하는 자 상호간의 배려! 보다 상위의 그리고 하위의 기능들에 대한 지식!
> 합목적적인 것으로-보이는 것 모두를 그 혼자 힘으로 생명을-보존하는 것으로

---

96) 니체, 『유고(1884년 초~가을)』, 25[437], 166쪽.

그리하여 단지 혼자 힘으로 보존된 것으로 파악하도록 시도할 것 - -
목적이 본래의 과정에 관계하듯 그렇게 도덕<적> 판단은 진정 보다 다양하며
섬세한 유기체의 판단에 관계한다.[97]

　　니체는 인간의 몸을 미래 도덕의 근본원리로 규정한다. 그의 미래
도덕은 결코 단 하나의 절대적이고 보편적인 가치를 요구하지 않는다.
오히려 매 순간 삶의 물음에 답하고 이를 행하는 자신만의 고유한 덕
을 통해 삶에 참여하기를 요청한다. 삶이 던지는 모든 물음은 그 누구
와도 공유할 수 없는 가치이기 때문에, 삶의 자기 도덕은 오직 자신의
삶에 대한 고유한 감정을 전제로 할 수밖에 없다. 이렇듯 니체는 몸에
대한 해명을 통해 도덕의 인간학적 전환을 시도한다.[98]

　　니체에게 있어 몸은 감정과 이성을 포괄하고 또한 이를 표출하는 단
한 번뿐인 고유한 삶에 대한 개념이다. 자기 자신을 몸의 존재로 느낄
때, 인간은 자신의 삶에 구경꾼으로서가 아니라 주인으로서 참여하게
된다. 그리고 정동은 자신의 삶을 자율적으로 인식하고자 하는 인간
내면의 강한 자극을 대변하는 개념으로서 '어떻게 인간은 자기 삶의
주인이 될 수 있는가?'라는 물음보다 내밀한 '어떻게 인간은 자기 자신
이 삶의 주인이 되었다는 감정을 느끼는가?'라는 물음에 대한 답을 가
능하게 해준다.

---

97) 같은 책, 25[437], 166-167쪽.
98) "도덕적인 가치평가는 무엇보다 더 높은 인간들과 더 낮은 인간들(또는 계급)을 구별하는 것
　　과 관련되어 있다. 도덕은 일차적으로 강력한 자들의 자기 찬양이며 무력한 자들에 대해서는
　　경멸이다. 선한가 악한가가 아니라 고귀한가 천한가에 대한 감각이 근원적인 도덕 감각이다.
　　그러한 구별에 입각하여 비로소 특수한 행위와 속성들이 고귀하다고 불리고 그것에 대립된 것
　　들은 천하다고 불린다"(니체, 『유고(1882년 7월~1883/84년 겨울)』, 16[27], 673쪽).

6. 정동과 동정 그리고 "새로운 심리학자(der neue Psychologe)"

세계 및 자신의 삶과 관계하는 새로운 매개물로서의 몸을 제시함으로써 니체는 형이상학과 종교 그리고 도덕에 반한 보다 근본적인 인간 이해를 가능하게 했다. 이러한 의미에서 니체는 영혼을 상정함으로써 육체와 대지를 부정했던 전통적 사유 방식에 반하여 새로운 존재 조건으로서 "사멸하는 영혼", "주체 복합체로서의 영혼"과 더불어 "충동과 정동(情動)의 사회 구조(Gesellschaftsbau der Triebe und Affekte)로서 영혼"이라는 개념을 제시한다. 비록 니체가 충동과 정동을 함께 나열함으로써 동일한 의미를 가진 개념으로 제시하지만, "자기 조절, 동화, 영양 섭취, 배설, 신진대사" 등과 같은 유기체의 충동 ─ 니체의 표현에 의하면 "생명의 초기 형태" ─ 은 정동을 통해 비로소 쾌와 결합되는 감정의 문제로 발전한다.[99] 이렇듯 힘에의 의지를 통해 인간을 그의 내면으로부터 이해한 니체에게 있어 영혼의 문제는 더 이상 진리의 문제가 아니라 이에 대한 힘과 의지의 심리-생리학적 문제일 뿐이다. 니체는 정동을 통해 사유의 형이상학적 인과성과 종교의 목적론적 인과성을 극복한다.

사고의 정지를 유발할 정도로 강력한 감정인 정동은 형이상학과 종교가 요구하는 지속적인 단 하나의 감정을 해체하는 가장 강력한 기제이다. 형이상학적 가치, 즉 단 하나의 절대적 진리를 향한 감정은 종교를 통해서 보다 분명하게 표출된다. 니체의 정동 개념을 논의하는 데 있어 중요한 것은 정동이 언제든지 동정이라는 데카당스적 감정으로

---

99) 니체, 『선악의 저편』, 36, 66쪽.

전환될 수 있다는 것이다. 정동은 동정과 마찬가지로 하나의 감정이다. 하지만 이 두 감정은 결코 같은 감정일 수 없다. 정동이 스스로 자신의 힘을 인식한 쾌의 상태라면, 동정은 그 반대이기 때문이다. 동정은 더 이상 자신을 주인으로서 느끼지 못하는 나약한 인간의 덕목일 뿐이다. 1880년 말의 유고의 단편 「동정의 추론에 관하여」는 정동과 동정에 대한 차이를 분명하게 이해할 수 있는 자료이다.

> 동정이 요구되고 칭찬되는 즉시 그것은 선한 것으로서 도덕적 성격을 획득한다. 사람들은 그것에 몰두하고 자신의 공표를 부끄러워하지 않는다 ― 그것은 다른 상황들에서는 약점으로 인정된다. 철학자들은 해로운 정동(ein schädigender Affekt)에 몰두하는 모든 경우처럼 동정에서 하나의 약점을 간파한다. 동정은 세계에 고통을 증가 시킨다 : 그것이 간접적으로 고통을 줄일 수도 있을 것이지만 이 결과는 본질적으로 정당화되어서는 안 된다. 법칙, 그것이 지배한다면 : 즉시 인간성을 파멸할 것이다.[100]

니체의 표현처럼 동정은 서로의 고통을 공유함으로써 세계에 고통을 배가시킬 뿐이다. 하지만 고통은 자기감정을 유발하는 가장 근본적인 심리적 기제이다. 고통이 인간을 심오하게 만든다는 니체의 말은 이러한 의미에서이다.[101] 쇼펜하우어의 의지와 고통, 이에 대한 감정으로서의 동정에 대한 니체의 비판에서 알 수 있듯이 동정은 정동, 즉 고유한 자기감정의 부정과 다름없다. 자기감정의 포기는 힘에의 의지, 다시 말해 삶의 고유한 주권의 포기에 지나지 않는다.

하지만 니체는 동정 자체에 대해 비판하지는 않는다. "천성적으로 주인인 인간 ― 그러한 인간이 동정을 가지고 있다면, 정말이다! 이러한 동정은 가치가 있다."[102]라는 말처럼, 니체는 위버멘쉬의 동정을 오

---

100) 니체, 『유고(1880년 초~1881년 봄)』, 7[285], 493쪽.
101) 니체, 『즐거운 학문』, 「서문」, 3, 28쪽.

히려 강함의 특권으로 제시한다. 그 이유는 우정에 대한 니체의 견해에서 확인할 수 있는 것처럼,103) 자신의 삶에 주인적 감정을 가지는 위버멘쉬는 고통을 나누기보다는 삶에 대한 긍정을 나누고 함께 즐거워하는 존재이기 때문이다. 종교적 동정이 반자연적 현상이자 데카당스적 감정일 수밖에 없는 이유이다.

> 같이 즐거워하는 것(die Mitfreude)은 세계의 힘을 증대시킨다. 그에게 또한 생겨난다고 말해지는 즐거움 자체를 먼저 얻는 개인에 대한 즐거움은 매우 고상한 사고다! 사람들 스스로 다시 함께 즐거워할 수 있도록 도와야만 한다 — 그러나 사람들의 영혼이 비탄에 빠지지 않도록 그렇게 오래 재갈을 채우고 박대해야 한다 : 올바른 의사처럼(wie der rechte Arzt).104)

위의 글은 동정에 대한 니체의 강한 비판을 담고 있다. 그는 더 이상 인간들이 고통으로 인한 슬픔의 감정으로 관계하지 않고, 고통에 대한 긍정과 극복의 감정으로 관계하기를 요청한다. 그는 동정으로 인해 더욱더 깊은 비탄에 빠지는 영혼의 치유를 더 이상 금욕주의적 성직자와 같은 '종교적 의사'의 과제로 설정하지 않는다.105) 물론 니체는 위의 글에서 '특정한 명칭의 의사'를 제시하지는 않았다. 하지만, "올바른 의사"라는 그의 표현을 통해 한 유형의 철학자를 유추할 수 있다. 이 의사는 바로 『즐거운 학문』의 「서문」에 제시된 "철학적 의사(ein

---

102) 니체, 『선악의 저편』, 293, 309쪽.

103) "만약 고통 받고 있는 벗이 있다면, 너는 그의 고통이 쉴 수 있는 쉼터가, 그러면서도 딱딱한 침상, 야전 침상이 되어주어야 한다. 그렇게 함으로써 너는 그에게 더없는 도움이 될 것이다"(니체, 『차라투스트라는 이렇게 말했다』, 「연민의 정이 깊은 자에 대하여」, 148쪽).

104) 니체, 『유고(1880년 초~1881년 봄)』, 7[285], 493쪽.

105) "이 금욕주의적 성직자가 진정 의사란 말인가? — 우리는 그가 아무리 스스로를 '구원자'로 느끼고, '구원자'로 존경받고자 한다 해도, 그를 의사라고 부르는 것이 어째서 허용되지 않는지를 이미 이해하고 있다. 그가 싸우는 것은 단지 고통 자체일 뿐이며, 고통 받는 자의 불쾌일 뿐이지, 그 원인이나 진정한 병과 싸우는 것이 아니다 — 이것은 성직자적 치료에 대한 우리의 가장 근본적인 항의임에 틀림없다"(니체, 『도덕의 계보 III』, 17, 497-498쪽).

philosophischer Arzt)"이다.106) "철학적 의사"는 생명의 생명성을 가감 없이 탐구하는 "올바른 의사"인 것이다.

니체의 말처럼, 이 의사는 진리가 아니라 "건강, 미래, 성장, 힘(Macht), 삶" 등 인간의 내·외면을 모두 포괄하는 명제 "너는 너 자신이 되어야만 한다."를 과감하게 탐구하는 철학자를 의미한다. 니체가 자신의 철학에서 제시하는 삶의 철학자 유형, 즉 "새로운 철학자",107) "진정한 철학자"108) 그리고 "미래의 철학자"109)는 영혼을 인간의 존재 의미로 이해하는 "낡은 심리학자(die älteren Psychologen)"가 아니다.

이들은 낡은 가치론적 사유 문법의 오류를 삶의 실재의 관점에서 재해석하고, 이로부터 새로운 가치 창조 가능성의 인간학적 조건을 탐구하는 "새로운 심리학자(der neue Psychologe)"110)이다. 이들만이 인간을 단 하나의 가치로서의 이성 혹은 감정이 아니라, 이를 모두 포괄한 몸의 관점에서 탐구할 수 있는 자들이다. 동정은 고통 자체가 아니라 고통에 대한 인간의 감정, 즉 정동의 해명을 통해서 비로소 극복될 수 있다. 철학자가 "낡은 심리학자"가 아니라, "새로운 심리학자"가 되어야만 하는 이유는 이 때문이다.

---

106) 니체, 『즐거운 학문』, 「서문」, 2, 27쪽.
107) 니체, 『선악의 저편』, 44, 77쪽.
108) 같은 책, 211, 189쪽.
109) 같은 책, 210, 185쪽.
110) 같은 책, 12, 31쪽.

제3부

디오니소스와 실재의 긍정

1. "긍정의 말을 하는 아펙트 (die Jasagenden Affecte)"

인간은 어떻게 스스로를 실재로서 사유하고 자기 삶의 실재, 즉 현실적 삶의 세계로서의 "대지(Erde)"를 향해 긍정의 말을 할 수 있을까? 실재에 대한 긍정적이고 적극적인 사유는 무거운 진리로부터 해방된 자유로운 정신에 의해서 비로소 가능하다. "어떻게 자유정신이 궁극적으로 적극적인 삶에 관계하는가? ― 가볍게 묶이는 것 ― 그러나 자기 행동의 노예는 아님."[1] 정신의 가벼움, 다시 말해 사유의 가벼움은 단 하나의 절대적 가치뿐만 아니라, 심지어 자신의 특정한 정동과 관점에도 사로잡히지 않은 상태를 의미한다. "긍정의 말을 하는 아펙트(정동 /die Jasagenden Affecte)"[2]라는 니체의 표현처럼 자신의 아펙트, 즉 정동(감정)을 억압하는 자는 실재에 대한 사유와 관점의 한계로 인해 결코 자신의 삶을 향해 긍정을 말할 수 없다.

'디오니소스적 긍정'이라는 니체의 철학적 시도는 자신이 사는 세계와 삶에 대한 '디오니소스적 정동', 즉 '디오니소스적 감정'에 의해 가능하다. 니체의 실험철학에서 확인할 수 있는 것처럼, 그는 대지의 삶을 유일한 실재로 느끼는 자의 인식을 "디오니소스"라는 개념으로 표현한다.[3] 이에 반해 자신의 삶을 디오니소스적으로 인식할 수 없는 자는 자신의 삶을 실재라고 인식할 수 없다. 다시 말해 그는 자신의 삶 속에서 불쾌로부터 쾌를, 고통으로부터 삶의 긍정을 도출하는 디오니소스적 인식의 실험을 할 수 없다.[4]

---

1) 니체, 『유고(1876년 초~1877/78년)』, 16[47], 22쪽.

2) 니체, 『유고(1888년 초~1889년 1월 초)』, 14[11], 22쪽.

3) 같은 책, 16[32], 355쪽.

니체에게 있어 "실험"은 디오니소스적 긍정의 실현을 위한 근본 조건이다. 그 이유는 스스로를 실험하는 인간, 즉 자신의 삶을 실험의 공간으로 이해하는 자는 자기 자신이 여전히 변화의 가능성을 안고 있다는 사실을 알고 있기 때문이다. 그는 또한 이 변화가 일회적이지 않고 영원히 거듭되는 것 역시 알고 있다. 그래서 그는 삶의 영원한 회귀 역시 긍정할 수 있는 것이다.5) 삶에 대한 영원한 긍정은 결국 실재로서 느끼고 사유하는 지금 이 순간에 대한 긍정일 수밖에 없다. 자신의 삶을 니오니소스적으로 긍정하는 인간은 지금 이 순간이 영원히 반복된다는 사실에 대한 긍정을 바탕으로 삶 그 자체에 대한 사랑, 다시 말해 자신의 운명에 대한 사랑—니체의 표현에 의하면 운명애(amor fati)—을 실천한다. 니체의 운명애는 순간에 대한 사랑으로부터 시작된다. 영원회귀는 자신의 삶을 얼마나 디오니소스적으로 사랑할 수 있는지를 묻는 니체의 사고실험이다.

> 삶이—의무나 저주받은 숙명이나 기만이 아니라—인식하는 자의 실험이 될 수 있다는 저 사상이 나를 찾아온 그날 이후로! 인식이 다른 사람들에게는 다른 것일지 몰라도, 예를 들어 침대나 침대로 가는 길, 오락이나 여가 활동일지 몰라도, — 내게 그것은 영웅적 감정(die heroischen Gefühle)이 춤추고 뛰어노는 위험과 승리의 세계이다. "삶은 인식의 수단"이다 — 이 원칙을 마음속에 품고 있으면 인간은 용감해질 뿐만 아니라, 심지어 즐겁게 살고 즐겁게 웃게 된다!6)

---

4) "삶이—의무나 저주받은 숙명이나 기만이 아니라—인식하는 자의 실험이 될 수 있다는 저 사상이 나를 찾아온 그날 이후로! 인식이 다른 사람들에게는 다른 것일지 몰라도, 예를 들어 침대나 침대로 가는 길, 오락이나 여가 활동일지 몰라도, — 내게 그것은 영웅적 감정(die heroischen Gefühle)이 춤추고 뛰어노는 위험과 승리의 세계이다. "삶은 인식의 수단"이다 — 이 원칙을 마음속에 품고 있으면 인간은 용감해질 뿐만 아니라, 심지어 즐겁게 살고 즐겁게 웃게 된다!"(니체, 『즐거운 학문』, 324, 294쪽).

5) 니체, 『유고(1888년 초~1889년 1월 초)』, 16[32], 355쪽.

6) 니체, 『즐거운 학문』, 324, 294쪽.

디오니소스적 긍정은 '디오니소스적으로 실험하는 인식'으로부터 도출된다. 보다 근본적으로 말하면, 자신의 삶에 대한 이와 같은 최고의 긍정은 실재하는 자신의 삶을 디오니소스적으로 느낄 수 있는 자유로운 정동(Affekt), 즉 '디오니소스적 감정'을 전제로 한다. 이 감정 속에서 삶의 고통, 불안, 모순, 부조리 등은 비로소 실재하는 자기 자신의 실존적 성장을 위한 실험의 긍정적인 조건이 된다. 자기 내면의 정동을 반영하는 디오니소스적-실험적 자기인식은, 니체가 『도덕의 계보』의 「제3논문」에서 문제시했던 것처럼, 고통 속에서 괴로워하며 결국 스스로에게 원한을 느끼는 감정의 극복을 위한 근본적인 치유책이다. 고통 속에서도 삶을 긍정할 수 있는 비극적-디오니소스적-실험적 인식과 그 감정으로부터, 인간은 비로소 자기 삶의 실재로서의 대지를 진정한 쾌를 주는 유일한 곳으로 느끼게 된다. 그는 더 이상 대지의 가치에 반하는 또 다른 저편의 세계를 창조하지 않는다.

삶의 디오니소스적-비극적 관점으로 대변되는 이 감정은 니체의 초기 저서 『비극의 탄생』에서 "디오니소스적 지혜"[7]와 "디오니소스적 격정(die dionysische Regung)"[8]과 같은 개념으로 등장한다. 그의 철학의 후기까지 지속되는 이 감정은 형이상학과 종교에 반해 자신의 힘이 증대된 느낌을 바탕으로 자기 삶의 실재를 가감 없이 사유하고 창조하고자 하는 "예술가의 정동(der Affekt des Künstlers)"[9]으로 제시된다. 그리고 니체의 철학에서 이 감정의 주체는 위버멘쉬이다. 위버멘쉬가 낡은 형이상학과 종교 그리고 도덕에 의한 보편적이고 평균적인 삶을 살 수 없는 이유는 바로 그의 비극적-디오니소스적-예술적 감정 때문이다.

---

7) 니체, 『비극의 탄생』, 19, 148쪽.
8) 같은 책, 1, 33쪽.
9) 니체, 『유고(1887년 가을~1888년 3월)』, 9[119], 86쪽.

> 지성적인 충동을 자신에게 굴복시키고 정동(als Affekt)으로 생각해보려는
> 영웅주의.
> 내가 여러 정동들(die Affekte)을 비방했던 것은 나중에 이렇게 말하기 위해서
> 였다.
> 나는 하나의 정동(einen Affekt)을 가지고 있었다. 그뿐이다!
> 도덕 아래 있는 삶은 견뎌낼 수 없다.10)

이렇듯 니체의 정동은 그의 철학에서 세계와 삶의 가치를 자유롭게 평가하고 창조할 수 있는 실존적 실험의 자유를 보장해주는 개념이다. 자기 존재에 대한 이러한 긍정은 사신 안에 내재된 정동의 활동을 삶의 고유한 자극으로 허용하고 이를 통해 행위하는 삶의 주인으로서만 비로소 가능하다. 니체의 말처럼 자기 자신과의 가벼운 관계가 오히려 자유롭고 다양한 관점을 가능하게 하며 동시에 보다 적극적으로 자기 삶의 실재를 사유하도록 만든다. 니체의 철학에서 디오니소스적 긍정이 성립하기 위해서는 1) 인간은 자신의 삶을 디오니소스적으로 인식해야만 하며, 2) 이를 통해 자신의 삶을 실재로서 느껴야만 한다. 3) 하지만 실재하는 삶에 대한 인식과 긍정은 인간이 자신의 삶에서 가질 수 있는 '최고의 감정'이기 때문에, 정동은 디오니소스적 긍정을 해명하기 위한 중요한 실마리가 되어줄 것이다.

2. 사유와 실재

"나는 너희가 [⋯] 형이상학적인 것들을 믿는 것을 금지한다. 이런 것들을 불신하는 것이 당연하며 이런 물음에 대한 가치 평가가 일찍이

---

10) 니체, 『유고(1882년 7월~1883/84년 겨울)』, 4[140], 201쪽.

어디에서 유래했는지를 통찰하는 것이 적절한 일이다. 우리의 사유 방식은 철저히 인간적이어야만 한다."[11] 니체는 형이상학의 인과론적-목적론적 사유의 문법에 대한 위험성을 플라톤을 비판하며 이미 경고했다. 인간의 사유를 정신 혹은 의식과 같은 이성의 문제로 획일화하지 않고, 오히려 "힘의 느낌(Machtgefühl)"과 같은 정동을 사유의 근원으로 제시하는 니체에게 있어 인간의 사유와 존재 방식에 대한 형이상학의 이원론적 해석은 그 자체로 인간적일 수 없다.

이성적 사유를 실재성의 척도로 규정했던 이성중심주의적 세계 해석 및 인간 이해에 대한 니체의 비판은 잘 알려져 있다. 이러한 의미에서 "나는 생각한다. 그러므로 존재한다."라는 명제로 대변되는 데카르트의 근대 사유의 동일성에 대한 니체의 비판은 인간적인 사유의 근본적인 토대와 원리를 생명의 관점에서 탐구하는 시도로 진행된다. 이성의 존재론적 자기 증명으로부터 신을 완전한 실체 관념으로 도출하고, 이에 반해 인간을 불완전하고 유한한 존재로 인식하는 데카르트에 반대하며, 니체는 다음과 같이 말한다.

> 선한 신을 만물의 창조자로서 믿는 그리스도교적-도덕적 사고방식에서 신의 진실성이야말로 우리에게 감각 판단을 보증한다는 개념을 데카르트 역시 가지고 있었다. 우리의 감각과 분별에 대한 종교적 재가와 보증으로부터 멀리 떨어져—우리는 실존에 반대되는 믿음에 대한 권리를 어디에서 얻어야 하는가! 사유(Denken)가 심지어 현실적인 것의 척도라는 사실, —사유될 수 없는 것은 존재하지 않는다는 사실,—은 (사물의 근거에 있는 본질적 진리 원칙에 대한) 도덕주의적 맹신의 야만적 극치이며, 그 자체가 우리의 경험이 매 순간 반대하는 미친 주장이다. 그것이 있는 한……우리는 아무것도 사유할 수 없다.[12]

---

11) 같은 책, 4[117], 193쪽.
12) 니체, 『유고(1885년 가을~1886년 가을)』, 2[93], 133쪽.

위의 글의 마지막 문장, "그것이 있는 한⋯⋯우리는 아무것도 사유할 수 없다."라는 말은 완전한 실체 관념으로부터 인간은 참된 실재 세계로서의 대지를 사유할 수 없다는 사실을 함의하고 있다. 유한한 사고를 하는 나로부터 무한한 사고를 하는 신의 관념을 증명하고 "신의 진실성(die Wahrhaftigkeit Gottes)"을 통해 실재를 인식했던 데카르트와 달리 니체는 이로부터 그 어떤 형이상학적-종교적-도덕적 사유의 원리를 도출하지 않는다. 오히려 니체는 "나는 생각한다(Ich denke)"를 "그 무엇이 생각한다(Es denkt)"로 전환하며 인간 사유의 본질적인 조건을 드러낸다.

니체의 견해는 명확하다. 사유의 조건이 '생각하는 나'가 아니라, '그 무엇'이라는 니체에게 있어 사유는 내 안에서 일어나는 것, 발생하는 것, 생기하는 것일 뿐, 내가 일으키는 것이 아니다. "그렇기 때문에 주어 '나'를 술어 '생각한다'의 조건이라고 말하는 것은 사실을 왜곡한 것이다."13) 이러한 의미에서 쇼펜하우어의 의지의 형이상학은 "나는 의지한다(Ich will)"를 의지의 존재론적인 결여로 이해하고, 이로부터 맹목적 의지의 세계를 도출한 형이상학적 믿음에 불과할 뿐이다. 니체에게 있어 쇼펜하우어의 이러한 인식론적 직관은 생명과 생명성의 오해에 지나지 않는다.14) 결과적으로 이러한 인과론적 문법 속에서 인간은 결코 자기 자신과 세계를 실재로서 사유할 수 없다.

"생각된다 ; 그러므로 생각하는 것(Denkendes)이 있다" : 데카르트의 논변은 이렇게 귀결된다. 하지만 이것은 실체개념에 대한 우리의 믿음을 미리 '선험적 참

---

13) 니체, 『선악의 저편』, 17, 35쪽.

14) 힘에의 의지를 바탕으로 생명의 생명성과 생명력에 대하여 논의한 글로는, 이상범, 「니체의 위생학(Hygiene)에 대한 연구」, 『니체연구』 제30집(한국니체학회, 2016년 가을호), 175-222쪽 참조.

wahr a priori'이라고 설정하는 것이다 : ― 그렇지만 생각된다면 '생각하는' 무엇인가가 있어야만 한다는 것은, 어떤 행위에 행위자를 덧붙이는 우리의 문법적 습관을 공식화한 것에 불과하다. 요약하면 여기서는 이미 논리적-형이상학적 요청이 행해지고 있다 ― 그리고 이런 요청은 확인되고 있을 뿐만이 아니라 …… 데카르트가 취한 방식으로는 절대적으로 확실한 어떤 것에 이르지 않고, 아주 강한 어떤 믿음의 사실에만 이를 뿐이다. 저 문장을 "생각된다. 그러므로 생각된 것(Gedanken)이 있다"는 명제로 환원시켜보면, 단순한 동어 반복만을 우리는 얻을 뿐이다 : 그리고 문제가 되었던 바로 그것, '생각된 것의 실재성'은 건드려지지도 않는다 ― 말하자면 이런 형식으로는 생각된 것의 '가상성'을 물리칠 수 없는 것이다. 그렇지만 데카르트가 원했던 것은 생각된 것이 단지 가상적인 실재성뿐 아니라, 실재성 그 자체를 갖는다는 점이었다.[15]

니체에 의하면 "생각된다. 그러므로 생각하는 것이 있다."라는 데카르트의 명제는 '생각된 것'으로부터 인과론적으로 도출된 '생각하는 주체'에 대한 강한 수동적 믿음일 뿐이다. 데카르트의 시도가 사실상 "생각된 것의 실재성(Realität des Gedankens)"을 해명하지 못했다는 니체의 견해는 생각하는 주체의 사유가 스스로 생각한 것, 다시 말해 '생각된 것'과 유기적으로 관계하지 못하고 있다는 사실에 대한 비판이다. 삶의 모든 변화가 허용되는 생성의 대지와 관계하지 못하는 형이상학적-종교적 사유, 니체의 표현에 의하면 "대지의 잔여물(Erdenrest)"[16]을 전제로 하지 않는 사유는 삶의 변화를 도출할 수 없는 헛된 상상일 뿐이다. 니체에 의하면 '생각하는 주체'에 대한 데카르트의 믿음은 단지 '완전한 실체'에 대한 생각, 즉 신의 완전성과 실재성에 대한 인과론적 오

---

15) 니체, 『유고(1887년 가을~1888년 3월)』, 10[158], 255-256쪽.

16) "문법적인 습관에 따라 "사고라는 것은 하나의 활동이며, 모든 활동에는 활동하는 하나의 주체가 있다. 그러므로―'라고 추론한다. 대략 이와 같은 방식에 따라 옛 원자론은 작용하는 힘에 대해, 그 안에 힘이 존재하고 그로부터 힘이 작용해 나온다는 저 물질 덩어리, 즉 원자를 찾았다. 엄격한 두뇌의 소유자는 결국 이러한 '대지의 잔여물(Erdenrest)' 없이도 꾸려나가는 법을 배웠다. 그리고 아마 어느 날 사람들은 또한 논리학자의 입장에서 저 작은 '그 무엇'(존경할 만한 오래된 나(자아)는 그 무엇으로 도피했던 것이다)없이 꾸려나가는 데 익숙해질 것이다"(니체, 『선악의 저편』, 17, 36쪽).

해로부터 발생한 것일 뿐이다.17)

> 참된 세계가 더 가치 있다고 치자. 어째서 참된 세계가 이 세상보다 더 실재적
> 이어야 한단 말인가? ……실재성이란 완전성의 특질 중 하나인가? — 하지만
> 이것은 정말이지 신에 대한 존재론적 증명이 아닌가……18)

　니체에게 있어 '생각하는 나'는 단순히 '생각하는 실체'일 수 없고
또한 인간의 존재를 증명해주는 유일한 조건일 수도 없다. 인간의 생
명성은 오히려 생각하는 활동 없이도 근원적 생명의 원리에 의해, 즉
생기하는 본능과 충동에 의해 결코 멈추지 않는다. '생각된 것'은 생각
하는 주체의 상태에 의해서 매 순간 달라질 수밖에 없다. 만약 생각된
것의 실재성을 해명해야 한다면, 그것은 오직 생각하는 주체가 매 순
간 스스로를 고유한 자기 자신으로서 느끼는 정동, 즉 자기감정으로부
터 비로소 보증될 수 있다.19) 고통스러운 병조차도 자기인식의 조건으
로 삼았던 니체에게 있어 생각하는 주체와 생각되는 것은 결코 이원화
될 수 없다. 사유는 필연적으로 정동의 상태를 반영할 수밖에 없다. 이
렇듯 인간과 삶은 문법적 습관이 적용되는 인과론적 영역이 아니라 해
석(Auslegung)이 작용해야 하는 관계와 참여의 세계이다.
　니체는 더 이상 사유(생각)라는 활동의 이면에 존재하는 문법적 활
동의 주체를 설정하지 않는다. 행위와 행위자에 대한 사유의 이분화는

---

17) "주의하라! "생각된다 : 따라서 생각하는 자가 있다" — 데카르트의 논의는 이러한 점에 이르
　게 된다 — 그러나 어떤 사상의 실재는 데카르트가 원했던 것이 아니다. 그는 "상상"을 넘어서
　사고하고 믿어버리는 어떤 실체에 이르기를 원했다"(니체, 『유고(1884년 가을~1885년 가을)』,
　40[22], 474쪽).

18) 니체, 『유고(1888년 초~1889년 1월 초)』, 14[169], 186쪽.

19) 전통 이성중심주의의 합리주의적 사유 방식 속에서 실재는 구체적인 삶의 현재와 관계될 수 없
　는 것으로서 왜곡될 수밖에 없다. 이에 관해서는 Wolfgang Müller-Lauter, *Nietzsche : Seine
　Philosophie der Gegensätze und die Gegensätze seiner Philosophie*, Berlin 1971, 100쪽 참조..

허구이며, 이로부터 삶은 실재로서 사유될 수 없다. 사유는 행위와 행위자의 인과로부터가 아니라, 오히려 이러한 작은 이성을 포괄하는 "커다란 이성(die grosse Vernunft)"[20]으로 명명되는 자기와 자아의 유기적 활동, 즉 "몸(Leib)"의 관계론적 활동에 의해 보증될 수 있을 뿐이다. 인간 사유의 합목적적인 조건은 스스로를 실재로서 느끼는 감정이다. 그리고 이 감정으로부터 세계와 삶은 비로소 실재가 된다.

> 인식론자들이 설정하는 '생각함(Denken)'은 전혀 나타나지 않는다 : 그러한 생각함이란 완전히 자의적인 허구이며, 과정 중에서 한 가지 요소만을 두드러지게 하고 그 나머지 요소들을 제거함으로써 달성한 것으로, 이해를 목적으로 하는 하나의 인위적인 고안이다…… 생각하는 어떤 것이 '정신' : 가능하다면 심지어는 '절대적이고 순수하며 순전한 정신' ─ 이런 구상은 '생각함'을 믿는 잘못된 자기관찰에서 파생된 두 번째 결과이다 : 이런 관찰에서는 전혀 나타나지 않는 어떤 작용, 즉 '생각함'이 먼저 공상되고, 생각하는 모든 행위 안에 있는 주체라는 기체Subjekt-Substrat가 두 번째로 공상된다. 이 주체-기체는 생각함 외의 다른 어떤 곳에서도 자신의 근원지를 찾는다 : 즉 행위뿐 아니라 행위자도 날조되었다.[21]

사유 역시 삶의 상승과 성장에 기여해야만 하는 인간 실존의 도구이다. 그럼에도 형이상학과 종교가 범한 오류는 사유(정신, 의식, 이성)가 욕구, 욕망, 본능, 충동, 정동 등의 정념, 다시 말해 육체적 자연성으로부터 완벽하게 분리되어 기능할 수 있다는 것이었다. 육체적 자연성은 오히려 이성에 직접적인 영향을 미친다. 소크라테스 이전의 자연철학자들과 이후 플라톤으로부터 데카르트에 이르기까지 사유는 단 하나의 원리에 의해 인간과 삶 그리고 세계를 해석하고 그 질서에 따르는 절대적 관계를 유지해왔다. 하지만 니체는 이러한 세계 해석 및 질서를

---

20) 니체, 『차라투스트라는 이렇게 말했다』, 「몸을 경멸하는 자들에 대하여」, 52쪽.
21) 니체, 『유고(1887년 가을~1888년 3월)』, 11[113], 351쪽.

극복하기 위해 신의 죽음을 선언하고 자신의 삶에 직접 관계하고 참여하는 신으로서 디오니소스를 제시한다.

3. 생명의 실재와 정동

인간의 심리-생리적 현상에 대한 니체의 탐구는 현실적 실재 세계로서의 대지를 가감 없이 사유하기 위한 그의 철학의 본질적인 시도이다. 니체의 이러한 시도는 생명의 생명성과 생명력의 본질, 그의 표현에 의하면 "생명의 초기 형태(eine Vorform des Lebens)"에 대한 해명으로부터 시작된다. 니체에 의하면 모든 생명체는 자기 내면의 힘을 인식하고 그 힘의 증대를 추구하는 "충동적 삶(Triebleben)"을 살아간다.

니체가 생명체의 이러한 본질을 설명하는 데 있어 "원형질(das Protoplasma)"[22]을 예로 제시하는 이유는 첫째, 원형질의 활동이 단순해 보일지 모르나 이 생명체가 무엇보다 자신의 생명성에 충실하기 때문이다. 다시 말해 원형질은 매 순간 통일된 힘을 사용하며 동화, 영양 섭취, 배설, 신진대사 이외의 가치를 추구하기 위해 힘을 분산하지 않는다. 둘째 원형질의 이러한 단순한 활동이 생명체의 고유한 삶의 의미를 대변해주기 때문이다. 원형질의 활동은 생명체를 생명체답게, 다시 말해 인간을 인간답게 만드는 활동에 대한 명칭이다. 니체가 데카르트의 생각하는 나를 부정할 수밖에 없는 이유는 이 때문이다.

> 내가 생각하는 것은 착각, '가상', (버클리와 쇼펜하우적인 의미에서의) '표상'
> 이 아니다. 오히려 나는 우리의 정동 자체가 가지고 있는 것과 똑같은 실재성의

---

22) 니체, 『유고(1888년 초~1889년 1월 초)』, 14[174], 192쪽.

단계를, ― 그 안에서 모든 것이 여전히 강력한 통일체로 결정되어 있고, 그 다음에 유기적 과정을 거치면서 나누어지고 형성되는 정동의 세계의 좀 더 원초적인 형태를 (또한 당연하게도, 허약해지고 쇠약해지기도 한다―), 아직 모든 유기적인 기능이 자기 조절, 동화, 영양 섭취, 배설, 신진대사 등과 종합적으로 상호 결합되어 있는 일종의 충동적 삶을 생각하고 있다. ― 이것이 생명의 초기 형태가 아닌가?[23]

    니체의 인식론적 관점에서 원형질의 예는 생명체의 고유한 인식이 내적 충동에 근거하고 있음을 드러내 준다. 원형질은 힘에의 의지로 대변되는 생명체의 생명성과 생명력이 그 어떤 형이상학적 조건에 의해서가 아니라 그 자체로 가장 근본적인 생명 활동의 실재임을 보증해주는 개념이다. "우리는 생의 어떤 단계에서 이러한 힘을 가지지 않은 유기체나 세포를 알지 못한다. 그것 없이는 생이 확대될 수 없을 것이다."[24] 여기서 충동은 생명체의 원시적인 활동 자체를 의미한다. 하지만 충동은 정동, 즉 감정의 문제로서 쾌감과 불쾌감이라는 동기에 의해 활동하는 욕구이다. "정동의 세계의 좀 더 원초적인 형태(eine primrtivere Form der Welt der Affekte)"를 "충동적 삶"이라고 표현하는 니체의 말처럼, 쾌와 불쾌의 감정(정동)이 곧 충동을 자극하는 역할을 한다. 즉 원형질의 동화를 향한 충동은 배고픔, 즉 불쾌에 의해서가 아니라, 오히려 보다 많은 힘을 축적하고자 하는 쾌를 향한 의지로부터 발현될 뿐이다. 심지어 동화(同化/assimilation) 역시 영양을 위해서가 아니라, 힘을 증대하고자 하는 의지의 결과일 뿐이다.[25]

---

23) 니체, 『선악의 저편』, 36, 66쪽.

24) 니체, 『유고(1882년 7월~1883/84년 겨울)』, 7[95], 357쪽.

25) "원시적인 영양 작용이라는 가장 단순한 경우를 들어보자 : 원형질은 자기에게 저항하는 것을 찾기 위해 자신의 위족을 뻗는다 ― 배가 고파서가 아니라 힘에의 의지에 의해서. 거기에 이어서, 저항하는 것을 극복하고, 동화시키고, 합체하려는 시도를 한다 : ― '영양 작용'이라고 불리는 것은 좀 더 강해지려는 저 근원적 의지의 후속-현상Folge-Erscheinung에 불과할 뿐이고, 이 의지의 활용에 불과할 뿐이다"(니체, 『유고(1888년 초~1889년 1월 초)』, 14[174], 192쪽).

니체가 형이상학과 종교 그리고 도덕을 강하게 비판하는 이유는, 그 절대적-보편적 원리들이 인간의 고유한 정동의 문제를 선에 반한 악, 쾌에 반한 불쾌, 건강에 반한 병 등과 같이 이원론적으로 해석함으로써 그 가치를 폄하하고 억압해왔기 때문이다. 이를 극복하기 위한 니체의 시도는 위의 글에 잘 표현되어 있듯이, "정동 자체(Affekt selbst)가 가지고 있는 것과 똑같은 실재성의 단계(als vom gleichen Realitäts-Range)"를 복원하는 것이다. 정동은 인간이 매 순간 자기 자신과 자신의 삶을 실재로서 인식하게 해주는 근본 조건이다. 정동이 억압되면 인간의 실재성은 은폐된다. 이러한 의미에서 니체는 1888년의 한 유고에서 「형이상학의 심리학」이라는 제목 아래 형이상학과 인간의 관계를 정동과 실재성의 관점에서 바라보며 다음과 같이 말한다.

> 형이상학의 심리학.
> 공포의 영향. 가장 큰 공포의 대상이었던 것, 가장 강력한 고통의 원인(지배욕, 욕정 등등)은 인간에 의해 가장 적대적인 것으로 취급되어왔으며, '참된' 세계로부터 제거되었다. 그렇게 인간은 아펙트들(die Affekte)을 단계적으로 없애버렸다 — 악의 대립자로서의 신, 즉 실재성(die Realität)이 욕구와 아펙트들의 부정 속에 설정되었다(즉, 다름 아닌 무Nichts가 되어버렸다).[26]

이렇듯 니체는 생명체의 생명성이 형이상학적-논리적-기계적 인과론에 의존하지 않는다는 사실을 원형질로 대변되는 생명체의 가장 근본적인 활동을 통해 정당화한다. 형이상학적 존재 세계와 종교적 신의 세계가 삶의 구체적 현실을 실재로서 사유할 수 없는 나약한 정신으로부터 창조되었다는 그의 주장처럼, 니체는 실재를 실재로서 사유할 수

---

26) 같은 책, 18[16], 414쪽. 니체는 "공포스러움(Furchtsamkeit)"을 실마리로 형이상학에 대한 심리학적 해명을 시도한다. 그리고 이를 통해 그는 공포, 불안, 모순, 부조리와 같은 삶의 고통을 긍정할 수 있는 디오니소스적 인식과 정동의 결여 증상을 드러낸다.

있는 인식론적 전환의 근거를 인간의 내적 활동으로부터 찾아낸다. 1885년 한 유고의 한 단편에서 니체는 「심리학적 출발점」이라는 제목 아래 인간의 사유가 기계적 인과가 아니라, 그 이면에서 활동하는 자연스러운 욕망과 충동을 온전히 반영하고 드러내는 표현일 뿐이라는 사실을 해명한다.

A. 심리학적 출발점 :
— 우리의 사유(unser Denken)와 가치 평가는 그 뒤에서 움직이는 욕망의 표현
 일 뿐이다.
— 욕망은 점점 더 세분된다. 그 통일성은 힘에의 의지이다(모든 유기체적 발달
 을 이제까지 지배한 모든 충동들 중에서 가장 강한 충동에 관한 표현을 끌
 어들이자면 그렇다)
— 모든 유기체적 기본 기능들을 힘에의 의지로 환원 […]
— 기계적 운동은 단지 내면적 사건의 표현 수단에 불과하다.
— "원인과 효과"27)

니체의 견해는 명확하다. 인간의 사유 이면에는 그 사유를 유발하는 욕망(Begehrungen)과 충동(Triebe)의 활동만이 존재할 뿐이다. 니체는 내면의 다양한 생명 활동을 가장 강한 충동으로 규정하고 이 활동을 힘에의 의지로 구체화한다. 힘에의 의지는 단순히 어떤 결여의 충족을 위한 욕망이나 내면의 강한 자극으로서의 충동이 아니라, 실재로 힘이 증대하는 감정(정동)을 느끼고 그로부터 실재적인 변화(쾌와 불쾌)를 실현할 수 있는 생명체의 생명력을 대변하는 개념이다.28) "쾌와 불쾌는 나중에 파생된 지성의 현상이다 ……"29)라는 니체의 말처럼, 쾌와

---

27) 니체, 『유고(1885년 가을~1887년 가을)』, 1[30], 19쪽.

28) "자신을 극복하는 것으로서의 생성 : 주체가 아니라 행위이며, 설정하는 것, 창조적인 것이지
만 "원인과 결과"는 아니다. […] 삶이 보여주는 모든 것, 전체 경향의 축약 공식으로 간주한
다 : 그러므로 "삶" 개념의 새로운 고착, 힘에의 의지로."(같은 책, 7[54], 380쪽).

29) 니체, 『유고(1887년 가을~1888년 3월)』, 11[113], 350쪽.

불쾌의 이분화는 힘의 증대 및 감소와 같은 인간의 내적 생기활동의 관계론적 연속성이 아니라, 형이상학과 종교의 이원론적 불연속성에 의한 사유의 빈약함으로부터 해석된 결과이다.

이렇듯 자기 실존의 쾌감을 자신의 힘이 증대되는 감정으로 사유할 수 없었던 근본적인 이유는 형이상학과 종교에 의한 정동의 억압 때문이다. 또한 불쾌 역시 삶에서 제거해야만 하는 가치로 규정되었기 때문에 인간은 자신의 삶에서 불쾌의 가치를 그 어떤 생산적인 의미로 이해할 수 없었다. 이는 생명체의 생명력에 대한 왜곡으로부터 발생한 증상이다. 이러한 의미에서 니체는 1887년의 한 유고에서 기존의 모든 심리학이 생명체의 생명력을 왜곡했다고 비판한다. 그리고 인간의 행복을 힘에의 의지의 관점에서 고찰함으로써 쾌감과 불쾌감의 의미 역시 재규정한다.

> 심리학의 모든 근본 신조가 가장 지독한 왜곡이며 위조인 것은 어째서일까? 예를 들어 '인간은 행복을 추구한다'는 것 — 여기서 무엇이 참일 것인가! 산다는 것이 무엇이고, 그것이 어떤 종류의 추구이며 긴장인지를 이해하기 위해서는 저 공식은 동물에게도 그리고 나무나 풀에도 마찬가지로 타당하지 않으면 안 된다. '식물이 무엇을 추구하는가?' — 그러나 여기서 우리는 있지도 않은 하나의 거짓 통일성을 이미 고안해내고 있다 : '식물'이라는 졸렬한 통일성을. 이것이 앞세워지면 완전히 고유하거나 반쯤 고유한 자발성을 갖는 생장이 백만 배 정도나 다층적이라는 사실이 은폐되고 부정된다. […] 하지만 자기를 확장하고, 동화하고, 성장하는 이 모든 일은 저항하는 것에 맞서는 노력이다. 움<직임>은 본질적으로 어떤 불쾌한 상태와 결합되어 있는 법이다 : 여기서 움직이고 있는 것이 이런 식으로 불쾌를 원하며 지속적으로 찾는 한, 어쨌든 행복과는 다른 어떤 것을 원하고 있음에 틀림없다. — 원시림의 나무들은 무엇을 위해 서로 싸우는가? '행복'을 위해서인가? — 힘을 위해서이다……30)

힘에의 의지와 정동의 관계를 다루는 글은 많지 않다. 하지만 진정

---

30) 같은 책, 11[111], 348-349쪽.

한 쾌감으로 대변되는 힘의 증대를 추구하도록 의지를 자극하는 요소로서 정동을 규정할 때, 힘에의 의지의 개념 안에는 이미 정동이 작용하고 있다. 힘에의 의지가 쾌감과 불쾌감의 의미를 형이상학적으로, 종교적으로 해석하지 않는 이유는 이 때문이다. 삶의 실재는 힘의 증대를 향한 자극이 매 순간 자신 안에서 자유롭게 발생하고 이를 쾌로 인식하는 감정, 즉 정동을 통해 비로소 사유될 수 있다. 그렇다면 정동(감정)이 힘에의 의지의 심리학적 해명을 가능하게 하는 개념인 이상, 정동의 마비는 인간의 존재성, 다시 말해 힘에의 의지로 대변되는 생명체의 생명성과 생명력의 마비일 수밖에 없다.

4. 디오니소스와 실재의 인식

니체의 철학에서 디오니소스는 자기 존재에 대한 긍정을 넘어 끊임없이 생성, 소멸하는 대지에 대한 긍정까지 포함하는 근원적인 생명의 개념이다. 니체의 디오니소스는 더 이상 인간이 이성이라는 존재의 일부를 통해서가 아니라, 자신의 존재 전체를 삶을 통해 표출하고 또한 그 삶에 참여하는 생명의 생명성 — 니체에 표현에 의하면 힘에의 의지 — 그 자체이다. 힘에의 의지가 활동하는 장으로서의 "몸"은 인간의 생명성과 실재성을 보증해주는 개념이다. 스스로를 몸의 존재, 즉 힘에의 의지의 존재로서 인식할 때 인간은 매 순간 자기 자신을 실재로 인식하며 구체적 삶의 세계로서의 대지 역시 실재로서 긍정하게 된다. 생명은 언제나 사유에 앞서는 활동하는 실재이며, 자기 자신을 실재로서 느끼도록 해주는 생명성과 생명력은 자기 존재와 삶에 대한 디오니소스적 긍정의 근본 조건이다.

삶의 실재를 디오니소스적으로 해석하는 이러한 관점은 매 순간 생기하는 정동의 변화를 전제로 한다.31) 자기 자신으로부터 고유한 삶의 쾌를 창조하고 또한 이 세계가 그 쾌를 허용하는 실재라고 인식할 때, 비로소 인간은 자신의 삶에 디오니소스적으로 참여할 수 있게 된다. 디오니소스적 긍정은 삶에 대한 자신만의 고유한 정동의 부정으로부터 결코 발현될 수 없다. 디오니소스적 긍정은 디오니소스적 정동에 대한 구체적인 표현이다. 자기 자신에 대한 이러한 디오니소스적 감정 속에서 인간은 더 이상 자신과 온전히 관계하지 않는 그 어떤 형이상학적-종교적 존재에 의존하지 않는다. 이 감정은 더 이상 삶의 실재를 의심하지 않는다. 오히려 실재를 부정하는 모든 것을 의심한다.

> 파괴, 변화, 생성을 향한 열망은 충만하고 미래를 잉태하는 힘의 표현일 수 있다 (이것을 표현하는 나의 용어가 사람들이 알고 있다시피 디오니소스적인 것이다 […] 나는 이 미래의 염세주의를 디오니소스적 염세주의라고 부르고자 한다 ― 이것은 도래하고 있다! 나는 이것이 도래하는 것을 보고 있다.32)

초기 『비극의 탄생』에서 인간의 새로운 존재 형식을 예술적 활동으로 규정하고 이를 "디오니소스적 지혜"33)로 명명한 이래, 니체는 후기에 이르러서도 디오니소스를 철학적 개념으로서 포기하지 않는다. 디오니소스는 자신의 삶과 세계를 인식하고 직접 참여하는 관계의 개념으로 유지된다. 1888년 후기 유고에서 니체는 인식을 자신의 내적 힘을 실마리로 그 자신과 관계하는 것으로, 그리고 이 관계를 경험될 수 있는 것으로 규정한다. 이러한 의미에서 실재에 대한 긍정으로 대변되

---

31) 니체, 『도덕의 계보 Ⅲ』, 12, 482-483쪽 참조.

32) 니체, 『즐거운 학문』, 370, 375-376쪽.

33) 니체, 『비극의 탄생』, 19, 148쪽.

는 디오니소스는 자기 내면의 충만한 힘을 통해 있는 그대로의 실재와 관계하고 또한 그 실재를 경험하는 인간의 인식에 대한 개념으로 이해될 수 있다. 힘에의 의지의 존재는 필연적으로 '디오니소스적인 인식'을 할 수밖에 없다.

> 인식이론 : 오로지 경험적으로만 […] 인식은 힘의 도구로 일한다. 그래서 인식이 힘의 증대와 더불어 성장한다는 것은 자명하다 […] 인식 의지의 정도는 그 종의 힘에의 의지의 성장 정도에 달려 있다 : 한 종은 실재성을 지배하기 위한 만큼만, 실재성을 자신에게 봉사시키기 위한 만큼만 실재성을 포착한다.[34]

디오니소스적 인식은 니체의 실험철학에서 보다 더 구체적으로 드러난다. "삶에 디오니소스적으로 마주 선다는 것"[35]이라는 문장으로 대변되는 그의 실험철학의 명제는 더 이상 세계와 삶을 형이상학적-종교적-도덕적으로 인식하지도 사유하지도 않는다는 것을, 즉 삶을 디오니소스적으로 인식하고 사유한다는 것을 함의하고 있다. 그리고 실재를 사유하고 인식한다는 것은 더 이상 합리적 이성을 통해 세계와 삶을 인식하지 않는다는 것, 즉 불변하는 존재의 세계로서가 아니라 끊임없이 변화하는 생성의 세계로서 인식한다는 것을 의미한다. 이러한 의미에서 허무주의의 원인을 "이성 범주들에 대한 믿음"으로 규정하는 니체에게 있어 이성이 제거된 세계는 필연적으로 오류의 세계일 수밖에 없다.

하지만 이 오류는 생성하는 대지의 실재를 보증해주는 중요한 역할을 한다. 이 오류에 대한 긍정이 중요한 이유는 1) 오류는 생성하는 대지의 필연적인 현상이며, 2) 생성의 필연적인 오류에는 형이상학적 참

---

34) 니체, 『유고(1888년 초~1889년 1월 초)』, 14[122], 121쪽 ; 같은 책, 14[93], 82-83쪽도 함께 참조.
35) 같은 책, 16[32], 355쪽.

과 거짓, 종교적 선과 악과 같은 이원론적 가치의 위계가 존재하지 않기 때문이다. "생기의 다양성을 지배하는 통일성이 없다 : 삶의 성격은 '참'이 아니라 거짓이며……, 하나의 참된 세계를 자신에게 설득할 근거를 인간은 전혀 갖지 못한다……"

니체의 이 말은 생성하는 대지의 삶을 살아가며 자신의 정동을 바탕으로 행해지는 인간의 모든 생기활동은 그 자체로 '참'이지만 지금까지 형이상학과 종교에 의해 '거짓'으로 평가되었으며, 혹여 참된 세계가 존재한다고 하더라도 인간이 감정의 존재인 이상 이를 증명할 수 없다는 사실을 공고히 해준다. 여기서 디오니소스는 생성과 생기의 오류를 단 하나의 실재로 인식하도록 해주는 인간의 심리-생리를 대변하는 역할을 한다. 그리고 디오니소스적 인간, 다시 말해 위버멘쉬는 참과 거짓, 선과 악의 경계에서 더 이상 자신의 삶을 거짓으로 그리고 자신의 행위를 악으로 규정하지 않고 오히려 자신의 고유한 힘의 느낌을 통해 주권적으로 선택하고 행위하는 인간을 대변하는 개념이다.

소크라테스의 이성과 디오니소스의 비극을 대립적으로 논의했던 초기 『비극의 탄생』에서의 문제의식처럼, 신과 그의 세계를 실재로서 인식할 수 있다는 믿음 속에서 허무주의는 극복될 수 없다. 오히려 허무주의 속에서 삶의 고통과 모순은 온전히 인간의 실존 안에 놓이게 된다. 허무주의는 실재로서 인식될 수 있을 때라야 비로소 극복될 수 있는 실존적 사건이다. 디오니소스적 자기인식이 중요한 이유는 이 때문이다. 그래서 니체는 삶 자체가 문제시되어버린 허무주의의 위기 속에서 "생성의 실재성(die Realität des Werdens)"36)에 대한 인식을 인간 실존의 근본적인 변화의 가능성으로 제시하는 것이다. "생성의 목적에

---

36) 니체, 『유고(1887년 가을~1888년 3월)』, 11[99], 344쪽.

대한 실망이 허무주의의 원인이다."37) 실재의 오류를 인식하고 그 오류를 실재로서 긍정하는 힘은 디오니소스적이다. 그리고 니체의 개념 "디오니소스"는 실재의 오류로 간주되어 왔던 생성을 생명의 생명력, 즉 생기(힘에의 의지)의 놀이로 전환하는 위대한 인식의 전제이다.

5. 디오니소스적 인식과 정동

니체철학의 후기에 이르러 디오니소스는 삶의 모순과 부조리, 고통과 불안에도 불구하고 자신의 삶과 관계하는 인간의 최고 긍정의 상태로, 즉 더 이상 진리에 반한 비진리의 생성 세계를 오류로 폄하하지 않고 오히려 긍정하는 "비극적-디오니소스적 상태"38)라는 보다 능동적인 의미로 개념화된다. 초기 『비극의 탄생』에서 니체가 "예술가-형이상학(Aristen-Metaphysik)"39)의 개념 아래 디오니소스를 아폴론과의 합일로부터 삶의 비극성을 완성하는 조건으로 이해했다면, 후기에 이르러 그는 디오니소스를 미와 추가 끊임없이 교차하는 생성의 오류 자체를 조건 없이 긍정하는 심리-생리적 힘을 대변하는 개념으로 제시한다.

"예술생리학(Physiologie der Kunst)"40)으로 명명되는 니체의 후기 예술철학은 삶의 추한 면을 극복하기 위해 미적 가상을 창조했던 초기 예술론에 반해 인간 자신이 예술가이자 예술작품이 되어 매 순간 스스

---

37) 같은 책, 11[99], 343쪽.

38) 니체, 『유고(1888년 초~1889년 1월 초)』, 14[24], 30쪽.

39) 니체, 『비극의 탄생』, 「자기비판의 시도」, 2, 12쪽/5, 17쪽.

40) 니체, 『유고(1888년 초~1889년 1월 초)』, 17[9], 403쪽. 예술생리학은 『도덕의 계보』에 등장하는 "미학의 생리학(Physiologie der Ästhetik)"이 보다 구체화된 개념이다(니체, 『도덕의 계보』, 「제3논문」, 8, 472쪽).

로 자신의 삶을 예술적으로 창조할 수 있다는 힘이 충만한 감정, 즉 "도취감(Rauschgefühl)"41)을 통해 진행된다. 이 감정은 오직 자신의 내적 힘의 느낌을 통한 존재의 예술화를 추구하기 때문에 "종교적 도취감(das religiöse Rauschgefühl)"42)과는 본질적으로 다르다. 그래서 니체는 디오니소스로 명명되는 이러한 감정 상태를 "위험한 정동(ein gefährlicher Affekt)"43)이라고 표현하는 것이다. 디오니소스적 도취의 상태는 상승하는 자신의 힘으로 자신만의 고유한 삶과 그 변화를 쾌로 인식하고 실재로서 경험하는 예술적 정동의 상태를 의미한다. "도취라고 명명되는 쾌의 상태는 정확히 고도의 힘 느낌인 것이다……"44)

인식은 쾌와 불쾌를 실마리로 삶의 관점을 변화시키는 정동, 즉 감정을 전제로 한다. 즉 자기 존재에 대한 긍정을 바탕으로 삶을 실재로서 경험하고자 하는 '디오니소스적 인식'은 자기 삶의 실재를 쾌를 주는 곳으로 느끼는 감정으로서의 '디오니소스적 정동'을 전제로 한다. 이렇듯 정동은 인식의 전제로서 언제나 그에 앞서 작용한다. 니체는 자신의 철학에서 비극적-디오니소스적 인식과 정동을 예술가의 특권으로 규정한다. 예술가의 비극적-디오니소스적-예술적 정동은 1) 고통과 모순을 삶의 실재로서 긍정하고 이를 새로운 가상의 창조적 조건으로 승화시키지만, 2) 이들의 가상은 언제나 실재를 바탕으로 하기 때문에 결코 저편의 또 다른 세계를 창조하지 않는다. 니체의 말처럼 "예술가들에게 가상은 재차 실재를 의미하며, 그것도 선택되고 강화되고 교정된 실재를 의미45)한다. 예술가는 디오니소스적이다.

---

41) 니체, 『유고(1888년 초~1889년 1월 초)』, 14[117], 111쪽.
42) 같은 책, 14[117], 112쪽.
43) 같은 책, 24[1], 9, 541쪽.
44) 같은 책, 14[117], 111쪽.

세계가 '참된' 세계와 '가상' 세계로 나뉜다. 그 방식이 그리스도교식이든, (결
국은 교활한 그리스도교인인) 칸트식이든 단지 데카당스를 암시하는 것에 불과
하다 ― 하강하는 삶의 징후라는 말이다……예술가가 가상을 실재보다 더 높이
평가한다는 사실은 이 명제를 반박하지는 못한다. 왜냐하면 예술가의 '가상'은
다시 실재를 의미하기 때문이다……비극적 예술가는 염세주의자가 아니다―그
는 의심스럽고 끔찍스러운 것은 모두 긍정한다. 그는 디오니소스적이다.46)

이렇듯 디오니소스적 정동은 공포와 고통, 동정과 이웃 사랑이라는
감정 아래 자신의 삶을 포기하지 않는다. 감정의 표출을 통해 일시적
인 정화의 단계에 도달하는 것은 아리스토텔레스적인 비극의 방식일
뿐이다. 하지만 니체의 정동은 공포와 고통, 모순과 부조리와 같은 조
건을 넘어선 삶 그 자체에 대한 커다란 긍정과 기쁨을 지향한다.47) 디
오니소스로 대변되는 삶의 비극적 인식은 이 조건들을 생성의 조건으
로 긍정한다. 비극은 디오니소스적 정동 ― 니체의 표현에 의하면 "디
오니소스적 격정(die dionysische Regung)"48) ― 의 본질과 특성을 드
러내주는 유일한 예술 양식이다. 이러한 의미에서 도취로 대변되는 니
체의 개념 "예술가의 정동(der Affekt des Künstlers)"49)은 삶이 추하
다는 고통스러운 감정 속에서도 이를 형이상학적-종교적으로 도덕화된
목적에 따라 해석하지 않고, 오히려 예술가적 관점에서 변형시킬 수
있는 고유한 자기감정의 소유자를 대변해준다.

도덕을 설교하려는 정동 및 '인간을 개선' 하려는 정동이 예술로부터 배제되어
도, 이것으로부터 예술이 도대체가 '정동' 없이(ohne 'Affekt'), '목적' 없이, 미

45) 같은 책, 14[168], 185쪽.
46) 니체, 『우상의 황혼』, 「철학에서의 '이성'」, 6, 102쪽.
47) 니체, 『유고(1888년 초~1889년 1월 초)』, 24[1], 9, 540-541쪽 참조.
48) 니체, 『비극의 탄생』, 1, 33쪽.
49) 니체, 『유고(1887년 가을~1888년 3월)』, 9[119], 86쪽.

적인 것의 외부에 있는 욕구 없이 가능하다는 결론은 여전히 나오지 않는다.[50]

이렇듯 예술은 정동 없이 발생할 수 없다. "디오니소스적 상태에서는 […] 정동의 체계 전체(das gesammte Affekt-System)가 자극되고 고조된다."[51] 이 정동의 커다란 자극은 인간이 자신 안에 내재된 강인한 예술적-창조적 힘을 실재의 자기감정으로서 인식하게 되었음을 의미한다. 이렇듯 디오니소스적 인식은 생성하는 삶의 실재 세계로서의 대지를 이성이 아니라, 몸(Leib)으로서 인식하고 관계하는 '디오니소스적 정동'을 전제로 한다. 디오니소스가 "커다란 이성", 즉 몸의 이성일 수밖에 없는 이유는 이 때문이다.

> 그(디오니소스)는 정동의 어떤 신호(Zeichen des Affekts)도 간과하지 않으며, 그가 최고 단계의 전달기술을 갖고 있듯이, 이해하고 알아차리는 데서도 최고 단계의 본능을 가지고 있다. 그는 모든 피부와 모든 정동의 내부로 들어간다 : 그는 자신을 계속해서 변모시킨다. ― 오늘날 우리가 이해하는 음악 역시 정동들의 총체적인 흥분이자 총체적인 분출(eine Gesammt-Erregung und -Entladung der Affekte)이다. 하지만 이것은 정동의 훨씬 더 충만한 표현 세계의 나머지에 불과한 것이다. 즉 디오니소스적인 연기의 잔재에 불과하다.[52]

'디오니소스적 정동'은 스스로 자기 자신을 실재하는 몸의 존재로서 인식하는 자기되기의 개념으로서 "디오니소스적 상태(der dionysische Zustand)"를 대변해준다. 그리고 이 상태는 디오니소스적인 삶을 살아가는 인간의 비극적-예술적 상태, 즉 위버멘쉬의 상태를 의미한다. 디오니소스적 인식과 정동은 모두 디오니소스적 상태의 일환임과 동시에 진정한 자기되기의 근본 조건이다. 그 어떤 존재에 대한 의존 없이 스

---

50) 같은 책, 9[119], 86쪽.

51) 니체, 『우상의 황혼』, 「어느 반시대적 인간의 편력」, 10, 149쪽.

52) 같은 책, 「어느 반시대적 인간의 편력」, 10, 140-150쪽.

스로를 실재하는 몸의 존재로서 긍정하는 이러한 인간유형이 형이상학적-종교적 도덕을 통해서 사육될 수 없음은 명백하다. 이에 대하여 니체는 『이 사람을 보라』의 「비극의 탄생」에서 비극, 예술, 디오니소스라는 개념이 사육 및 개선과 다르다는 사실을 분명히 한다.

> [⋯] 나는 음악의 디오니소스적 미래에 대한 희망을 파기할 이유가 없다. 한 세기 앞은 미리 내다보고서, 2천 년간의 반자연과 인간 모독에 대한 내 암살 행위가 성공했다고 하자. 그때에 인류를 더 높이 사육시킨다는 이 위대한 과제 중의 과제를 떠맡아, 퇴화하고 기생충적인 자들을 모두 무참히 파괴해버리는 삶의 새로운 당파가, 디오니소스적 상태를 다시 자라나게 해야만 하는 생의 충일을 지상에서 다시 가능하게 만들 것이다. 나는 어떤 비극적 시대를 약속하는 바이다 : 인류가 가장 가혹하지만 가장 필연적인 투쟁을 벌이면서도, 그 때문에 고통당하지 않은 채로 그 투쟁의식을 뒤로 할 때에, 삶에 대한 긍정에서 최고의 예술인 비극이 부활할 것이다⋯⋯53)

6. 실재와 이상

"실재에 대한 긍정(das Jasagen zur Realität)인 인식은 강자에게는 필연이다. 약함에 의해 고무되어 있는 약자에게 실재에 대한 비겁과 실재로부터의 도망이 ― '이상'이 필연이듯 말이다 [⋯] '디오니소스적'이라는 말을 이해할 뿐만 아니라, 자기 자신도 '디오니소스적'이란 말로 이해하는 자는 플라톤이나 그리스도교 또는 쇼펜하우어에 대한 반박이 필요하지 않다 ― 그는 부패를 감지한다⋯⋯"54) 니체의 이 말은 삶의 실재와 이상의 경계에 놓인 인간이 자기 자신과 자신의 삶을 실재로서 인식하고자 하는 심리적 전제가 디오니소스라는 것을 보여주고

---

53) 니체, 『이 사람을 보라』, 「비극의 탄생」, 4, 394쪽.
54) 같은 책, 「비극의 탄생」, 2, 392쪽.

있다. 디오니소스에 담긴 신화적 의미처럼,55) 실재에 대한 디오니소스적 긍정의 부재는 삶의 고통과 모순을 견딜 수 없어 저편 세계의 새로운 이상을 창조할 수밖에 없는 실존적 나약함의 원인이다. 니체는 자신의 존재 자체를 영원히 긍정하는 디오니소스의 상징에 반해 매 순간 자기 자신으로서 존재하며 실재하는 자신의 삶에 참여할 수 없는 인간의 심리적 증상을 "조울증적 광기"라고 표현한다.

> '신' 개념은 삶의 반대 개념으로서 고안되었다 [⋯] '피안(Jenseits)' 개념이, '참된 세계' 개념이 고안되었다. [⋯] 존재하는 유일무이한 이 세상을 탈가치화하기 위해 — 우리 대지의 실재(Erden-Realität)를 위한 아무런 목표도, 아무런 이성도, 아무런 과제도 남기지 않기 위해! '영혼' 개념, '정신' 개념, 결국에는 '영혼의 불멸' 개념도 고안되었다. 몸을 경멸하고, 몸을 병들게 — '성스럽게' 만들기 위해 [⋯] 건강 대신 '영혼의 구원' — 이것은 참회의 경련과 구원의 히스테리 사이에서 오락가락하는 조울증적 광기이다!56)

플라톤의 이데아도, 그리스도교의 절대적 진리도, 쇼펜하우어의 맹목적 의지의 영원한 좌절도 결국은 대지의 삶을 실재로서 인식하지 못하는 힘과 용기의 부족, 즉 힘의 소진과 비겁함의 결과일 뿐이다.57) "오류(—이상에 대한 믿음—)는 맹목이 아니다. 오류는 비겁이다……"58) 내적 힘의 나약함으로부터 실재는 오류와 거짓 그리고 저주가 될 수밖에 없

---

55) 니체가 자신의 철학에서 차용한 신화는 '디오니소스-자그레우스 신화'이다. 이 신화의 철학적 의미와 특징 그리고 수용사에 대한 연구로는, 정낙림, 「디오니소스 다시 한 번 더'. 니체의 디오니소스-자그레우스 신화의 수용과 철학적 의미」, 『니체연구』 제7집(한국니체학회, 2005년 봄호), 7-40쪽 참조.

56) 니체, 『이 사람을 보라』, 「나는 왜 하나의 운명인지」, 8, 467쪽.

57) "그리스도교인과 다른 허무주의자들에 의해 거절당한 삶의 측면은 그 가치 서열상 데카당스 본능이 승인하고, 승인해도 되었던 것들보다 무한히 높다. 이 점을 파악하려면 용기가 필요하고, 그런 용기를 위해서는 넘쳐나는 힘이 필요하다 : 왜냐하면 용기가 과감히 전진해도 되는 꼭 그만큼, 꼭 힘의 정도만큼, 사람들은 진리에 다가가기 때문이다"(같은 책, 「비극의 탄생」, 2, 392쪽).

58) 같은 책, 「서문」, 3, 325쪽.

다. 이러한 의미에서 니체는 실재에 반한 이상(Ideal)의 전제가 자신의 힘에 대한 인간의 심리-생리적 무지일 수밖에 없음을, 다시 말해 "이상주의" 속에서 인간은 자기 자신에게 주어진 본연의 과제를 상실할 수밖에 없음을 자신의 경험을 예로 들어 지적한다.59) 내면의 힘이 소진된 실존적 피로감으로부터 창조된 이상의 가치만큼 실재의 의미와 가치는 사라진다. 그리고 그러한 이상 속에서 인간은 평준화된다.

> 실재성이 멈추어버리면, 꿈과 피로와 허약함이 나타나게 된다 : '이상'이란 바로 꿈, 피로, 허약함의 한 형식인 것이다……이런 상태가 가장 강력한 본성들과 가장 무기력한 본성의 소유자들에게 엄습하면, 이들은 서로 같아져 버린다.60)

자기 자신을 디오니소스의 제자라고 명명하는 니체의 의도는 디오니소스가 실재로서의 삶 그 자체를 긍정하는 용기와 진실함을 가진 신이라는 사실을 바탕으로 한다.61) 디오니소스에 반하는 소크라테스적 합리성과 그로 인한 비극의 종말은 바로 삶의 실재를 오류로 규정하고 이로부터 벗어나고자 하는 비겁함의 증거일 뿐이다. 디오니소스가 실재를 긍정하는 주체에 대한 명칭이라면, "디오니소스적인 것(dionysisch/das Dionysische)"은 삶의 실재를 긍정하는 인간의 구체적인 행위에 대한 표현이다. 니체에 의하면 실재에 대한 사유 역시도 디오니소스적이어야

---

59) 같은 책, 「나는 왜 이렇게 영리한지」, 2, 355쪽 참조.

60) 니체, 『유고(1887년 가을~1888년 3월)』, 11[278], 415쪽.

61) "나는 철학자 디오니소스의 제자이다. 나는 성인이 되느니 차라리 사티로스이고 싶다. […] 인류를 '개선'한다는 따위는 나는 결코 약속하지 않을 것이다 ; 옛 우상들은 진흙으로 만든 다리가 무엇인지를 알게 될 것이다. 우상('이상'을 표현하는 내 단어)의 파괴 — 이것은 이미 내 작업의 일부이다. 이상적 세계가 날조되었던 바로 그 정도만큼, 실재의 가치와 의미와 진실성은 사라져버렸다…… '참된 세계'와 '가상 세계' — 사실대로 말하자면 : 날조된 세계와 실재……이 상이라는 거짓말은 이제껏 실재에 대한 저주였고, 이 거짓에 의해 인류의 가장 심층적인 본능마저도 부정직해지고 그릇되어 버려 — 인류는 그들의 성장과 미래와 미래에 대한 고도의 권리를 보장해줄 수 있는 가치와는 정반대되는 가치를 숭배하기에 이르렀다"(니체, 『이 사람을 보라』, 「서문」, 2, 324쪽).

만 한다. 그렇다면 생각하는 주체는 언제나 활동하는 주체이며 그의 사유와 활동은 정동을 전제로 할 수밖에 없다는 사실이 명확해진다.

> 삶의 가장 낯설고 가장 가혹한 문제들에 직면해서도 삶 자체를 긍정한다 : 자신의 최상의 모습을 희생시키면서도 제 고유의 무한성에 환희를 느끼는 삶에의 의자—이것을 나는 디오니소스적이라고 불렀다.[62]

위에 인용된 니체의 말처럼, 디오니소스라는 신으로부터 도출된 행위 개념으로서 "디오니소스적(혹은 디오니소스적인 것)"은 삶의 고통과 모순 속에서 오히려 삶의 비극적 진실과 디오니소스적 지혜를 경험하는 비극적-디오니소스적 인간유형과 그의 삶에의 의지를 대변하는 개념이다.[63] 이때 그의 삶에의 의지는 지금 이 순간으로부터 영원히 변화할 수 있는 자기 존재의 가능성에 대한 긍정과 환희를 대변한다. 그리고 삶에의 의지는 삶의 지속적인 변화를 위해 그에 상응하는 힘을 추구하는 근원적 생명에의 의지이기 때문에 그 원리는 힘에의 의지일 수밖에 없다.

힘에의 의지는 끊임없는 힘들과의 투쟁에도 불구하고 보다 많은 힘의 증대를 위해 또 다른 투쟁을, 다시 말해 자기 존재의 쾌를 위해 마땅히 불쾌를 긍정하는 의미에서 디오니소스적이다. 니체는 자기 존재의 긍정으로부터 비로소 발현되는 생명의 원리로서의 힘에의 의지를, 보존을 위한 일정한 힘의 지속이 아니라 힘의 증대를 통해 매 순간 그

---

62) 같은 책, 「비극의 탄생」, 3, 393쪽. 니체에게 있어 "실재(Realität)"란 무신론을 대변하는 것이 아니라, 삶의 "현실성 전체(das Ganze der Wirklichkeit)"에서 발생하는 피할 수 없는 염세주의에 대한 비극적 긍정에 대한 표현이다. Günter Rohrmoser, *Nietzsche als Diagnostiker der Gegenwart*, Olzog, 2000, 207쪽 참조.

63) 디오니소스와 디오니소스적인 것(das Dionysische)의 신화적-철학적 의미와 역할을 해명하는 글로는, 백승영, 「신화적 상징과 철학적 개념-디오니소스와 디오니소스적인 것」, 『니체연구』 제12집(한국니체학회, 2007년 가을호), 69-98쪽 참조.

에 상응하는 변화를 실현하는 "유일한 실재(die einzige Realität)"로 규정한다. 힘에의 의지를 통한 실재에 대한 인식이 디오니소스적일 수밖에 없는 이유는 이 때문이다.

> 힘에의 의지가 존재하지 않는 변화를 우리는 생각할 수 없다. 다른 힘들에 대한 힘의 침해가 발생하지 않는다면 우리는 변화를 도출할 수 없다. […] 한 갓 에너지의 지속이 아니다 : 오히려 힘 소비의 극대-경제Maximal-Ökonomie des Verbrauchs다 : 그래서 모든 힘 중심들로부터 나오는 좀더-강해지려는-의욕이 유일한 실재인 것이다. 자기 보존이 아니다. 동화Aneignung이고, 지배를 원하고, 더 많이 원하며, 더 강해지기를 원하는 의지 작용인 것이다Herr-werden-, Mehr-werden-, Stärker-werden-wollen.[64]

이렇듯 힘에의 의지는 대지와 관계하지 않는 또 다른 이상을 창조할 수 없으며 오히려 매 순간 보다 많은 힘의 증대라는 실재를 향한다. 그리고 이 힘은 인간의 내면에서 영원히 회귀한다. 이 힘과 매 순간 새로운 쾌로서 힘의 증대를 추구하는 의지는 자기 자신을 데카르트적인 사유의 존재가 아니라 심리-생리적 몸의 존재로서 느끼게 하는 자기인식의 전제로 작용한다. 오직 힘에의 의지만이 인간 자신과 자신의 삶을 실재로서 규정하고 이를 변화시키는 원리로 작용한다. 신의 죽음과 허무주의를 통해 삶의 실재를 드러내고, 자유정신과 힘에의 의지를 통해 실재로서의 자기 자신을 인식하며, 위버멘쉬를 통해 실재하는 생성의 대지를 긍정하는 인간이 되라는 니체의 철학적 요청의 이면에는 언제나 디오니소스와 디오니소스적인 것이 내재해 있다.

이러한 의미에서 "'디오니소스적'이라는 내 개념이 이 작품에서 최고의 행위가 되었다."[65]는 니체의 말은 모든 사상적 개념을 등장시킨

---

64) 니체, 『유고(1888년 초~1889년 1월 초)』, 14[81], 70-71쪽.
65) 니체, 『이 사람을 보라』, 「차라투스트라는 이렇게 말했다」, 6, 428쪽.

저서로서 『차라투스트라는 이렇게 말했다』의 사상적 위치를 잘 부각시켜준다. 이렇듯 디오니소스는 니체의 철학에서 형이상학과 종교에 의해 은폐된 실재의 오류와 생명체의 생명성을 드러내 주는 철학적 전제이자 낡은 이상을 대체할 새로운 미래철학의 이상이다.

> 나의 디오니소스적 이상……모든 유기적 기능들과 가장 강력한 삶의 본능 전체의 광학 : 전체 삶 안에 있는 오류를 원하는 힘 ; 사유(Denken)의 전제 그 자체로서의 오류.66)

이에 반해 디오니소스적인 삶을 살지 못하는 사람들은 자기 삶의 실재를 부정하고 저편의 이상 세계를 추구할 수밖에 없는 "마지막 인간" 유형일 뿐이다. 니체는 차라투스트라의 입을 빌려 이러한 인간유형들의 심리적 조건을 "거짓(Lüge)"으로 규정한다.67) 이들은 자신들의 안락한 삶을 보존하기 위해 선과 악의 경계에서 자신들을 선한 자로 그리고 자신들에 반하는 사람들을 악한 자로 규정하고 배제하는 등 자신과 자신의 삶에 거짓을 말한 자들이다. 이들의 삶의 실재는 선과 악에 의해 이원화된 세계일 뿐이다. 그리고 은폐된 대지 위에서 형이상학적 가치를 추구하며 사는 이들에게 위버멘쉬는 악인에 대한 명칭일 뿐이다.

이러한 의미에서 『차라투스트라는 이렇게 말했다』에 등장하는 시장터의 사람들처럼 선 혹은 악이라는 단 하나의 관점에서 행복의 가치를 규정하고 그 외의 가치들을 불행으로 치부하는 것은 결국 삶의 단편만을 중요하게 여기는 일이 될 뿐이다. 삶의 진정한 실재는 자신의 내적 동기로서의 정동과 이를 온전히 표출하는 원리로서의 힘에의 의지를

---

66) 니체, 『유고(1887년 가을~1888년 3월)』, 10[159], 256쪽.
67) 니체, 『이 사람을 보라』, 「왜 나는 하나의 운명인지」, 4, 460쪽.

통해 자신의 전체 실존을 드러낼 때 비로소 드러난다. 니체에 의하면 행복은 ― "커다란 이성"이라는 그의 개념처럼 자기와 자아를 모두 포괄하는 ― 전체 실존 속에서 자기 자신을 저항으로서 긍정하고 극복할 때 비로소 얻을 수 있는 삶의 의미이다.

> 전체를 보는 거시 경제에서는 실재성(정동과 욕구와 힘에의 의지에서)의 무시 무시함은 소위 '선의'라고 말하는 작은 형태의 행복보다 측정할 수 없을 정도로 더 필연적이다.[68]

7. 디오니소스적 긍정과 행복

'인간은 소망하는 자인가? 아니면 창조하는 자인가?' 엄밀한 의미에서 인간은 소망하는 자이자 창조하는 자이다. 그는 항상 무언가를 소망하고 또한 무언가를 창조한다. 그럼에도 불구하고 니체에게 이와 같은 물음이 중요한 이유는 소망하고 창조하는 인간의 삶의 양식이 때로는 병으로 또 때로는 건강으로 드러나기 때문이다. "인간을 소망하는 자로서만 주시하면, 인간은 가장 허무맹랑한 야수이다……"[69]라는 니체의 말을 통해 알 수 있는 것처럼, 인간의 소망은 실재를 전제로 해야만 한다. 『차라투스트라는 이렇게 말했다』의 「서문」에서 제시된 것처럼 실재를 배제한 소망, 즉 마지막 인간들의 자기보존적 소망은 단지 하나의 이상일 뿐이다.

> 실재의 인간은 한갓 소망되고 꿈꾸어지고 새빨간 거짓이자 날조된 인간들과 비

---

68) 같은 책, 「왜 나는 하나의 운명인지」, 4, 460쪽.
69) 니체, 『유고(1887년 가을~1888년 3월)』, 11[278], 414쪽.

교하면 얼마나 더 큰 가치를 지닐까? 여느 이상적인 인간과 비교해보면 얼마나 더 큰 가치를 지닐까? 그리고 철학자에게 거슬리는 인간은 오로지 이상적인 인간이다.[70)]

하지만 자신의 삶을 위해 무언가를 소망한다는 것이 문제가 될 수 있을까? 니체에게 문제가 되는 것은 소망 자체가 아니라 실재하지 않는 것에 대한 소망이다. 이러한 소망은 실재로부터 벗어난 이상을 지향하는 것이기 때문에 인간과 삶의 실재를 변화시킬 수 없다. 니체가 실재하지 않는 이상에 대한 신격화를 "실재성의 종료(Aufhören [⋯] der Realität)"[71)]라고 표현하는 이유는 이 때문이다. 자신 안에 내재한 힘을 감정으로 느낀다는 것은 곧 자신이 실재하며 자신이 사는 세계가 실재한다는 것을 느낀다는 것과 같다.

니체가 디오니소스적 현상을 자신의 내면에서 경험한 최고의 것이라고 말하는 이유는 이 때문이다.[72)] 이에 반해 "힘의 느낌(Machtgefühl)"의 마비는 의지 활동의 정지를 의미하는 것이기 때문에, 니체의 우려처럼 자기 내면의 힘을 실재로서 느낄 수 없는 자기감정의 상실, 즉 동일한 것을 소망하는 보편적 무리의 감정 속에서 모든 인간은 평준화된다. 니체에 의하면 모든 인간이 소망해야만 하는 동일한 것은 오직 내면의 "자기(das Selbst)"[73)]와 자신의 삶뿐이어야만 한다. "동일한 것의 영원

---

70) 니체, 『우상의 황혼』, 「어느 반시대적 인간의 편력」, 32, 167쪽.

71) 니체, 『유고(1887년 가을~1888년 3월)』, 11[278], 414쪽.

72) 니체, 『이 사람을 보라』, 「비극의 탄생」, 2, 391쪽 참조.

73) "형제여, 너의 사상과 생각과 느낌 배후에는 더욱 강력한 명령자, 알려지지 않은 현자가 있다. 이름 하여, 그것이 바로 자기이다. 이 자기는 너의 몸 속에 살고 있다. 너의 몸이 바로 자기이기도 하다"(니체, 『차라투스트라는 이렇게 말했다』, 「몸을 경멸하는 자들에 대하여」, 53쪽). 니체는 "자아(das Ich)"로서의 삶을 살아가는 인간 내면의 자기를 곧 "몸"으로 표현한다. 몸으로서 사는 것은 영혼과 육체, 이성과 비이성의 합일된 존재로 살아간다는 것을 의미한다. 이성(영혼)은 사유함을, 육체(정념)는 욕망함을 느끼게 해주지만 몸은 이 두 영역을 모두 포괄하는 전제로서 생명의 생명성과 생명력을 느끼게 해준다. 오직 몸만이 인간 자신과 삶을 실재로서 느끼고 참여하게 해주는 매개인 것이다.

회귀(die ewige Wiederkunft des Gleichen)"[74]라는 그의 개념은 이를 잘 보증해준다. 또한 영원회귀가 동일한 가치를 추구하던 자들의 상실감으로 대변되는 허무주의를 극복할 기회로 제시되는 것도 이 때문이다.

실재를 벗어난 소망은 오히려 이상(Ideal)의 힘 아래 인간의 감정을 억압하는 수단이 된다. 인간은 근본적으로 자신을 자극하는 어떤 감정을 힘으로 인식한다. 모순, 부조리, 좌절, 불행, 죄와 벌 등은 인간을 고통스러운 감정에 빠지게 하지만, 이때 그는 그 감정 속에서 거대한 힘에 억압당했다고 느낀다. 니체가 형이상학과 종교 그리고 도덕의 기능과 역할을 심리학적으로 비판하는 이유는 이 때문이다.[75] 나아가 삶의 고통으로부터 도피하기 위한 소망에 의해 창조된 세계란 존재할 수 없다.

> 우리의 소망(Wünschen)에 응하는 세계라는 허구. 이것은 우리가 경외하고 편안하게 느끼는 모든 것을 바로 그런 참된 세계와 연결시키기 위한 심리적 책략이며 해석들이다.[76]

이렇듯 "실재적인 것에 대한 형이상학자의 원한"[77]은 종교, 도덕과 같이 고통의 원인을 생기, 생성, 변화, 대지, 실재 등 존재에 반하는 것들로 상정한다. 니체가 『선악의 저편』과 『도덕의 계보』에서 중점적으로 다루고 있는 것처럼, 선과 악, 선인과 악인에 대한 형이상학과 종교

---

74) 니체, 『유고(1881년 봄~1882년 여름)』, 11141], 487쪽.

75) 니체, 『유고(1888년 초~1889년 1월 초)』, 18[16], 414쪽 참조.

76) "형이상학의 심리학에 관해. 이 세계는 겉모습이다 ― 따라서 진정한 세계가 있다. 이 세계는 제한적이다 ― 따라서 무제한적 세계가 있다. 이 세계는 모순적이다 ― 따라서 모순 없는 세계가 있다. 이 세계는 변한다 ― 따라서 존재하는 세계가 있다. 온통 틀린 결론들(이성에 대한 맹목적 신뢰 : A가 있으면 그 반대-개념 B도 있어야 한다). 고통(Leiden)이 이러한 결론들을 내리도록 영감을 준다 : 근본적으로 그것은 그런 세계가 있었으면 하는 소망이다. 마찬가지로 고통을 주는 세상에 대한 증오가 다른 세상, 더 가치 있는 세상을 상상하는 것으로 표현된다 : 실재적인 것에 대한 형이상학자의 원한은 여기서 창조적이다"(니체, 『유고(1885년 가을~1887년 가을)』, 8[2], 399쪽).

77) 같은 책, 8[2], 399쪽.

의 절대적인 존재론적-신학적 해명은 인간의 감정, 즉 매 순간 변화하는 모든 생기현상의 전제로서의 정동을 억압했기 때문에 가능했다.[78] 하지만 만약 인간이 자신의 감정을 자신만의 고유한 힘으로서 인식하게 된다면 선과 악에 대한 절대적 도덕원리는 실재의 삶에 적용될 수 없다.

결과적으로 인간의 행복은 형이상학적-종교적-도덕적 원리와 원칙에 의해 보증될 수 없게 된다. 행복의 실재성은 오직 자기 내면의 정동을 자극하고 그 변화가 자신의 삶을 통해 표출될 때 비로소 정당화될 수 있다. 위버멘쉬가 건강한 인간유형인 이유는 스스로 만든 행복 안에서 자신의 삶을 디오니소스적으로 긍정하기 때문이다. 이러한 의미에서 니체는 아래와 같이 묻는다.

> 왜 인간은 변화와 기만과 모순으로부터 바로 괴로움을 도출시키는 것일까? 이 대신에 자신의 행복을 도출시키면 안 되는 것일까?[79]

힘에의 의지의 개념적 의미를 통해 니체의 의도를 알 수 있는 것처럼, 그가 자신의 철학에서 시도하고자 하는 것은 인간 안에 내재한 힘의 인식이다. 마지막 인간의 자기보존 역시도 힘을 필요로 한다는 사실로부터 인간을 마지막 인간과 위버멘쉬의 경계에 세운 니체의 사고실험 역시도 바로 힘의 인식과 더불어 그 힘의 전환을 위해서였다. 이 경계에서 주어지는 고통스러운 삶의 물음으로서의 신의 죽음, 허무주

---

78) 니체에게 있어 인간의 자유로운 정동으로부터 발생하는 실재에 대한 관점은 그 자체로 인간적인 것이다. 『도덕의 계보』의 「제2논문」에서 논의된 원죄와 양심의 가책 아래 억압된 인간의 내적 자연성의 문제를 실재와 연관하여 다룬 글로는, Richard Schacht, *Moral und Mensch(Ⅱ 16-25)*, in : Friedrich Nietzsche. *Genealogie der Moral*, Otfried, Höffe(Hrsg.), Berlin 2004, 115-132쪽 참조.

79) 니체, 『유고(1887년 가을~1888년 3월)』, 9[60], 39쪽.

의, 영원회귀, 운명애 등은 인간의 실존적 목적과 실험의 의미, 다시 말해 힘의 방향을 설정해줌으로써 힘의 전환을 수행하는 역할을 한다.

이러한 의미에서 비극적-디오니소스적-예술적 인간유형으로서의 위버멘쉬는 자기 자신을 고통스럽게 하는 힘 역시 실재하는 자신 안에 내재한 것임을 감정적으로 느끼는 존재이다. 또한 그는 단지 이상을 소망하는 것에 그치지 않고, 오히려 그것을 실재의 삶을 변화시킬 수 있는 힘으로서 인식하고 새로운 실험을 감행할 수 있는 존재이다. 생성하는 대지에서 느낄 수 있는 최고의 쾌감, 다시 말해 "최고의 행복"은 고통 속에서도 끊임없이 진정한 자기 자신으로서 살고자 하는 자기 되기의 실험에 의해서만 가능하다. 자기 실존의 실험과 변화에 의해 행복은 비로소 실재가 된다. 니체의 행복 개념이 형이상학적 선 혹은 종교적 구원과 다른 근본적인 이유가 바로 여기에 있다.80) 행복은 매 순간 변화를 동반하고 또한 그 변화를 향한 실험의 목적이 되어야만 한다. 이때 위버멘쉬는 실재하는 나의 모습이 된다.

이렇듯 니체에게 있어 중요한 것은 '고통과 그 감정 속에서 인간이 어떻게 행동하는가?'이다. 그리고 이 물음은 다시 다음과 같은 선택으로 주어진다. '고통의 의미를 새롭게 창조하고 보다 건강한 미래를 소망할 것인가?' 아니면 '고통이 없는 삶을 소망하고 그러한 새로운 세계를 창조할 것인가?' 니체에게 있어 행복은 스스로 소망한 것의 창조적 실현을 통해 얻을 수 있는 최고의 가치이다. 예술가의 창조가 언제나 실재를 전제로 한다는 니체의 말처럼, 인간 실존의 진정한 쾌감으로서의 행복은 고통 역시 디오니소스적으로 긍정한다.81)

---

80) "행복은 단지 존재자Das Seiende 안에서만 보증 받을 수 있다 : 변화와 행복은 서로 배타한다. 따라서 가장 최고의 소망(Der höchste Wunsch)은 존재자와 하나 되기를 염두에 둔다. 이것의 최상의 행복(zum höchsten Glück)에 이르게 한다는 그야말로 기묘한 방법인 것이다"(같은 책, 9[60], 39쪽).

니체의 철학에서 지금 이곳의 삶을 유일한 실재로서 여기고 아무 조건 없이 긍정하는 '디오니소스적 정동'은 참된 자기되기의 근본 조건이다. 이러한 의미에서 니체는 행복 자체가 아니라 '인간은 어떻게 행복해질 수 있는가?'에 대한 물음을 탐구한 철학자이다. 그리고 이 물음은 다음의 물음과 동일한 의미를 지닌다. '인간은 어떻게 실재하는 그대로의 자신과 자신의 삶을 긍정할 수 있는가?' 니체에게 있어 디오니소스적 긍정은 행복의 또 다른 명칭이다.

---

81) "'산모의 통증'은 고통 일반을 신성하게 한다 ― 모든 생성과 성장, 미래를 담보하는 것은 전부 고통을 전제한다……창조의 기쁨이 있기 위해서는, 삶에의 의지가 영원히 자신을 긍정하기 위해서는, '산모의 통증'도 영원히 존재해야만 한다……이 모든 것을 디오니소스라는 말이 의미하고 있다"(니체, 『우상의 황혼』, 「내가 옛 사람들의 덕을 보고 있는 것」, 4, 202쪽 참조).

제4부

데카당스에 대한 니체의 심리-생리학적 해명

1. 증상으로서의 데카당스

니체가 자신의 철학에서 수행하는 다양한 비판은 근본적으로 현대와 현대인의 데카당스 증상에 대한 비판이다. 현대는 문명사적 진보의 정점을 증명해주지만, 이와 반대로 현대의 이념 아래 특정 영역의 전문가를 양산하는 학문과 실증주의적-과학만능주의적 사고는 삶을 고양시키지 못하는 소진의 문화로 드러난다. 세속적 교육과 예술의 고전적 의미의 상실 속에서 문화적 소진은 가속화되고 이제 인간은 이질감 없는 보편적 평균성 속에서 노동을 통해 자신의 존재를 증명해야만 하는 실존의 위기에 처하게 된다. 또한 니체에게 있어 사회주의의 경제적 복지 이념 아래 발생한 시장 경쟁과 불평등의 제거는 오히려 문화적 평준화를 유발하는 개인의 무력함으로 드러나기도 한다. 니체는 새로운 세기의 전환을 목전에 두고 나타난 기존 가치들의 세기말적 혼란에 휩싸인 19세기의 유럽을 데카당스의 시대로 규정한다.

니체에게 있어 앞으로 도래할 새로운 시대는 현대에 만연한 데카당스 병의 극복을 통해서야 비로소 희망할 만한 미래가 될 수 있다. 데카당스 현상에 대한 니체의 비판은 강하지만 그의 미래철학의 관점에서 이 현상은 신의 죽음 및 허무주의와 마찬가지로 철저하게 부정적이지만은 않다. 오히려 데카당스는 건강한 삶과 실존적 변화를 위한 필연적 전제로 작용한다.

'데카당스 개념'
쓰레기, 퇴락, 불량품은 그 자체로 단죄할 만한 것은 아니다 : 그것들은 삶의, 삶의 성장의 필연적인 결과이다. 데카당스 현상은 삶의 상승과 전진만큼이나 필연적이다.[1]

또한 니체는 다음과 같이 말하기도 한다. "데카당스는 인류의 모든 시기에 속해 있다 : 도처에 찌꺼기와 썩어가는 요소들이 있다. 퇴락하고 폐물이 된 것들을 골라 분리해내는 것은 삶의 과정 자체이다."2) 인간의 삶은 상승과 하강, 성장과 퇴화, 건강과 병, 즉 데카당스와 치유가 반복되는 과정에 대한 명칭이다. 중요한 것은 병으로부터 건강으로의 상승뿐만 아니라 건강으로부터 병으로의 하강까지도 긍정되고 극복되어야만 한다는 것이다. 그렇지 않으면 병은 제거되어야만 하는 것이 될 뿐, 미래 건강의 자양분으로서의 역할을 할 수 없게 될 것이다. 이제 니체는 허무주의의 극복을 미래철학의 목적으로 설정하고, 인간학적 증상으로 드러난 시대적 현상으로서의 데카당스의 원인을 분명하게 해명하고자 한다. 이에 대한 해명으로부터 니체의 철학적 치유의 작업은 구체화된다.

19세기 유럽에 만연했던 문명과 문화의 데카당스적 몰락의 치유를 위해 고대 그리스의 강함과 건강함의 이상을 현대에 부활하고자 했던 니체의 사상적 의도는 소크라테스에 의해 병들기 이전의 그리스 비극 문화를 향하고 있다. 현대성의 다양한 증상을 진단하며 소크라테스와 그의 이성적 합리주의와 이론적 낙관주의가 언급되는 이유는, 니체가

---

1) 니체, 『유고(1888년 초~1889년 1월 초)』, 14[75], 63쪽. "병자의 광학으로부터 좀 더 건강한 개념들과 가치들을 바라본다든지, 그 역으로 풍부한 삶의 충만과 자기 확신으로부터 데카당스 본능의 은밀한 작업을 내려다본다는 것 ─ 이것은 가장 오랫동안 나의 연습이었고, 진정한 경험이었다"(니체, 『이 사람을 보라』, 「나는 왜 이렇게 현명한지」, 1, 333쪽). 니체는 데카당스를 병 그 자체로 규정하지 않는다. 평생 동안 자신을 고통스럽게 만들었던 육체적 병과 더불어 정신적 고통 및 치유의 경험은 니체에게 데카당스를 병 그 자체로 확정하지 않고, 심리적·생리적 나약함으로 환원할 수 있는 관점의 변화를 가능하게 한다. 니체가 발견한 실존의 건강이론은 진정한 실존의 건강을 위해서는 병까지도 긍정할 수 있는 이전과는 다른 '커다란 힘'이 필요하다는 것이었다. 병을 극복하기 위해서는 병보다 더 큰 힘이 필요하다. 이 힘이 바로 인간의 실존적 건강성을 대변해준다. 병의 극복은 다시 건강해지기 위해 지금의 고통보다 더 큰 고통마저도 극복할 수 있다는 커다란 긍정, 즉 디오니소스적 긍정에 의해서 가능하다. 힘과 의지에 대한 니체의 사상적 해석은 데카당스에 대한 심리·생리적 해명의 근본 조건이다.

2) 니체, 『유고(1887년 가을~1888년 3월)』, 11[226], 1, 392쪽.

현대에 만연한 데카당스의 문제를 그리스 비극 문화를 종말에 이르게 한 이유와 동일하게 생각하고 있기 때문이다.

니체는 이러한 역사적 유전의 관점을 바탕으로 오늘에 이르는 몇천 년의 역사가 지속적으로 몰락해왔으며, 그 증상이 현대에 이르러 만성의 병으로 드러났음을 증명하고자 한다. 그의 역사관은 몇천 년에 걸친 문명과 문화의 흐름을 하나의 유기체로 규정하기 때문에, 그의 계보학은 역사를 거대한 생명으로 탐구하는 하나의 방법론으로 기능하게 된다. 그렇기에 생명의 역사를 거슬러 가는 계보학은 생리학적 원리를 바탕으로 수행될 수밖에 없다. 니체의 이러한 생리학적 방법론은 국가, 사회, 정치, 학문, 교육, 예술, 인간 등 문명의 조건과 문화의 양상을 건강과 병, 상승과 하강, 성장과 쇠퇴의 관점에서 수행하는 그의 비판을 통해서도 확인할 수 있다.

데카당스는 니체가 자신의 철학에서 치유하고자 하는 모든 병의 근원이자 그 증상들을 대변하는 명칭이다. 이 병은 19세기 말 유럽의 세기말 증상으로 발생한 문화사적 현상이지만, 니체는 이 현상을 현실적 삶의 문제로 인식하며 철학적으로 탐구한다. 그의 철학의 중기에 등장하는 현대성과 현대인에 대한 다양한 글은 때로 현시대에 대한 진단처럼 보이기도 한다.3) 하지만 후기에 이르러 니체는 데카당스를 일종의 문명의 병으로 규정하고, 보다 적극적으로 그 현상과 원인을 심리-생리

---

3) "숨 가쁘게 서두르는 그들의 노동은 […] 늙은 유럽에도 이미 감염되어 이곳을 야만적으로 만들고 있으며, 기이한 정신 결여증을 퍼뜨리기 시작했다. 이제 사람들은 휴식을 부끄러워하며, 오랜 사색에 대해서는 거의 양심의 가책을 느끼기까지 한다. 생각하면서 시계를 손에 들고 있고, 점심을 먹으면서 주식 신문을 본다.—언제나 무언가를 "놓치는 것"은 아닌가 하고 불안해하는 사람처럼 살고 있는 것이다. […] 무엇보다도 모든 여유를 위한 시간과 능력을 사람들은 더 이상 갖고 있지 못한 것이다. 왜냐하면 이득을 좇는 삶은 끊임없이 자신을 꾸며대고, 계략을 짜내고, 남을 앞지르는 일에 지속적으로 자신의 정신을 모두 소모할 것을 요구하기 때문이다. […] 기쁨을 찾는 일은 이미 "피로 회복의 필요"라는 이름으로 불리고 있으며, 스스로에 대해 수치심을 느끼기 시작했다"(니체, 『즐거운 학문』, 329, 297-298쪽).

학적으로 파고들기 시작한다. 이로부터 이 병을 치유하는 방법 역시 명확해진다. 힘에의 의지가 후기 철학의 중심 개념으로 등장한 이후 형이상학과 그리스도교, 도덕에 대한 니체의 비판은 더욱 정교해지며 데카당스와의 연관성 역시 보다 깊어진다. 이제 데카당스는 현상이 아니라 증상으로 구체화된다.

2. 데카당스의 공식

니체가 수행하는 현대 문명과 문화에 대한 비판은 근본적으로 생명체의 본능과 무관한 생명현상에 대한 비판이다. 본능은 생명체의 생명성을 대변하며, 이로부터 발현되는 힘에의 의지는 필연적으로 생명체의 상승과 성장에 기여하는 실천적 행위로 드러날 수밖에 없다.4) 이러한 의미에서 현대 사회를 "배설할 힘을 더 이상 갖고 있지 않은 사회", 즉 "찬달라의 병든 집합체"로 표현하는 니체의 비판은 현대 사회와 현대인 모두 내재적 자생력을 상실한 소진의 병에 걸려 있다는 사실에 대한 것이다.5) 사회가 낡은 가치에 의해 변화의 동력을 상실했을 때, 인간은 더 이상 삶의 가치를 자신 안에서 찾지 못하고 또한 이 가치가 사회에 창조적 활력을 불어넣을 수도 없다. 여기서 "데카당스를 사회의 배설물로 고찰한다. 이것을 먹을거리로 사용하는 것보다 더 해로울 수 있는 것은 없다 ―"6)라는 니체의 말은 이러한 현상에 대한 심각성

---

4) 생명체의 생명성에 대한 내용으로는, 이상범, 「니체의 위생학(Hygiene)에 대한 연구」, 『니체연구』 제30집(한국니체학회, 2016년 가을호), 175-222쪽 참조.

5) 니체, 『유고(1888년 초~1889년 1월 초)』, 16[53], 369쪽.

6) 같은 책, 15[61] 297쪽.

을 부각시켜준다.

니체에게 있어 본능은 심리학적 영역을 포괄하는 생리학의 영역이
다. 니체가 "현대 영혼에 대한 진단학"을 통해 생리학적으로 밝혀낸
현대와 현대인의 본능적 모순성은 선한 양심과 같은 그리스도교의 도
덕적 가치들이 여전히 현대성을 대변하는 덕으로 작용하고 있다는 것
이었다.7) 현대성에 대한 그의 비판은 1) 낡은 형이상학적-그리스도교
적-도덕적 가치들이 현대에도 그대로 유전되고 있다는 사실과 2) 이러
한 선한 가치들이 생명체의 본능에 대한 오해와 은폐 속에서 비로소
의미를 지니게 된다는 사실을 향한다. 다시 말해 이 덕들이 위험한 가
치인 이유는 인간의 생리적 조건을 부정함으로써 그의 생득적인 본능
을 지배하기 때문이다. 낡은 가치들 속에 매몰되어 한 번도 자신의 본
능에 충실한 삶의 의미와 가치를 창조해보지 않은 현대의 인간들은 자
신으로 존재하지만 자신으로서 살지 못하는 소진된 인간유형일 수밖에
없다. 소진은 심리-생리적 모순을 하나의 증상으로 구체화시켜주는 개
념이다.

현대의 평균성은 현대인 모두 동일한 가치를 추구하고 있다는 사실
에 대한 증거이다. 이러한 의미에서 "현대 인류는 거대한 양의 휴머니
즘(Humanität)에 도달해 있다."8)라는 짧은 말의 의미는 "내 인간애
(Humanität)는 사람들과 함께 공감하는 데 있지 않다. […] 끊임없는
자기 극복이다."9)라는 말과의 비교를 통해서 보다 분명해진다. 그리고
이를 바탕으로 현대성에 대한 니체의 비판이 지향하는 바를 유추할 수
있게 된다.

---

7) 니체, 『바그너의 경우』, 「후기」, 69쪽.

8) 니체, 『유고(1888년 초~1889년 1월 초)』, 15[63], 298쪽.

9) 니체, 『이 사람을 보라』, 「나는 왜 이렇게 현명한지」, 8, 346쪽.

니체에게 있어 현대의 휴머니즘은 동일한 가치를 공유하며 보편적 삶을 영위함으로써 개인 안에 내재한 고유한 힘에의 의지가 탈자연화된 결과로서의 심리-생리적 평준화에 지나지 않는다. 이에 대하여 니체는 다음과 같이 단언하기도 한다. "내 경고의 내용 : 데카당스 본능을 휴머니즘(Humanität)로 혼동하지 않는다."[10] 그는 자신으로서 존재함에도 불구하고 자신의 본능에 따르는 삶을 살지 못하는 생리적 모순으로부터 데카당스의 근본원리, 즉 "데카당스의 공식(die Formel […] für décadence)" 을 도출한다.

> 본능적으로 자기 자신에게 해로운 것을 선택하는 것, '이해관계 없는' 동기에 유혹되는 것은 거의 데카당스의 공식을 제공하는 것이나 진배없다. '자기에게 이익이 되는 것을 찾지 않는다' — 이것은 완전히 다른 사실, 즉 다음과 같은 생리적인 사실을 숨기는 도덕적인 덮개에 불과하다 : "나는 내게 이익이 되는 것을 어떻게 찾아야 할지 더 이상은 모르겠다라고 하는"…… 본능의 분산! — 이타적이 되어버린 인간은 종말을 맞는다. — "나는 더 이상은 가치가 없다"고 단순하게 말하는 대신, 데카당의 입에서 나오는 거짓 도덕은 : "가치 있는 것은 아무것도 없다 — 삶은 가치가 없다"고 말한다……이런 판단은 결국 엄청난 위험으로 남게 되고 전염되며 — 사회 전체의 병든 토양 위에서 때로는 무성하게 자라, 개념이라는 식물의 우림을 형성한다. 때로는 종교(그리스도교)라는 개념—식물의 우림을, 때로는 철학(쇼펜하우어 유의)이라는 개념-식물의 우림을, 경우에 따라서는 부패에서 자라난 그러한 독식물의 독기가 계속해서, 수천 년간 삶에 해독을 끼칠지도 모른다……[11]

니체는 자기 실존의 진보가 아니라 문명의 진보 속에서 모두가 평균화되어 가는 현상을 "생리적 노화(die physiologische Alterung)"라고 표현한다. 그에 의하면 진정한 진보는 "위대한 의욕(Wollen)을 가질 능력"을 함양함으로써 "유형의 강화"에 기여할 수 있어야만 한다. 이 외

---

10) 니체, 『유고(1888년 초~1889년 1월 초)』, 15[67], 300쪽.
11) 니체, 『우상의 황혼』, 「어느 반시대적 인간의 편력」, 35, 170-171쪽.

의 모든 진보는 오해이고 위험일 뿐이다. "나는 '진보' 개념을 명료히 하기를 바라며, 그러기 위해서는 현대의 이념들의 면전을 강타하는 것이 필요하지 않을까 하는 우려가 생긴다."[12] 창조적 생명력을 상실한 현대의 문화는 현대인의 실존적 노화에 의해 요청되고 유지될 뿐이다.

과학기술과 자본주의 경제 논리 속에서 문화적 힘을 상실한 현대와 현대인의 보편적인 모습을 대변하는 "마지막 인간(der letzte Mensch)"과 그의 심리적 상태는 무기력과 무능력으로 드러난다. 『이 사람을 보라』에서 제시된 "겨울잠을 자는 의지", 즉 스스로를 "숙명"처럼 받아들임으로써 더 이상 다른 자기 자신이고 싶어 하지 않는 "러시아적 숙명론"은 자기 자신을 극복하고 싶지도 않고 또한 극복할 수도 없는 심리-생리적 무력함을 잘 드러내 준다.[13] 이 무력함은 데카당스 본능의 근본 증상이다. 본능의 상실로부터 데카당스 병은 시작된다.

본능은 본질적으로 생명체를 생명일 수밖에 없도록 만들어주는, 다시 말해 나를 나일 수밖에 없도록 만들어주는 존재론적 조건이다. 니체의 힘에의 의지는 이 본능에 대한 표현이다. 현대인의 자기본능의 상실은 힘에의 의지의 존재로서의 자기 자신을 부정하는 자기인식의 결여, 즉 자기소외의 증상과 다르지 않다. 여기서 중요한 것은 이 증상이 결국 소진의 증상으로 나아간다는 것이다.[14] 자신만의 삶의 의미와 가치를 창조할 수 없는 나약한 정신과 의지의 인간이 추구하는 무에의 의지와 이 의지의 심리-생리적 근거를 탐구하며 폭로한 데카당스라는 명칭의

---

12) 니체, 『유고(1888년 초~1889년 1월 초)』, 15[13], 256쪽.

13) 니체, 『이 사람을 보라』, 「나는 왜 이렇게 현명한지」, 6, 341-343쪽 참조.

14) "[…] 우리의 현대는 자기에 대한 소심한 염려와 이웃 사랑, 노동과 겸허와 공정성과 과학성이라는 덕을 가지고서 ─ 수집적이고 경제적이며 기계적으로 의도하는 ─ 약한 시대로 드러난다……우리의 덕은 우리의 약함에 의해 제약되고 요청된다……어떤 것이 실제로 유사해지는 것을 의미하고, '평등권' 이론에서 그 표현을 얻는 '평등'은 본질적으로 쇠퇴에 속한다" (니체, 『우상의 황혼』, 「어느 반시대적 인간의 편력」, 37, 175-176쪽).

병은 유럽의 허무주의를 촉발시키며 그 현상을 구체화한다.

"허무주의는 원인이 아니라, 데카당스의 논리일 뿐이다."15)라는 니체의 말처럼, 인류의 삶에 만연한 데카당스의 증상으로부터 허무주의는 비로소 시대의 병이 된다. "데카당스의 표현으로서의 허무주의 운동이라는 개념 — 도처에 데카당스"16) 허무주의는 데카당스의 공식을 따르며 확장된 시대적 기호이다. 본능의 상실로 드러나는 데카당스 병은 허무주의에 이르러 삶의 방향을 찾을 수 없는 의미 상실의 증상으로 느러난다. 인간의 본능을 의지를 통해 설명하고자 했던 쇼펜하우어의 염세주의적 고찰이 칸트의 이성적 낙관론에 의해 지배된 시대적 분위기를 극복하는 듯하지만, 니체는 그의 의지의 형이상학으로부터 인간 안에 내재된 고유한 본능의 상실이라는 실존적 허무주의의 위기를 읽어낸다. 모든 가치의 탈가치가 지금까지 심리적 가치 아래 상실된 고유한 심리-생리적 본능의 복권(復權)을 통해 허무주의의 극복을 가능하게 하듯이, 데카당스 병 역시 이를 통해 치유될 수 있다.

3. 데카당스에 대한 심리-생리학적 진단 : 의지의 위대함과 비소함

『이 사람을 보라』의 서문에서 니체는 자신에 대한 오해가 자신의 철학적 "과제의 위대함(Größe)과 동시대인의 비소함(Kleinheit)" 사이에서 비롯된 것이라고 말하고 있다.17) 니체가 설정한 인간의 실존적 "위

---

15) 니체, 『유고(1888년 초~1889년 1월 초)』, 14[86], 75쪽.
16) 같은 책, 17[1], 391쪽.
17) 니체, 『이 사람을 보라』, 「서문」, 323쪽.

대함"과 관점적 편협함으로 보편적인 가치에 순응하는 대중인의 "비소함"은 이미 『선악의 저편』에 구체적으로 제시되어 있다.[18] 여기서 니체는 위대함을 "위대한 인간(der Grösste)"의 덕목으로서 규정하고, "의지의 박약(Willensschwäche)"을 현대인의 비소함의 증상으로 진단한다. 이제 니체는 철학자의 이상(Ideal)을 위대함을 약화시키고 비소함을 강화하는 현대성을 해부함으로써 그 안에 억압되고 은폐된 인간 본연의 위대함과 이를 비소하게 만든 가치들의 원인을 발견하는 것으로 규정한다.

> 오늘날에는 시대의 취미와 덕목이 의지를 쇠약하게 하고 약화시킨다. 의지박약
> 보다 시대에 걸맞는 것은 없다 : 따라서 철학자의 이상에서는 곧 의지의 강함과
> 준엄함, 오랫동안 결의할 수 있는 능력이 '위대함'이라는 개념 안에 포함되어야
> 만 하는 것이다.[19]

현대인의 자기상실, 자기소외, 사물화 등으로 대변되는 소인화 현상은 "비소함"과 그 특징을 공유하며, 니체는 이 현상을 시대, 문명, 문화(사회, 정치, 이념, 예술), 인간의 데카당스 증상으로 진단한다. 그리고 니체는 현대의 현대성에 대한 계보학적 탐구를 통해 지금까지 삶의 최고의 가치를 제시해 온 철학, 종교, 도덕이 "허약자, 정신병자, 그리고 신경쇠약자들"을 병들게 하는 원인과 가치론적으로 다를 것이 없다는 사실을 발견한다.[20] 형이상학, 종교, 도덕에 의한 오랜 가치 역사의 심

---

18) "나는 모든 드문 것, 낯선 것, 특권적인 것, 보다 높은 인간과 영혼, 더욱 높은 의무와 책임, 창조적인 힘의 충일과 지배권을 공동으로 얻기 위한 싸움을 하며 다음과 같이 말하고자 한다 ─ 오늘날 고귀하다는 것, 독자적인 존재가 되고자 한다는 것, 달리 존재할 수 있다는 것, 홀로 선다는 것, 자신의 힘으로 살아야만 한다는 것이 '위대함'의 개념에 속한다. 그리고 철학자는 다음과 같이 주장할 때, 자기 자신의 이상의 단면을 보이게 된다 : "가장 고독한 자, 가장 은폐된 자, 가장 격리된 자, 선악의 저편에 있는 인간, 자신의 덕의 주인, 의지가 넘쳐나는 자가 될 수 있는 자가 가장 위대한 인간이 될 수 있을 것이다"(니체, 『선악의 저편』, 212, 191쪽).

19) 같은 책, 212, 190쪽.

리적 토대와 그 영향이 현대에 이르러 생리학적 나약함의 문제로 드러나는 것이다. 니체는 이 병의 원인을 의지의 종교화이자 도덕화로 그리고 그 증상을 "나약함(die Schwächung)"과 왜소화로 규정하며, 이 병을 "데카당스"로 명명한다.[21] 이렇듯 데카당스에 대한 니체의 비판은 근본적으로 현대의 생리적 나약함을 유발해 온 형이상학, 종교, 도덕과 같은 심리적 나약함의 근원을 향한다.

니체에 의하면 데카당스라는 병의 근본 증상은 인간의 실천적 행위의 오류, 다시 말해 자기 삶의 상승과 성장에 기여할 수 있는 "강장체계(ein système fortifiant)"를 통해 나약함을 요구하는 모든 가치에 맞서지 않고, 오히려 종교적-도덕적 해석을 통해 정당화함으로서 발생한 것이다.[22] 이렇듯 그 안에서 병든 것은 다름 아닌 인간의 의지이다. 허약하기 때문에 나약한 가치만을 원할 수밖에 없는 현대인의 의지박약 증상에 대한 니체의 심리학적 진단은 생리학을 통해서야 비로소 힘의 전환을 이루게 된다.[23]

"가치의 부패하고 혼합된 상태는 현대 인간의 생리적 상태에 상응한다 : 현대성 이론"[24] 니체가 낡은 가치를 토대로 하는 현대와 그 가치를 신봉하는 현대인의 심리-생리적 현상을 "힘에의 의지의 원리에 입각하여" 제기하는 이유는 이 때문이다.[25] 위대함과 비소함의 차이는 심리적 문제이면서 동시에 생리적인 문제인 것이다. 이 사실을 보다 구체적으로 설명하기 위해서는 니체의 후기 저서와 유고에 등장하는

---

20) 니체, 『유고(1888년 초~1889년 1월 초)』, 14[65], 56쪽 참조.

21) 같은 책, 14[65], 56쪽 참조.

22) 같은 책, 14[65], 57쪽 참조.

23) 같은 책, 14[65], 57쪽 참조.

24) 같은 책, 14[139], 146쪽.

25) 같은 책, 14[136], 143쪽.

글을 함께 살펴보아야만 한다. 이 글들의 상호연관성 속에서 인간 실존의 병으로서의 데카당스가 심리-생리적 증상임을 확인할 수 있다.

> 1) 생명체를 발견할 때마다 나는 힘에의 의지도 함께 발견했다. 심지어 누군가를 모시고 있는 자의 의지에서조차 나는 주인이 되고자 하는 의지를 발견할 수 있었다.[26]

> 2) 그리고 생명은 다음과 같은 비밀도 내게 직접 말해주었다. "보라, 나는 항상 자기 자신을 극복해야 하는 존재이다."[27]

> 3) 힘에의 의지가 어떤 형태로든 쇠퇴하는 곳에서는 언제나 생리적 퇴행이, 즉 데카당스가 있다.[28]

생명체에게 있어 자신의 힘을 향한 의지는 자연적 조건이다. 생명체는 오직 힘에의 의지를 통해 스스로 자신의 존재를 증명한다. 즉 생명체의 내재적 자연성으로서의 힘에의 의지는 곧 자신의 "주인이 되고자 하는 의지(der Wille, Herr zu sein)"이며, 이 과정은 필연적으로 자기극복의 활동으로 드러난다. 하지만 주인이 되고자 하는 의지의 이면에는 ― 주인도덕 혹은 노예도덕 등 그 어떠한 경우에든 ― 보다 큰 힘을 갖고자 하는 정동(감정/Affekt)이 활동하고 있다. 다시 말하면 주인이 되고자 하는 의지는 이 사실을 쾌로 느끼고 추구하고자 하는 심리적-감정적 자극에 의해 발현된다. 하지만 힘에의 의지의 활동은 심리-생리적 활동 모두를 포괄하는 몸의 활동이기 때문에, 실재로 자기 삶의 주인이 된다는 것은 힘의 증대를 심리학적 느낌뿐만 아니라 생리적으로도 느낄 수 있는 상태여야만 한다.

---

26) 니체, 『차라투스트라는 이렇게 말했다』, 「자기극복에 대하여」, 194쪽.
27) 같은 책, 「자기극복에 대하여」, 195쪽.
28) 니체, 『안티크리스트』, 17, 232쪽; 니체, 『유고(1888년 초~1889년 1월 초)』, 17[4], 2, 396쪽.

힘에의 의지의 쇠퇴는 생명체의 생명성을 온전히 반영하는 "몸(Leib)"과 관련된 힘과 의지의 기능에 문제가 발생했음을 의미하는 일종의 병적 증상이다. 몸의 기능, 즉 힘과 의지의 조화에 대한 개념으로서의 생리학적 관점에서 힘에의 의지의 쇠퇴는 결국 몸 기능의 총체적인 쇠퇴일 수밖에 없다. 그래서 니체는 이 증상을 "생리적 퇴행(ein physiologischer Rückgang)," 즉 "데카당스"라고 진단하는 것이다. 니체에게 있어 의지박약의 병은 더 이상 자신만의 고유한 힘을 주구할 수 없는 몸의 생리적 기능상의 오류일 수밖에 없다. 이렇듯 "작은 이성"을 포괄하는 "커다란 이성"으로서의 몸에 대한 철학적 사유의 총체로서 니체의 생리학은 생명체의 자연성에 대한 생물학적 탐구를 넘어선다.29)

이러한 의미에서 힘에의 의지가 쇠퇴한다는 것은 표피적으로는 인간이 더 이상 지속적인 자기극복 속에서 매 순간 새로운 실존적 변화를 도출하는 삶의 주인이 될 수 없다는 것을 의미하지만, 보다 근본적으로는 그가 더 이상 자신의 자연성을 인식할 수 없다는 것을 의미한다. 오직 자기 내면의 힘과 의지만이 자신의 존재를 보증해준다는 사실을 바탕으로 매 순간 스스로에게 보다 많은 힘의 증대를 명령하는 정동(Affekt)의 상실, 즉 자기감정의 상실은 곧 의지가 현재 자기 자신을 향하고 있지 않다는 사실에 대한 증거이다. 그리고 이 상실의 감정은 필연적으로 의지의 박약 증상을 도출할 수밖에 없다. 그 이유는 나를 나로서 느끼지 못하는 자는 자신을 위해서 그 무엇도 할 수 없고 또한 하고 싶어 하지도 않는 힘에의 의지의 쇠퇴, 다시 말해 변화의 정지를 의미하기 때문이다. 그래서 니체는 힘에의 의지를 "생식에의 의지

---

29) 니체, 『차라투스트라는 이렇게 말했다』, 「몸을 경멸하는 자들에 대하여」, 52쪽.

(Wille zur Zeugung)"30)라고 표현하는 것이다.

이렇듯 니체는 자기 자신의 주인이 되고자 하지 않는 의지의 심리적 병을 더 이상 자기 자신이 될 수 없는 자기인식의 결여와 자기부정에의 의지, 다시 말해 더 이상 자신만의 고유한 힘을 가질 수 없는 생리적 병의 증상을 통해 구체화한다. 생리적 퇴행은 심리적 퇴행을 조건으로 하며, 심리적 퇴행은 생리적 퇴행으로 표출된다. 힘에의 의지의 쇠퇴가 대변하는 생리적 퇴행에는 이미 심리적 퇴행이 내재되어 있다. 이러한 의미에서 니체는 나 자신이 되고 싶지 않다는 고집이 아니라, 굳이 나 자신이 되지 않아도 나쁠 것이 없다거나 자신이 되고 싶지 않은 무기력의 증상을 "생리학적 우울증(eine tiefe physiologische Depression)"31)이라고 표현한다. 이렇듯 데카당스는 인간의 심리적-생리적 증상을 포괄하는 전체 실존의 병이다. 니체가 이 병을 심리적-생리적 관점에서 해명하는 이유는 이 때문이다.

4. 데카당스에 대한 심리적 진단

1) 심리적 진단

"'무사Selbstlosigkeit' ― 이것은 데카당스 원칙이고, 예술과 도덕에서의 종말에의 의지(der Wille zum Ende)인 것이다."32) 니체의 짧은 이 문장은 데카당스의 심리적 원인과 이 의지가 예술과 도덕에서 어떤

---

30) 같은 책, 「행복한 섬에서」, 143쪽.

31) 니체, 『도덕의 계보 Ⅲ』, 17, 500쪽.

32) 니체, 『니체 대 바그너』, 「우리 대척자들」, 531쪽. 예술에 대한 내용은 본 장의 5장 4절 「예술 생리학 : 도취와 소진」을 참조.

나약함의 방식으로 드러나는지를 보여준다. 이 글에서 니체는 데카당스의 원칙을 무사, 즉 사심과 사욕이 없는 몰아(沒我)와 같은 자기상실로 규정한다. 이러한 의미에서 연민과 동정을 통한 쇼펜하우어의 인류애적 감정의 공유는 고유한 자기 실존의 고통을 긍정하고 극복하지 못하는 데카당스의 원칙에 속할 수밖에 없다. 물론 단 하나의 욕망으로 고정될 수 없는 쇼펜하우어적 의지가 절대적 진리를 상대적 가치로 변화시킬 수는 있을지 모르지만, 이때 인간은 자신만의 고유한 삶의 가치를 잃은 실존적 고통, 다시 말해 심리적 데카당스의 고통을 공유하게 된다. 그리고 니체에게 있어 이 고통은 더 이상 새로운 자기 자신을 희망할 수 없는 고통, 즉 자기상실의 고통에 지나지 않는다.

니체는 이러한 자기상실을 인간 실존의 고통으로 이해하며, 이에 대한 심리학적 증상을 다양한 관점에서 살펴본다. 그리고 그 증상을 데카당스의 병으로 규정한다. 1) 니체는 수많은 서적을 읽으며 스스로 사유하는 방법을 상실한 채 자신이 읽은 책에 의해서만 반응하는 수동적 사유를 하는 학자,[33] 2) 인간의 본능을 부정하고 이성을 강화함으로써 그의 내면의 디오니소스적인 것을 마비시키고 삶의 비극적 관점을 약화시킨 소크라테스를 데카당으로 규정한다.[34] 그와 더불어 최고의 '선' 개념을 설정하고 이로부터 삶의 모든 현상을 도덕적 문체로 설명하는 플라톤 역시 데카당, 다시 말해 "최초의 문체-데카당(ein erster décadent des Stils)"[35]이라는 비판을 받는다.

삶의 고통스러운 상황에 직면해서도 삶 그 자체를 긍정하는 디오니소스적 긍정을 "비극 시인의 심리(Psychologie des tragischen Dichters)

---

33) 니체, 『이 사람을 보라, 「나는 왜 이렇게 영리한지」, 8, 368쪽.

34) 같은 책, 「비극의 탄생」, 1, 390쪽; 2, 391-392쪽.

35) 니체, 『우상의 황혼』, 「내가 옛 사람들의 덕을 보고 있는 것」, 2, 196-197쪽 참조.

에 이르는 다리"[36]로 이해하고, 그것이 자신의 "가장 내적인 경험(zu meiner innersten Erfahrung)"으로부터 도출되었다는 니체의 견해로부터 디오니소스의 심리학적 의미와 가치를 확인할 수 있다. 니체가 디오니소스 현상을 심리적으로 경험하며 이로부터 전통 형이상학, 종교, 도덕을 데카당스의 근원으로 이해하는 것보다 더 중요한 것은, 디오니소스가 나를 나로서 인식할 수 있게 해주는 심리적 기제로서 작용한다는 것이다. 그래서 니체는 아래와 같이 말하는 것이다.

> 나는 나의 가장 내적인 경험에 대한 유례없는 유일한 비유이자, 그 경험에 맞는 짝을 찾아냈으며 ― 그렇게 해서 디오니소스적이라는 놀라운 현상을 최초로 파악하게 되었다. […] 이렇게 해서 나는 어떤 도덕적 특이 성질에 의해서도 내 심리적인 파악의 확실성(die Sicherheit meines psychologischen Griffs)은 별로 위험해지지 않는다는 점을 명백하게 입증하게 되었다.[37]

니체는 내가 더 이상 나일 수 없는 실존적 자기상실의 병으로서 데카당스와 나를 나일 수 없도록 만드는 이원론적 가치들을 삶에 대한 "가장 지하적인 복수욕(der unterirdische Rachsucht)"[38]을 가진 퇴화본능으로 규정한다. 그리고 그리스도교, 쇼펜하우어, 플라톤 등과 같은 나약한 본능의 가치론적 토대를 현실적 삶을 벗어난 이상주의로 규정한다.[39] 니체는 삶에의 의지의 심리적 퇴화의 원인과 더불어 이를 치유할 수 있는 디오니소스적-비극적 지혜를 발견한 자신의 철학적 성과를 "최고의 통찰"이자 "가장 심오한 통찰"로 표현한다.[40] 비록 그의

---

36) 니체, 『이 사람을 보라』, 「비극의 탄생」, 3, 393쪽.
37) 같은 책, 「비극의 탄생」, 2, 391쪽.
38) 같은 책, 「비극의 탄생」, 2, 391쪽.
39) 같은 책, 「비극의 탄생」, 2, 391쪽 참조.
40) 같은 책, 「비극의 탄생」, 2, 392쪽.

사상적 통찰이 심리적 힘과 생리적 힘을 모두 포괄하지만, 지금까지 삶의 의미와 가치가 형이상학과 종교의 이상주의, 영혼의 불멸 등과 같은 "데카당스 본능"41)에 의해 부정되어 왔다는 측면에서 심리적 힘에 대한 쇠퇴의 의미가 보다 강하다.

위에서 언급되었던 것처럼, 나를 나로서 느끼지 못하는 자는 자신을 위해서 그 무엇도 할 수 없고 또한 하고자 하지 않는 심리적 무기력에 빠진 자이다. 삶의 의미 상실로 대변되는 허무주의는 바로 이러한 심리적 무기력이 지배하는 문화현상을 의미한다. 허무주의의 위기 속에서 스스로를 극복할 수 없는 힘에의 의지의 쇠퇴, 다시 말해 자신의 삶에 수동적이고 체념적인 "무기력한 본능"42)에 빠진 자들은 필연적으로 삶의 변화를 창조할 수 없으며, 결과적으로 자신의 삶에 주인으로서 참여하지 못한다. 그들이 자신의 고통으로부터 해방되기 위해 찾는 도구는 고통을 대하는 심리적 자세의 변화가 아니라, 오히려 그 심리에 대한 형이상학적-종교적 해석이다. 그들은 결국 구체적 삶의 세계를 벗어난 이상 세계와 이상적 가치들을 추구하게 된다.

> 그리스도교인과 다른 허무주의자들에 의해 거절당한 삶의 측면은 그 가치 서열상 데카당스 본능이 승인하고, 승인해도 되었던 것들보다 무한히 높다. 이 점을 파악하려면 용기가 필요하고, 그런 용기를 위해서는 넘쳐나는 힘이 필요하다 : 왜냐하면 용기가 과감히 전진해도 되는 꼭 그만큼, 꼭 힘의 정도만큼, 사람들은 진리에 다가가기 때문이다. 약함에 의해 고무되어 있는 약자에게 실재에 대한 비겁과 실재로부터의 도망이 ― '이상' ―이 필연이듯 말이다……43)

이에 반해 니체는 다시 자신의 삶 그 자체를 사랑하고, 그 삶의 주인

---

41) 같은 책, 「비극의 탄생」, 2, 392쪽.
42) 니체, 『유고(1887년 가을~1888년 3월)』, 10[168], 263쪽.
43) 니체, 『이 사람을 보라』, 「비극의 탄생」, 2, 392쪽.

이 되고자 하는 강한 감정적 동기와 자기 내면의 힘을 바탕으로 자신의 삶을 변화시키고자 하는 심리적 근원을 디오니소스로 제시한다. 그리고 디오니소스는 니체철학의 후기에 이르러 "예술생리학"과 같은 심리-생리적 힘을 모두 포괄하는 개념으로 보다 구체화된다. 디오니소스는 삶에 대한 인간의 심리적 자세를 대변하는 개념이다. 그리고 니체는 현대에 만연한 데카당스의 (형이상학적-종교적-도덕적) 징후와 현대인의 의지박약의 가치론적 근원을 디오니소스라는 심리적 매개를 통해서 계보학적으로 탐구한다. 니체는 데카당스라는 병의 심리적 징후를 계보학적으로 추적하는 자신의 철학적 시도가 스스로를 뛰어난 심리학자로 만들어주었다고 생각한다.[44) 아래의 글은 니체와 그의 철학의 심리학적 특징을 잘 보여준다.

> 내가 다른 모든 심리학자보다 뛰어난 점이 있다면, 그것은 바로 대부분의 오류가 저질러지는 가장 어렵고도 가장 위험한 귀납추론을 좀 더 예리하게 바라본다는 점이다 ― 즉 작품으로부터 창조자를, 행위로부터 행위자를, 이상으로부터 이상을 필요로 하는 자를, 모든 사유와 가치평가 방식으로부터 그 뒤에서 명령하는 욕구를 추론하는 것을. ― 모든 종류의 예술가에 대해 나는 이제 다음과 같은 핵심적 구별을 한다 : 거기서 삶에 대한 증오가 창조적이 되었는가? 아니면 삶의 충일이 창조적이 되었는가?[45)

2) 그리스도교의 심리학

인간은 본질적으로 가치를 창조하는 존재이다. 그리고 그 창조의 이면에는 정동이 힘의 증대를 쾌로 인식하고 의지를 자극하듯이, 창조를

---

44) 이와 관련하여 니체는 『이 사람을 보라』의 「나는 왜 이렇게 좋은 책들을 쓰는지」에서 다음과 같이 말하기도 한다. "내 작품들에서는 비교할 만한 상대가 없는 심리학자 한 명이 말하고 있다는 통찰. 이것은 아마도 좋은 독자가 이르게 되는 첫 번째 통찰일 것이다"(같은 책, 「나는 왜 이렇게 좋은 책들을 쓰는지」, 5, 384쪽).

45) 니체, 『니체 대 바그너』, 「우리 대척자들」, 530-531쪽.

자기 삶의 고유한 의미를 산출하는 쾌의 행위로 느끼고 이를 의욕하는 심리적인 힘이 인간의 내면에서 작용하고 있다. 하지만 이 힘은 언제나 쾌와 불쾌의 경계에서 작용과 반작용으로, 즉 삶의 원한과 복수욕 혹은 디오니소스적-비극적으로 표출된다. 자기 자신에게 명령하는 삶을 살아가는 정동의 인간, 다시 말해 누군가의 감정이 아니라 오직 자신 안에 존재하는 자기감정의 주인만이 무기력과 무능력을 유발하는 "무사(Selbstlosigkeit)"를 극복할 수 있다. 이러한 의미에서 니체는『이 사람을 보라』의 「서문」에 제기된 물음 "어떻게 사람은 자기의 모습이 되는가?"에 대한 답을 이기심과 비이기심(이타심)의 관점에서 평가한다.46)

고통을 실마리로 볼 때 원한과 복수는 삶에 대한 반작용(이타심)으로부터, 디오니소스와 비극은 삶에 대한 작용(이기심)으로부터 발생한다. 후자의 관점에서 고통은 생기와 생성 속에서 의미의 전환이 이루어지지만, 전자의 관점에서 고통은 생기와 생성을 고통의 원인으로 삼는다.『선악의 저편』과『도덕의 계보』에서 논의되고 있는 것처럼, 주인도덕과 이기심이 도덕적으로 전도되어 선과 선한 인간에 반한 악과 악한 인간으로 평가되는 것은 "무사(Selbstlosigkeit)"의 전형이며, 이는 결국 자기 삶의 의미와 가치를 창조할 수 없는 무기력한 심리로 대변되는 데카당스의 병일 뿐이다. 니체의 표현처럼 "무기력한 본능(Instinkt der Ohnmacht)"47)은 자신의 삶에 능동적으로 참여할 수 없는 나약한 의지의 수동적 반작용, 즉 주인이 될 수 없는 의지박약의 데카당스 병일 뿐이다.

'사욕 없는(selbstlose)' 없는 행위란 결코 존재하지 않는다.
자기 고유의 본능에 충실하지 않고 그것에 불리한 선택을 하는 개인의 행위는

---

46) 니체,『이 사람을 보라』,「나는 왜 이렇게 영리한지」, 9, 368-369쪽 참조.
47) 니체,『유고(1887년 가을~1888년 3월)』, 10[168], 263쪽.

데카당스의 표현이다(— 가장 잘 알려진 소위 다수의 '성자들'은 그들의 '이기주의'의 결핍에 의해 곧장 데카당스가 된다).[48]

그렇다면 무엇이 인간을 있는 그대로의 자기 자신을 사랑할 수 없는 자로 만드는 것일까? 도대체 무엇이 인간을 더 이상 자신만의 고유한 가치를 창조하고 이를 따르는 삶을 살 수 없도록 만드는 것일까? "'악'이 삶에 대한 이의 제기여야 한다는 것! 그런데 우리를 가장 오랫동안 혐오하게 한 것이 무엇인가? '선한 인간'의 관점이 아닌가? '선한 인간'을 피해갈 수 없다는 불가능성이 아닌가? '신'이라는 사유가 아닌가?"[49] 인간의 실존에 대한 니체의 이와 같은 의심 섞인 물음은 '그리스도교와 선한 인간의 심리적 조건'에 대한 탐구의 정당성을 확보하게 해준다. 니체에 의하면 그리스도교는 삶의 실재와 접촉하지 못함에도 "공상적 신학"을 통해 삶을 해석하는 "공상적 심리학(eine imaginäre Psychologie)"에 불과하다.[50] 삶에 대한 사랑의 가치는 생성하는 실재에 대한 사랑, 즉 지금 이곳의 자기 자신에 대한 사랑으로부터 창조될 뿐이다. 자기 실존의 구체적 조건 위에서 창조되지 않은 사랑의 가치 속에서 인간은 스스로를 온전히 사랑하지 못한다.

니체에게 있어 삶에 대한 작용(능동-이기심)과 반작용(수동-이타심)의 심리학은 인간 실존의 건강을 해명해주는 근본 토대이다. 그에 의하면 모든 예술과 철학은 고통과 고통받는 자를 전제로 하며, 이와 같은 두 가지 가치는 성장의 토대가 될 수도, 하강의 원인이 될 수도 있다. 하지만 이보다 더 근본적인 것은 고통받는 자의 심리에 있다. 다시 말해 고통받는 자

---

48) 니체, 『유고(1888년 초~1889년 1월 초)』, 22[21], 495쪽.

49) 같은 책, 16[25], 350쪽.

50) 니체, 『안티크리스트』, 15 230쪽.

가 삶을 대하는 심리적 자세로부터 예술과 철학은 디오니소스적-비극적 치유의 양식 혹은 위안과 마비의 양식으로 드러난다.[51] 그리고 이때 고통에 대한 인간의 의지와 자세를 나약하게 만드는 것은 바로 그의 내면에 반자연적 원한의 감정을 불어넣는 이상으로서의 그리스도교와 그 실천적 원칙으로서의 도덕이다. 니체가 인간의 나약함을 토대로 하는 이상주의와 그 심리적 토대 — 그의 표현에 의하면 "이상의 지하 세계(Unterwelt des Ideals)"[52] — 를 집요하게 파고드는 이유는 이 때문이다. 아래의 글은 "그리스도교의 심리(die Psychologie des Christenthums)"[53]에 관한 니체의 견해를 잘 보여준다.

> 그리스도교는 강한 인간 유형에 대항하는 사투를 벌였다.
> 그리스도교는 이 유형의 근본본능 모두를 추방했다.
> 그리스도교는 이 본능들로부터 악과, 악인을 만들어내었다
> : 비난 받아 마땅하고 버림받은 인간의 전형으로서 강한 인간
> 그리스도교는 약자, 천한 자, 실패한 자를 옹호했다.
> 그리스도교는 강한 삶의 보존본능에 대한 반박으로부터 하나의 이상을 만들었다……
> : 그리스도교는 정신성의 가장 최고의 본능들을 죄 있다고, 오도한다고, 유혹한다고 느끼도록 가르치면서, 가장 정신적인 인간의 이상마저도 망쳐버렸다.[54]

그리스도교에 대한 니체의 비판은 『도덕의 계보』에서 가장 집요하게 수행된다. 중요한 것은 그의 이 저서가 『선악의 저편』과는 달리 도덕 및 도덕적 가치의 기원과 편견에 담긴 심리학적 흔적을 탐구하고 있다는 것이다. 여기서 니체의 계보학은 단순히 도덕 가치의 자연발생적 기

---

51) 니체, 『니체 대 바그너』, 「우리 대척자들」, 529-530쪽 참조.

52) 니체, 『이 사람을 보라』, 「인간적인 너무나 인간적인」, 1, 405쪽.

53) 같은 책, 「도덕의 계보」, 441-442쪽 참조.

54) 니체, 『유고(1887년 가을~1888년 3월)』, 11[408], 516-517쪽.

원을 추적하는 것이 아니라, 현대의 데카당스 문화와 현대인의 나약한 의지의 병과 그 원인을 심리학적으로 규명하기 위한 시도로 수행된다. 니체가 『도덕의 계보』에서 분석한 그리스도교에 대한 심리학적 탐구는 1) 좋음과 나쁨, 선과 악이라는 대립된 가치의 그리스도교적-도덕적 전환과 2) 그리스도교적 믿음과 율법이 심리적으로 반영된 양심과 가책을 내면화시킨 잔인함의 문화적 의미와 영향, 그리고 3) 내재화된 삶의 불만족과 고통을 귀족적 인간과 그의 가치에 대한 원한으로 표출함으로써 선과 악을 도덕적으로 전환하고, 4) 다시 그 원한을 내면화하여 신에게 죄(부채)의식을 가진 인간의 탄생, 다시 말해 결코 갚을 수 없는 원죄의 빚으로 인한 실존적 우울증에 걸린 심약한 인간을 탄생시킨 데카당스라는 병의 원인을 향한 심리적 추적으로 수행된다.

스스로를 원한의 존재로 해석하고 오히려 강한 인간들의 주인적인 삶을 악의 가치로 폄하하는 의지박약의 인간과 그의 "금욕주의적 이상"은 데카당스의 심리적 병을 대변하는 원한과 복수의 심리학일 뿐이다. 니체는 『도덕의 계보』에서 수행한 그리스도교에 대한 심리학적 탐구에 이어 『안티크리스트』에서는 그 기원으로서의 유대교를 심리학적으로 해석하며 그리스도교의 데카당스 특성을 부각시킨다. 그 이유는 유대교와 그리스도교는 신과 사제 등 동일한 "심리적 유형"[55]과 가치의 탈자연화를 공유하기 때문이다. 오늘날의 그리스도교는 유대교와 그 가치의 "궁극적 귀결"인 것이다.[56] 니체는 『차라투스트라는 이렇게 말했다』의 「타란툴라에 대하여」에서 두 종교가 공유하는 탈자연화된 가치와 평등의 문제를 다음과 같이 묘사하기도 한다.

---

55) 니체, 『안티크리스트』, 24, 242쪽.
56) 같은 책, 24, 243쪽 참조.

"평등을 향한 의지. 앞으로는 이 의지가 바로 덕을 일컫는 이름이 되어야 한다. 권력을 손에 넣고 있는 모든 자에 반대하여 우리는 목청을 높이리라!" 평등을 설교하는 자들이여, 무기력이라는 폭군의 광기가 너희들의 가슴에서 "평등"을 갈구하여 외쳐대는구나. 너희들이 더없이 은밀하게 품고 있는 폭군적 욕망은 이처럼 덕이라는 말의 탈을 쓰고 있는 것이다! 상처받은 자부심, 억제된 질투심, 너희들의 선조의 것일지도 모를 자부심과 질투심. 이런 것들이 너희들의 가슴속에서 불꽃이 되고 앙갚음의 광기가 되어 터져나오는구나.[57]

니체에 의하면 유대교에 대한 폭압과 봉기의 실패 그리고 이로부터 체험된 사제들의 심리적 무력감은 모든 자연적 가치를 탈지연화함으로써 보상된다.[58] 그들은 원한의 도덕을 주인도덕에 대한, 존재 세계를 생성에 대한, 반자연적 가치를 자연적 가치에 대한 부정으로부터 도출하며 새로운 도덕적 세계 질서를 창조한다. 그리고 그들은 결국 그 질서 안에서 자신들의 신마저도 탈자연화시켜 "반자연적 인과율"의 신, 즉 데카당스의 도구로 전락시킨다.[59] "유대교와 그리스도교에서 힘을 원하는 인간 종류인 사제적 인간에게 데카당스는 단지 수단에 불과하다."[60] 사제들이 극단적으로 왜곡한 자연성에 대한 탈자연화는 곧 생성하는 실재에 대한 부정임과 동시에 실재를 극복할 수 없는 심리적 나약함의 증상일 뿐이다. 그리고 이러한 나약함의 데카당스는 구원의 욕구로 표출된다. 그리스도교의 심리학은 결국 구원의 심리학으로 드러난다. 니체가 자신의 철학적 과제를 원한과 복수로부터의 구원으로 규정하고, 자기감정의 주인이 되지 못한 자들의 속박된 정신과 의지의 해방으로부터 인간의 "최고의 희망"이 시작된다고 말하는 이유는 이 때문이다.[61]

---

57) 니체, 『차라투스트라는 이렇게 말했다』, 「타란툴라에 대하여」, 167쪽.
58) 니체, 『도덕의 계보 I』, 16, 386-389쪽 참조.
59) 니체, 『안티크리스트』, 25, 245쪽 참조.
60) 같은 책, 24, 244쪽.

구원의 욕구라는 그리스도교적인 모든 욕구에 대한 총괄 개념은 […] 데카당스에 대한 가장 솔직한 표현이고, 데카당스에 대한 섬세한 상징들과 그 실행 방법에 의해 보여진, 데카당스에 대한 가장 설득적이고 가장 고통스러운 긍정인 것이다.[62)]

3) 선한 인간의 심리학

선한 인간의 심리학은 곧 "비이기적인 행위들의 심리학(Psychologie der […] unegoistischen Handlungen)"[63)]으로 정의될 수 있다. 1888년 말의 한 유고에서 니체는 자신의 심리-생리학적 본능을 따르지 않고 오직 스스로를 보존하기 위해 보편적 가치를 따를 뿐인 비이기적 행위와 그 본능을 데카당스로 진단한다. "데카당의 좋지 않은 행위들은 다름 아닌 그것들의 '이기주의'의 결여에서 특징지어진다."[64)] 니체에 의하면 비이기적 행위에는 쾌(유용한 것)와 불쾌(해로운 것)를 자기 실존의 조건 위에서 선별하고 추구하는 감정, 즉 "명령의 정동(Affekt des Commando's)"[65)]이 결여되어 있다. 명령할 수 없는 자들은 복종의 가치를 추구할 수밖에 없다. 이러한 의미에서 선한 인간의 심리는 약한 인간의 무기력한 심리, 즉 데카당스의 심리이다. "비이기적 행위에는 바로 지휘하는 본능(der dirigirende Instinkt)이 없다 — 유용한 것과 해로운 것에 대한 심층적인 의식이 없다."[66)]

니체는 이기심과 이타심의 대립적인 관계를 전통 윤리학의 관점에서 규명하지 않는다. 오히려 그에게 이기적 행동과 비이기적 행동은

---

61) 니체, 『차라투스트라는 이렇게 말했다』, 「타란튤라에 대하여」, 166-167쪽 참조.
62) 니체, 『바그너의 경우』, 「후기」, 68쪽.
63) 니체, 『유고(1888년 초~1889년 1월 초)』, 22[18], 493쪽.
64) 같은 책, 22[18], 493쪽.
65) 니체, 『유고(1887년 가을~1888년 3월)』, 11[114], 351쪽.
66) 니체, 『유고(1888년 초~1889년 1월 초)』, 22[18], 493쪽.

반대되는 것이 아니라, 한 사람의 행위에 대한 명칭일 뿐이다. 하지만 중요한 것은 이 관계가 도덕화됨으로써 그 가치가 전환되었으며, 동시에 그 행위를 촉발하는 심리적인 영향이 왜곡되어버렸다는 것이다. "'이타적' 도덕이며 이기심을 움츠리게 하는 도덕 — 어떤 경우에도 나쁜 징조이다. 개인에게서도 그렇고 민족에게서는 특히 그렇다. 이기심이 결여되기 시작하면, 최고의 것이 결여되는 것이다."67) 도덕화된 행위에 대한 왜곡된 심리에 대하여 니체는 『차라투스트라는 이렇게 말했다』의 「도덕군자에 대하여」에서 인간의 행위 안에는 내면의 또 다른 나로서 "자기(Selbst)"가 있으며, 이 자기만이 행위의 토대가 되어야만 한다고 말한다.68) 니체에 의하면 가장 현명한 행위는 바로 내면의 또 다른 나인 "자기"를 따르는 것이다. 자신 안의 자기를 따를 때, 인간은 비로소 진정한 의미에서의 자기감정의 주인이 되는 것이다. 그래서 니체는 「몸을 경멸하는 자들에 대하여」에서 이 자기를 "알려지지 않은 현자(ein unbekannter Weiser)"라고 표현하는 것이다.69)

만약 인간의 본능으로서의 내적 자기의 음성에 따르는 삶을 살 수 없다면 혹은 내면의 자기가 억압된 상태에서 행위하는 것이 옳은 것이라면, 진정한 의미에서 자아는 "고등 사기의 하나이자 이상"70)일 수밖에 없다. 니체가 영혼과 육체, 자아와 자기 등의 개념을 서로 반대되는 것으로 규정하는 것이 "심리적 자가당착(der psychologische Widersinn)"71)이라고 표현하는 이유는 이 때문이다. 하지만 이러한 심

---

67) 니체, 『우상의 황혼』, 「어느 반시대적 인간의 편력」, 35, 170쪽.
68) 니체, 『차라투스트라는 이렇게 말했다』, 「도덕군자에 대하여」, 159쪽 참조.
69) 같은 책, 「몸을 경멸하는 자들에 대하여」, 53쪽.
70) 니체, 『이 사람을 보라』, 「나는 왜 이렇게 좋은 책들을 쓰는지」, 5, 384쪽.
71) 같은 책, 「나는 왜 이렇게 좋은 책들을 쓰는지」, 384쪽.

리적 자기모순은 결국 스스로 자기 삶의 상승과 성장을 위한 가치를 창조할 수 없는 선한 인간들의 의지박약, 즉 "생리적 자기모순(der physiologische Selbst-Widerspruch)"[72]으로 표출된다.

이렇듯 이기심의 결여는 결국 스스로 명령할 수 없는 무기력을 의미할 뿐이다. ""원한다"란 존재하지 않으며, 단지 무엇을-원한다(Etwas-wollen)만이 존재한다."[73]는 니체의 말처럼, 이기심의 결여는 결국 자신만을 위한 무언가를 가지기 위해 스스로에게 명령을 내릴 수 없는 무기력의 징후에 지나지 않는다. 그리고 이 증상은 결국 힘에의 의지의 마비, 다시 말해 힘과 힘들의 내적 투쟁을 통해 스스로 저항력을 유지할 수 없는 무기력에 불과할 뿐이다. 저항력이 없는 인간은 결코 스스로를 극복하는 삶을 살 수 없으며 자기 내면에서 자극을 만들어내며 긴장을 유지하는 삶을 살 수 없다. 그는 데카당스의 가치에 복종하는 평균적 인간유형일 뿐이다. "모든 강함과 건강과 활력은 증대된 긴장에서부터 자기 자신의 명령적 본능에 이르기까지 다 보여준다. 느슨해지는 것은 전부 데카당스이다."[74]

니체는 이러한 "데카당스의 상"으로부터 "선한 인간"이라는 유형을 도출해낸다.[75] 자신만의 고유한 삶의 덕을 창조할 수 없는 자들은 그리스도교의 심리에 따라 강한 자들의 자연적 심리와 건강성을 악하고 병적인 것으로 전도하고 나약한 자신의 반작연적 심리를 구원해줄 선한 신을 창조할 뿐이다. 그리고 그들은 이러한 나약한 노예도덕의 질서를 정의로운 세계로 해석하며 평균적 무리의 삶을 살아간다. "무리 동물의

---

72) 니체, 『우상의 황혼』, 「어느 반시대적 인간의 편력」, 41, 182쪽.

73) 니체, 『유고(1887년 가을~1888년 3월)』, 11[114], 351쪽.

74) 니체, 『유고(1888년 초~1889년 1월 초)』, 22[18], 493쪽.

75) 같은 책, 14[218], 231쪽.

나약함은 데카당의 나약함과 전적으로 유사한 도덕을 만들어낸다."76)

하나의 이상과 이념 아래 사람들은 평등해질 수밖에 없다. 니체에 의하면 하나의 가치를 절대적으로 믿는다는 것 자체가 "데카당스의 표시"이다.77) 그 이유는 하나의 이상과 절대적 믿음 속에서 인간의 관점은 병적으로 제약될 수밖에 없기 때문이다. "확신하는 인간은 가치와 무가치의 문제에서 근본적인 것 전부를 전혀 고려하지 못한다. 확신은 감옥이다."78) 이러한 의미에서 니체는 종교와 선한 인간의 신앙을 심리학적으로 탐구하며, 자신의 이러한 시도를 "확신과 믿음의 심리학(Psychologie der Überzeugung, des Glaubens)"이라고 명명한다.79)

> 힘에의 의지가 쇠퇴하는 곳에는 언제나 데카당스가 있다. 가장 남성적인 부분과 덕목들을 제거당한 데카당스의 신은 이제 선한 자들의 신이 된다. 그들의 숭배는 '덕'이라고 불리고 ; 그들의 추종자들은 '선한 자들과 정의로운 자들'이다.80)

이러한 의미에서 니체는 1888년 중반의 유고「신(神) 개념의 역사」에서 신과 종교에 대한 자신의 고유한 견해를 밝힌다. 그에 의하면 한 민족은 스스로를 믿는 한에서 자신들만의 신을 가진다. 이때 그들은 신 자체를 숭배하는 것이 아니라, 그들을 정상의 자리에 서게 해준 조건들을 숭배하며 자신들의 기쁨과 힘의 느낌을 감사할 수 있는 존재에게 투사한다. 이들에게 종교는 오히려 "감사하는 형식 중의 하나"이다. 이들은 나약하지도 선하지도 않으며, 오히려 "강한 현실론자들

---

76) 같은 책, 23[4], 510쪽.

77) 니체, 『안티크리스트』, 50, 289쪽.

78) 같은 책, 54, 297쪽.

79) 같은 책, 55, 299쪽.

80) 니체, 『유고(1888년 초~1889년 1월 초)』, 17[4], 2, 396쪽.

(Realisten)"일 뿐이다. 이들에게 신은 때로는 이롭고 해롭기도 하며 또 때로는 친구이며 적이기도 하다. 중요한 것은 적어도 이들은 신에게 "반자연적 거세(die widernatürliche Castration)"를 가함으로서 선한 존재로 확정하지 않는다는 것이다. 하지만 이들 역시 자신의 미래에 대한 희망이 사라져버리고 명령보다는 복종하는 것이 이롭다고 느낄 때, 즉 힘이 소진되었다고 느낄 때 자신들의 신 개념마저 바꾸게 된다. 이렇듯 신은 한 민족 안에 내재된 힘을 온전히 반영하는 거울이다. 나아가 국가, 민족 사회, 문화, 인간 등도 특정한 가치에 매몰되어 그 안에 내재된 자유로운 힘에의 의지를 상실할 때 데카당스의 위험에 놓이게 된다.81)

그래서 니체는 선한 인간유형은 자신으로부터 "특정 형이상학", "특정 심리학"과 더불어 "진리에 이르는 특정한 길", "특정 정치학", "특정한 삶의 방식과 교육 방식"을 만들어낸다고 말하는 것이다.82) 니체는 선한 인간의 심리학을 통해서 그 안에 내재된 비이기적 행위의 원인을 탐구하며 그들의 본능이 데카당스일 수밖에 없음을 밝혀낸다. 그리고 더 이상의 변화를 원하지 않는 나태함, 저항에의 무능력, 강자에 대한 반란, 이상, 위안, 영웅 등과 같은 마취제의 요구, 아펙트(감정)와 강한 의지에 대한 공포 등 선한 인간의 자기보존 본능을 데카당스의 본능으로 규정한다.83)

이와 같은 데카당스 본능들은 위버멘쉬가 선한 인간에게 악마 혹은 악인이라고 불릴 수밖에 없는 이유이기도 하다. 그 이유는 위버멘쉬는 현실론자, 다시 말해 생성하는 구체적 삶의 세계를 그 자체로 긍정하고 또한 그럴 수 있을 만큼 강하기 때문에 스스로를 현실적 실재로부

---

81) 같은 책, 17[4], 1, 395-396쪽 참조.
82) 같은 책, 23[5], 513쪽 참조.
83) 같은 책, 23[4], 511-512쪽 참조.

터 소외시키지 않기 때문이다. 위버멘쉬는 결코 저편의 세계와 구원을 추구하지 않는다. 그는 자기 내면의 자유로운 정동의 활동을 바탕으로 매 순간 자기 자신과 삶을 실재로서 인식하는 "실재 그 자체(Realität selbst)"이다. 위버멘쉬가 데카당스와 허무주의 극복 주체일 수밖에 없는 이유이다.84)

실재성에 대한 비겁을 "가장 내적인 비겁(innerlichste Feigheit vor der Realität)"85)으로 이해하는 니체에게 있어 그리스도교와 선한 인간의 심리에 대한 탐구는 인간 안에 내재한 가능성을 드러내기 위한 근본적인 과제이다. 그래서 니체는 "최초의 비도덕주의자"86)인 차라투스트라의 입을 통해 다시 선과 악, 선한 인간과 악한 인간의 가치론적 전환을 시도하며 지금까지 강한 인간의 가치를 폄하하고 은폐해 온 낡은 심리학적 위조를 밝혀낸다. 니체가 차라투스트라를 "선한 인간에 대한 최초의 심리학자"87)라고 표현하는 이유는 이 때문이다.

5. 데카당스에 대한 생리적 진단

1) 생리적 진단

니체가 그리스도교에 대한 심리적 탐구를 통해 선한 인간의 심리를 실존적 무기력의 데카당스 병으로 진단하였다면, 그는 후기 철학에 이르러 생리학을 통해 보다 더 구체화된 방식으로 자기 삶의 변화를 실현할

---

84) 이에 대한 설명으로는, Günter Abel, *Nietzsche : Die Dynamik der Willen zur Macht und die ewige Wiederkehr*, Berlin 1998, 90쪽 참조.

85) 니체, 『이 사람을 보라』, 「바그너의 경우」, 2, 449쪽 참조.

86) 같은 책, 「차라투스트라는 이렇게 말했다」, 3, 458쪽.

87) 같은 책, 「차라투스트라는 이렇게 말했다」, 5, 462쪽.

수 있는 힘의 부재, 즉 실존적 무능력 — 예술생리학의 관점에서는 창조적 무능력 — 을 병으로 진단하고 치유하고자 한다. 니체의 심리학과 생리학은 모두 의지박약 증상, 다시 말해 의지의 나약함을 전제로 한다. 그이유는 나약한 의지의 심리적 힘은 생리적 병으로 표출되며, 생리적 병은 필연적으로 심리적 병을 전제로 할 수밖에 없기 때문이다. 인간의 새로운 위대함을 실현하기 위한 방법은 의지박약 증상의 치유이다. 니체는 데카당스라는 의지의 심리적 병을 치유하기 위해 이 증상을 생리적 힘의 문제와 연관시킨다. 그리고 의지의 심리학을 포괄하는 의지의 생리학으로 확장함으로써 형이상학, 그리스도교, 도덕을 "생리적 데카당스의 징후(Symptom physiologischer décadence)"[88])로 진단한다.

하지만 이 진단이 결코 심리학의 가치를 폄하하는 것은 아니다. 니체는 오히려 생리학을 통해 인간을 몸의 존재로 규정하며, 그의 실천적 능력의 가능성을 부각시킨다. 심리학을 생리학의 문제로 전환하고 확장하는 니체의 철학적 의도는 위버멘쉬로의 '위대한' 변화를 향한 인간의 실존적-실천적 행위가 의지의 현실적-경험적 힘을 필요로 한다는 사실을 증명하기 위함이다. 그렇다면 자신의 실존적 한계를 극복하지 못하는 사람들의 나약한 정신과 의지를 자극할 수 있는 방법은 무엇일까?

니체에 의하면 『차라투스트라는 이렇게 말했다』에 등장하는 시장터의 사람들은 더 이상 새로운 자신을 희망하지 않는 "생리적 곤궁(physiologische Nothstände)"[89]) 상태에 빠져있을 뿐이다. 『니체 대 바그너』에서 바그너와 현대성의 병적인 유전 관계에 대한 논의에서도 잘 드러나 있

---

88) 니체, 『유고(1888년 초~1889년 1월 초)』, 14[13], 23쪽; 14[224], 235쪽.
89) 같은 책, 16[75], 378쪽.

듯이, 니체는 바그너와 그의 음악을 생리학적으로 탐구한다. 이때 니체가 바그너의 음악과 그 원칙을 "생리적 곤궁"[90]이라고 표현하는 이유는, 그의 음악이 청중들에게 심리적 나약함을 위안함으로서 결국에는 생리적 소진—니체의 또 다른 표현에 의하면 "생리적 결함"[91]—을 유발하기 때문이다.

예를 들어 니체가 바그너 예술의 그리스도교적 효과로 제시하는 "유기체적 결함", 즉 "불규칙한 호흡", "혈액순환 장애", "급작스러운 혼수상태를 동반하는 극도의 민감성"은 결국 삶에 대한 불안 및 두려움 속에서 자신의 의지로 스스로를 변화시킬 수 없는 힘과 의지의 심리적 나약함이 생리적 증상으로 드러나고 있음을 잘 보여준다.[92] 이러한 의미에서 "미적 가치"가 "생물적 가치"에 근거하기 때문에 "미적 쾌감"은 "생물적 쾌감"일 수밖에 없다는 니체의 말은[93], 심리적인 가치가 생물적 가치를 전제로 한다는 것, 다시 말하면 심리적인 가치는 생명체의 생명현상의 일부라는 것을 의미한다.

다시 말해 생명현상은 본질적으로 몸의 현상이기 때문에 심리적-생리적일 수밖에 없지만, 니체는 이 현상을 보다 면밀하게 관찰하며 심리적 증상이 생리적 증상으로 드러날 수밖에 없음을, 즉 현대의 생리적 소진의 문제는 계보학적으로 심리적 나약함으로 소급된다는 사실을 밝혀낸다. 이렇듯 니체는 심리적 문제를 생물학적 문제로 환원함과 동시에 생리적 문제로 확장한다. 이러한 의미에서 "미적인 긍정"이 내면의 힘을 전제로 하며, 스스로 자신의 삶을 아름답다고 말하지 못하는

---

90) 같은 책, 16[75], 378쪽.

91) 니체, 『바그너의 경우』, 7, 36쪽.

92) 니체, 『유고(1888년 초~1889년 1월 초)』, 16[75], 378쪽.

93) 같은 책, 16[75], 378쪽.

가치 감정의 결여는 심리학적 관점에서는 "무기력한 본능"에 의한 증상이지만 생리학적 관점에서는 자기본능의 주인이 될 수 없는 무능력이기도 하다.94)

2) 소진의 생리학

니체에게 있어 심리적 나약함은 자신 안에 내재된 힘이 자기 자신을 향하고 있지 않은 증상에 대한 진단이다. 니체가 문제시하는 것은 힘의 부재가 아니라, 오히려 힘의 방향성 상실이다. 니체가 『도덕의 계보』의 「제3논문」에서 진단한 것처럼, 아무것도 의욕할 수 없기 때문에 결국 무를 의지하는 인간 의지에 대한 심리학적 탐구는 1) 인간은 본질적으로 무엇이든 의욕할 수밖에 없는 존재라는 심리학적 근거로 작용하고, 2) 이로부터 '그 무엇'을 힘으로 전환하는 니체의 철학적 생리학은 비로소 심리학을 포괄하는 치유의 개념으로 발전한다.95) 그에 의하면 데카당스 가치를 의지하는 인간이 현실적으로 자기 자신을 매 순간 극복해야만 하는 존재로 인식한다는 것은 그리스도교적-신학적 목적론 아래 스스로를 "아직 확정되지 않은 동물"로 이해하는 것만큼이나 어려운 일이다.96)

소진을 유발하는 가치들로서 "데카당스-가치", "쇠퇴의 가치", "허무적 가치" 아래 묶인 것은 다름 아닌 인간의 본능인 것이다.97) 니체가 심리적으로 탐구했던 가치들이 유전되어 오는 과정에서 유발한 인간 실존의 문제들은 자기인식의 결여를 유발하지만, 이 증상은 결국

---

94) 니체, 『유고(1887년 가을~1888년 3월)』, 10[168], 263쪽 참조.
95) 니체, 『도덕의 계보 Ⅲ』, 28, 541쪽.
96) 니체, 『선악의 저편』, 62, 101쪽.
97) 니체, 『안티크리스트』, 6, 219쪽 참조.

스스로가 변화의 원동력이 될 수 없는 소진의 병으로 발전한다.98) 하지만 중요한 것은 이 병의 원인이 "유전성 소진이 아니라, 획득된 소진"이라는 니체의 진단이다.99) 소진된 자의 실존적 무능력의 병은 자기본능의 부정이 심리학적으로 습관화된 결과이다. 다시 말해 소진 증상은 심리적 약화가 생리적 약화로 드러난 결과이다. 이러한 의미에서 니체는 고통에 대한 에피쿠로스의 태도를 데카당스로 규정한다. 그리고 이를 예로 들어 그리스도교적-심리적 구원이 두 가지 "생리적 현실", 즉 고통에 대한 공포와 이 감정이 오직 종교적 사랑 속에서 치유될 수 있다는 힘의 소진으로부터 발생한다는 사실을 생리학적으로 규명한다.100)

이와 관련하여 니체는 다음과 같이 말한다. "자신을 '제어'할 수 없는 (ー 자극에 반응하지 않는, 아주 작은 성적 자극에도 반응하지 않는) 무능력 증세는, 총체적 소진의 가장 정확한 결과 중의 하나이다.)"101) 니체의 생리학은 더 이상 심리적 문제에 국한할 수 없는 삶에 대한 나약한 인간의 허무주의적 태도의 치유를 위해 소진의 현상을 보다 내밀하고 경험적으로 분석할 수 있는 철학적 방법론으로서 역할을 한다. 현대에 발생한 "총제적 소진(Gesammt-Erschöpfung)"의 원인을 찾기 위해 니체가 수행하는 철학적 시도는 "소진의 생리학(Physiologie der Erschöpfung)"102)으로 명명될 수 있다.

---

98) 힘의 소진, 즉 본능의 부패와 퇴폐에 대한 생리학적 관점에서 데카당스는 건강과 병, 강함과 약함으로 구체화되며, 이때 이 가치들은 형이상학, 그리스도교, 도덕의 정체를 드러내는 중요한 조건으로서의 역할을 한다. Wolfgang Müller-Lauter, Über Freiheit und Chaos. Nietzsche-Interpretationen II, Berlin/New York 1999, 17쪽 참조; Anette Horn, Nietzsches Begriff der décadence : Kritk und Analyse der Moderne, Frankfurt am Main 2000, 120쪽 참조.

99) 니체, 『유고(1888년 초~1889년 1월 초)』, 15[80], 307쪽.

100) 니체, 『안티크리스트』, 30, 253-254쪽 참조.

101) 니체, 『유고(1888년 초~1889년 1월 초)』, 23[1], 503쪽.

나는 약하게 하고, — 소진하게 하는 것 전부에 <대한> 부정을 가르친다.

나는 강하게 하고, 힘을 축적하고, 긍지를 ㅡㅡㅡ 하는 것 전부에 대한 긍정을 가르친다.

이제까지는 두 가지 모두 가르쳐지지 않았다 : 오히려 덕, 탈아(脫我)Entselbstung, 동정이 가르쳐지고, 심지어 삶에 대한 부정이 가르쳐졌다……이것들은 전부 소진한 자(der Erschöpfte)들의 가치들이다.

소진의 생리학에 대한 긴 숙고는, 나로 하여금 소진한 자의 판단들이 가치 세계의 어디까지 침입해 있는지에 대한 질문을 하게 했다. […]

가장 성스러운 이름 밑에서 나는 파괴적 경향을 이끌어냈다 ; 신이라고 지칭되어 온 것은 약하게 하고, 약함을 설교하며, 약함을 전염시키는 것이었다……나는 '선인(善人)'이 데카당스의 자기 긍정형식이라는 것을 발견했다.[103]

비이기적인 이타심과 탈아의 심리학적 특성은 이제 약화되고 지쳐버린 선한 인간의 생리학적 특성으로 부각된다. 이제 그리스도교와 도덕은 니체에게 심리학을 포괄하는 생리학의 대상이 되는 것이다. 종교적 인간과 소진한 자들의 내면세계가 혼동될 정도로 유사하다는 니체의 평가는 당연하다.[104] 이러한 의미에서 니체는 병에 걸린 것보다도 더 무서운 것은 지쳐버린 것, 즉 소진되어버린 것이라고 말한다.[105] 소진 증상의 무서운 점은 선한 인간의 행복 추구에서도 확인될 수 있다. 선한 인간은 비록 자신이 원하는 유의 것은 아닐지라도 심리적 나약함의 상태에서 행복을 추구할 수 있다. 물론 생리적 나약함의 상태에서도 행복을 추구할 수 있지만, 그는 영원히 자신의 힘으로 자신이 진정으로 원하는 행복을 창조할 수 있는 상승과 성장의 가능성을 발현하지 못한다. "이성=덕=행복"이라는 소크라테스의 도식에 반해 힘의 "쾌감=행복=반도덕적"을 제시하는 니체의 의도는 이를 잘 보증한다.[106] "본능에 대

---

102) 같은 책, 15[13], 255쪽.

103) 같은 책, 15[13], 255쪽.

104) 니체, 『안티크리스트』, 51, 291쪽 참조.

105) 니체, 『니체 대 바그너』, 「내가 바그너에게서 어떻게 벗어났는지」, 1, 538쪽 참조.

적하는 삶은 하나의 병증일 따름이며 또 다른 병증일 뿐이다 [⋯] 본능
들에 맞서 싸우지 않으면 안 된다 ─ 이것은 데카당스의 공식이다 : 삶
이 상승하는 한, 행복은 본능과 같은 것이다."107) 이성이 우세할 때, 본
능의 가치는 폄하될 수밖에 없다. 금욕주의의 표어로서 "삶에 거스르는
삶(Leben gegen Leben)"은 곧 본능이 억압된 삶과 그 의지, 즉 삶에의
의지의 마비에 지나지 않는다. 자신의 본능을 거스르며, 자신의 생리적
조건과 무관한 행복은 온전히 나 자신을 위한 것일 수 없다.

> '삶에 거스르는 삶'이라는 금욕주의자들에게서 표현되는 것처럼 보이는 자기모
> 순이란 ─ 이것은 우선 명백하다 ─ 심리학적으로가 아니라, 생리학적으로 생각
> 해볼 때, 단지 무의미할 뿐이다.108)

행복은 본능의 억압이 아니라 자유로부터 창조된다. 니체는 이
에 반한 행복을 추구하는 선한 인간들의 증상을 "생리적 혼동(die
physiologische Verwechslung)"이라고 표현한다. 니체에게 있어 자
기 본연의 본능이 사라졌다는 것은 그 본능이 부패하고 변질되었다는
것, 즉 힘에의 의지가 결여되었다는 것을 의미한다. 본능의 퇴화는 힘
의 소진과 다르지 않다. 그 이유는 본능의 퇴화가 힘에의 의지의 쇠퇴,
즉 힘의 근원과 의지의 작용 능력을 상실하는 것이기 때문이다. 그래
서 니체는 그리스도교적-도덕적 행복의 추구를 "삶의 핵심적인 힘들이
모두 소진되었다는 점에 대한 표시"109)라고 표현하는 것이다.

이렇듯 "생리적 혼동"은 스스로를 힘에의 의지의 존재로 인식할 수

---

106) 니체, 『우상의 황혼』, 「소크라테스의 문제」, 10, 94쪽; 니체, 『유고(1888년 초~1889년 1월
　　초)』, 14[115], 108쪽.
107) 니체, 『우상의 황혼』, 「소크라테스의 문제」, 11, 95쪽.
108) 니체, 『도덕의 계보 Ⅲ』, 13, 483-484쪽.
109) 니체, 『유고(1888년 초~1889년 1월 초)』, 14[87], 76쪽.

없는 자기인식의 결여를 의미할 뿐이다. 자신을 목적으로 설정하는 자는 필연적으로 자신의 모든 힘을 오직 자신을 위해 사용해야만 한다. 하지만 나약한 가치에 의지하는 선한 인간은 그러지 못한다. "믿음을 가진 자, 온갖 종류의 '신앙을 가진 자'는 필연적으로 의존적인 종류의 사람이다. 자신을 목적으로 설정하지 않고, 더욱이 자발적으로 목적을 도대체가 설정할 수 없는 자들이다."[110]

니체가 선한 인간의 욕구를 "약함의 욕구(ein Bedürfniss der Schwäche)"라고 표현하는 이유는 이 때문이다. 이러한 욕구 속에서 자기 자신을 보다 많은 힘을 원하는 힘에의 의지의 존재로서 인식하는 것은 불가능하다. 상승과 성장을 경험할 수 있을 정도의 힘을 가지지 않은 소진된 인간은 단 한 순간도 자신의 의지대로 변화되는 삶을 살 수가 없다. 인식 충동을 동화 및 정복 충동으로 환원하는 니체에게 있어 약함의 욕구는 생명체의 생명성에 대한 근본적인 오류, 즉 "생리적 혼동"에 불과할 뿐이다.[111]

그래서 니체는 "생리적 사항에서의 혼동(die Verwechslung im Physiologischen)보다 더 비싼 대가를 치르는 것은 없다."라고 말한다.[112] 자기 본연의 존재성에 대한 인식의 결여로 대변되는 생리적 혼동은 소진의 근본적인 원인이다. 또한 이웃 사랑 및 동정의 이면에도 타인의 고통에 도덕적-이타적으로 반응하는 "생리적 과민(die physiologische Überreizbarkeit)"이 내재되어 있다.[113] 니체에 의하면 이 증상 역시 일종의 자기소외로서 자신의 힘을 소진하게 만드는 원인으로 작용한다. 이

---

110) 니체, 『안티크리스트』, 54, 298쪽.
111) 니체, 『유고(1888년 초~1889년 1월 초)』, 14[142], 149쪽 참조.
112) 같은 책, 14[68], 61쪽.
113) 니체, 『우상의 황혼』, 「어느 반시대적 인간의 편력」, 37, 175쪽 참조.

러한 의미에서 니체는 선한 인간의 그리스도교-도덕적 순화를 "생리적 퇴보(eine physiologische Rückgang)"[114]라고 표현한다.

> 생리적 혼동은 모든 악의 원인이다. <왜냐하면> 그 본능이 소진한 자에 의해 자신의 최선을 은폐하고 자신의 중심을 상실하도록 오도되었기 때문이다……추락─삶의 부정─이것 역시 상승으로, 미화로, 신성시로 받아들여졌다.[115]

3) 생리적 장애 : 소화불량

선한 인간은 자신의 힘을 나약하게 만드는 그리스도교적-도덕적 가치에 의존하며 치유의 감정을 느낄 뿐, 그 병의 원인이 자신의 내적 힘의 소진에 의한 것임을 알지 못하는 "생리적 장애자(die Physiologisch-Gehemmten)"[116]이다. 그리고 그가 삶에 대한 자신의 우울, 피로와 슬픔과 같은 소진을 치유하기 위해 그리스도교적-도덕적 가치들의 감정적 치료에 의존하는 증상을 니체는 "생리적 장애(eine physiologische Verstimmung)"[117]라고 표현한다.

스스로를 힘에의 의지의 존재로서 매 순간 보다 많은 힘을 추구하는 본능의 주인으로 인식하지 못하는 "생리적 혼동(die physiologische Verwechslung)"은 바로 행복이 자기 내면의 힘의 증대에 의한 쾌의 감정이고, 불쾌가 보다 새로운 행복을 위한 자극임을 인식하지 못하는 본능의 장애, 즉 "생리적인 장애 감정(ein physiologisches Hemmungsgefühl)"[118]에 의한 것이다. 니체가 심리적 장애를 생리적 장애의 문제로 확장하

---

114) 니체, 『유고(1885년 가을~1887년 가을)』, 4[7], 223쪽.
115) 니체, 『유고(1888년 초~1889년 1월 초)』, 15[13], 256쪽.
116) 니체, 『도덕의 계보 Ⅲ』, 17, 498쪽.
117) 같은 책 Ⅲ, 16, 496쪽.
118) 같은 책 Ⅲ, 17, 498쪽.

는 이유는 건강에 대한 심리적 감정만으로 실제로 건강한 상태라고 할수 없는 것처럼, 심리적 증상은 심리적 장애자 그 자신에 의해 드러나지 않기 때문이다. 심리적 장애에 대한 니체의 생리학적 관점과 진단은 심리적 장애의 원인을 드러내고 치유의 방법을 모색하는 데 중요한역할을 한다.

> 인간에 대한 '죄스러움'이란 사실이 아니라, 오히려 어떤 사실, 즉 생리적 장애
> 에 대한 해석일 뿐이다. — 생리적 장애란 우리에게 더 이상 구속력을 갖지 않
> 는 도덕적 종교적 관점에서 본 것일 뿐이다. — 그 누군가에게 '책임이 있다'든
> 지, '죄가 있다고'고 느끼는 것으로는, 그가 건강하다고 느끼기 때문에 그가 건
> 강하다고는 할 수 없는 것처럼, 그가 그렇게 느끼는 것이 옳다는 것을 전혀 증
> 명하지 못한다.[119)]

이렇듯 그리스도교는 소진된 인간의 우울, 피로, 슬픔, 중압감 등의치유를 위해 자기극복과 긍정적 힘의 소진이라는 원인을 은폐하고 심리적이고 도덕적인 방식으로 치유를 시도한다. 그래서 니체는 "생리적장애란 우리에게 더 이상 구속력을 갖지 않는 도덕적 종교적 관점에서본 것일 뿐이다."라고 말하는 것이다.[120)] 이러한 의미에서 니체는 소진된 자의 "정신적 고통(ein seelischer Schmerz)"과 같은 심리적 고통역시 "영혼"이 아니라, "배 [腹部]"의 문제, 다시 말해 "죄책, 죄, 죄스러움, 타락, 영원한 벌"에 의한 것이 아니라, 자신의 고통스러운 경험— 니체의 표현에 의하면 "음식물" — 을 긍정적인 방식으로 해석할 수없는 생리학적 힘의 소진으로 규정한다.[121)] 니체에 의하면 정신적 고통은 "소화불량"[122)]과 다름없다.

---

119) 같은 책 Ⅲ, 16, 496쪽.
120) 같은 책 Ⅲ, 16, 496쪽.
121) 같은 책 Ⅲ, 16, 495, 497쪽 참조.

4) 예술생리학 : 도취와 소진

니체의 심리학이 데카당스의 조건을 탐구했다면, 생리학은 그 증상의 현상과 치유의 방법을 탐구한다. 다시 말하면 심리학이 변화의 조건을 탐구한다면, 생리학은 변화의 방법을 추구한다. 그리고 소진은 심리학적 나약함을 생리학적으로 해명하기 위한 니체의 철학적 시도이다. 니체철학의 후기 예술철학을 대변하는 예술생리학을 예를 들어 설명하면 다음과 같다. "무리인간은 예외적 인간이나 위버멘쉬에게서와는 다른 사물에서 아름다움이란 가치감을 얻는다."123) 니체의 이 말은 1) 무리인간과 마지막 인간이 자신의 힘과 의지가 자신에게 속하지 않고 다른 존재를 향하는 인간유형에 대한 명칭이라는 것과 2) 이에 반하여 위버멘쉬는 자신의 힘과 의지를 온전히 자기 삶의 변화를 위해 발현하는 인간유형에 대한 명칭이라는 사실을 담고 있다.

예술생리학의 인간학적 특징을 대변하는 이 글은 현상과 대상에 자신의 가치감을 불어넣어 힘을 증명하는 방식을 두 인간유형의 차이를 통해 보여주고 있다. 이 두 인간유형의 차이는 "도취"이다. 도취는 '인간이 자신의 힘을 어떠한 방식으로 느끼고 표출해야만 하는가?'라는 물음에 대한 니체의 실존미학적 대답이다. 도취, 즉 "습관적 도취"124)는 심리학적이지만, 이때 이 감정은 자신의 힘에 대한 것이기 때문에 생리학적이다.125)

---

122) 같은 책 Ⅲ, 16, 497쪽. 니체철학에 등장하는 소화와 소화불량에 대한 구체적인 논의로는, 이상범, 「니체의 개념 위, 소화, 소화불량의 철학적 의미에 대한 연구」, 『니체연구』 제32집(한국니체학회, 2017년 가을호), 61-99쪽 참조.

123) 니체, 『유고(1887년 가을~1888년 3월)』, 10[167], 261쪽.

124) 니체, 『유고(1888년 초~1889년 1월 초)』, 14[117], 112쪽.

125) 니체는 자기 자신을 긍정하는 감정으로부터 발생하는 힘의 증대와 쾌의 감정을 심리학적 영역에 국한시키지 않고, 근육, 운동, 춤, 경쾌함 등과 같은 생리학적 경험으로 확장한다. "도취라고 명명되는 쾌의 상태는 정확히 고도의 힘 느낌인 것이다 […] 근육의 지배 감정으로서의, 운동에서의 유연성과 쾌감으로서의, 춤으로서의, 경쾌함과 프레스토로서의 강함. 강함을 입

내면의 힘이 충만하고 증대된 힘의 느낌을 통해 상승 및 성장했다는 감정은 한 번 더 실존적 변화를 경험하고 싶은 자기극복과 긍정의 열정으로, 다시 말해 자신의 삶을 한 단계 더 아름답게 보고 또한 다시 그렇게 만들고 싶은 의지로 발현된다. 니체가 예술을 자기 내면의 힘을 오직 자기 자신을 위해 사용하는 상태에 대한 표현으로 제시하며, 이를 "미적 상태(예술적 상태)"126)와 "비예술적 상태"127)로 구분하는 이유는 이 때문이다. 예술가의 심리적 조건으로서의 도취 없이 예술적 상태는 발생할 수도 유지될 수도 없다.

이에 반해 "추함은 어떤 유형의 데카당스를 […] 생리적으로 말하자면 조직하는 힘의 하강을, '의지'의 쇠퇴를 의미한다……"128) 그렇다면 좌절과 체념 등의 감정으로 자신의 삶을 "추함"으로 평가하는 힘의 소진 속에서 니체의 예술생리학이 성립될 수 없다는 것은 당연하다. 그가 "염세적 운동은 생리적 데카당스의 표현에 불과하다."129)라고 말하는 이유는 이 때문이다. 그리고 인간의 생리적 데카당스는 이후 문화적 데카당스로 대변되는 허무주의로 표출된다.

> 도취감. 사실상 힘의 증대에 대응한다 […]
> '미화'는 고양된 힘의 결과이다.
> 힘-고양의 필연적 결과로서의 미화 […]
> 추함은 어떤 유형의 데카당스를, 내적 욕구들의 모순과 병존의 결여를 의미한다.
> 생리적으로 말하자면 조직하는 힘의 하강을, '의지'의 쇠퇴를 의미한다……130)

증하는 데서 느끼는 쾌감으로서의, 걸작과 모험과 대담함과 개의치 않는 존재로서의 강함……"(같은 책, 14[117], 111쪽).

126) 니체, 『유고(1887년 가을~1888년 3월)』, 9[102], 72쪽.

127) 니체, 『유고(1888년 초~1889년 1월 초)』, 17[9], 404쪽; 14[119], 116쪽.

128) 같은 책, 14[117], 111쪽.

129) 같은 책, 17[8], 403쪽.

130) 같은 책, 14[117], 110-111쪽.

추함은 더 이상 자기 자신이 누구인지 궁금해하지 않는 심리적 나약함으로 인한 우울증의 증상으로 드러나지만, 니체는 이 증상을 내-외적 힘의 소진으로 인한 "생리학적 우울증(logische Depression)"[131]으로 전환한다. "추함은 의기소침하게 한다. 이것은 우울증의 표현인 것이다. 추한 것은 힘을 뺏어가고, 빈곤하게 하며, 압박한다……"[132] 이렇듯 니체는 예술생리학을 통해 삶의 미화와 추화를 단순히 심리학적 영역에 국한하지 않고, 이를 포함한 생리학적 힘의 문제로 확장한다. "소진Erschöpfung이 […] 사물의 가치를 변화시킨다."[133]는 니체의 말은 이러한 이유에서이다. 나약한 가치 세계를 유지하는 소진된 자의 힘은 삶의 예술적-창조적 변화를 실현할 정도로 강하지 않다. 창조적 무능력은 소진된 자의 근본적인 증상이다.

니체가 예술생리학을 통해 제시하는 실존적 건강의 이론은 삶에 대한 보편적-평균적 평가로부터 해방되어 자신의 삶에 고유한 미적 의미를 부여하고, 스스로를 예술작품으로서 느끼며 매순간 창조하는 예술가로서의 삶을 사는 것이다. 그에게 예술은 '자신의 삶에 어떤 감정을 지니고 있는가?', '얼마나 자신의 삶을 사랑하고 있는가?', '만약 자신의 삶을 사랑하고 있지 않다면, 그 이유는 무엇일까?', '진정으로 자기 자신을 사랑한다는 것은 자신 안에 있는 추함까지도 긍정할 수 있는 내면의 힘으로부터 가능한 것은 아닐까?'라는 물음들에 대한 답을 찾기 위한 실존적 도구이다. 이러한 실존의 도구가 이성일 수 없음은 당연하다. 이러한 의미에서 니체가 쾌감을 특정한 힘-느낌이라고 말하는 이유는 도취가 자기 내면의 이 힘을 감정적으로, 즉 아펙트적으로 느

---

131) 니체, 『도덕의 계보 III』, 17, 500쪽.
132) 니체, 『유고(1888년 초~1889년 1월 초)』, 14[119], 114쪽.
133) 같은 책, 14[68], 59쪽.

끼는 상태에 대한 개념이기 때문이다.

> 쾌감은 특정한 힘 느낌이다 : 아펙트들이 배제되면, 최고의 힘 느낌을 주는, 따
> 라서 쾌감을 주는 상태가 배제되어버리는 것이다. 최고의 이성성은 온갖 종류
> 의 도취를 수반하는 행복감을 주는 것으로부터는 거리가 먼 냉정하고도 명료한
> 상태이다……134)

이렇듯 니체에게 예술은 쇼펜하우어적인 관조가 아니라 자신의 삶
에 창조적 주체로 참여하는 감정을 대변하는 개념으로서, 자신의 힘을
인식하고 다시 그 힘을 증대시키기 위해 스스로를 긍정하고 극복하는
능동적 삶의 양식이다. 이때 도취는 자기 자신에 대한 예술적 감정을
대변하는 역할을 한다. 니체는 도취를 통해 인간 내면의 자기관계를
점검하고, 이를 바탕으로 실존적 소진 증상의 생리학적 원인을 밝혀내
며 치유를 시도한다.

6. 철학적 의사와 생리학자

"쾌에 대한 불쾌의 우세는 허구적인 도덕과 허구적인 종교의 원인
이다 : 그런데 그런 우세가 데카당스에 대한 공식을 제공하는 것이
다…"135) 니체는 그리스도교와 도덕에 의한 쾌와 불쾌의 심리학적 전
환을 실마리로 나약한 인간의 의지와 그 원인에 대한 증상을 심리학
적으로 탐구하지만, 그 의지가 힘을 추구하기 때문에 그의 시도는 생
리학적 탐구로 나아간다. 니체에게 있어 힘에의 의지는 인간의 심리-

---

134) 같은 책, 14[129], 132쪽.
135) 니체, 『안티크리스트』, 15, 231쪽.

생리적 진단 기호이다.

힘에의 의지로서의 인간은 매 순간 본능적으로 불쾌를 넘어선다. 자신의 삶을 변화시킬 수 있을 정도로 힘이 충만해진 상태, 즉 힘이 증대된 느낌 속에서 불쾌는 쾌를 더욱 새롭게 만들어주는 자극제 역할을 한다. 하지만 이러한 본능이 상실되었을 때 인간은 자신만의 고유한 쾌, 즉 행복을 설정할 수 없다. 이에 반해 그리스도교적-도덕적 쾌와 덕은 반자연적 데카당스에 불과할 뿐이다. 그리스도교와 도덕에 대한 니체의 이러한 평가는 학문과 철학에도 동일하게 적용된다.

> 학문과 철학
> […] 누구도 쾌감의 전형을, 모든 종류의 쾌감('행복')을 힘 느낌으로 정의하려는 용기를 갖고 있지 않았다 : 힘에 대한 쾌감이 반도덕적으로 여겨졌기에 누구도 덕을 인간 유(혹은 종 혹은 폴리스)를 위해 봉사하는 반도덕성(힘에의 의지)의 결과로서 파악할 용기를 갖고 있지 않았다.
> 힘에의 의지가 반도덕적인 것으로 간주되었기 때문이다.[136]

"인간이 원하는 것은 무엇인가?"라는 물음에 행복이라 답하고, 이를 철학적으로 탐구했던 철학자들의 시도에 대해 니체는 다음과 같이 되묻는다. 만약 "인간이 실제로 행복에 도달하지 못한다면 그 이유는 무엇인가?" 니체는 그 이유에 대하여 1) 행복에 대한 개념적 오류와 2) 행복에 이르는 수단이 잘못 설정되었음을 지적한다. 니체에 의하면 행복을 향한 인간의 행위 이면에서 의지의 의도를 찾은 철학자들은 행복이 스스로 자신의 삶을 지배하고 있다는 느낌이 들 정도로 힘이 충만한 상태에 대한 명칭에 불과하다는 사실을 간과했다. 그래서 그들은 인간이 추구하는 것은 특정한 상태에 대해 보편적으로 명명된 행복

---

136) 니체, 『유고(1888년 초~1889년 1월 초)』, 14[115], 108쪽.

이 아니라 힘이라고 말하지 못하고, 그 수단을 덕으로 설정했던 것이다.[137] 니체가 그들의 철학적 시도를 "초보 심리학(die rudimentäre Psychilogie)"[138]이라고 평가하는 이유는 이 때문이다.

전통 철학자들의 이러한 심리학적 시도는 근본적으로 탈자연화된 "본능의 확실성(die Sicherheit eines Instinkts)"을 통해 단 하나의 절대적 진리를 도출하고 이로부터 행복을 규명하기 위한 것이었다. 니체에 의하면 인간의 자연성에 반한 전통 철학적 시도들은 "이성=덕=행복"이라는 도식을 제시했던 "소크라테스의 반작용"에 불과할 뿐이다. 이러한 본능의 탈자연화는 이후 플라톤에 이르러 절정에 도달한다. 본능의 탈자연화는 도덕의 탈자연화를 수단으로 설정함으로써 발생하며, 이로부터 "완전한 인간"은 "선한 자", "행복한 자", "지혜로운 자"로 구체화된다.[139] 니체에게 있어 이러한 전통 철학적 시도는 인간과 그의 본능에 대한 추상적이고 초보적인 해명에 지나지 않는다.

> 그리스 철학자들이 토대로 삼았던 내적 경험의 근본 사실은 소크라테스의 그것
> 과 동일한 것이었다 : 과도와 아나키와 무절제로부터 다섯 걸음쯤 떨어져 있다.
> 그 모두가 데카당스-인간이었고, 그들은 소크라테스를 의사로 여겼다.[140]

지금까지의 철학이 "몸에 대한 오해"[141], 즉 인간의 자연적 본능에 대한 오해에 불과할지도 모른다는 니체의 의문은 '자신의 몸을 통해서 이편의 구체적 현실 세계와 관계하는 인간이 어떻게 또 다른 세계를

---

137) 같은 책, 14[129], 131-132쪽 참조.
138) 같은 책, 14[129], 131쪽.
139) 같은 책, 14[111], 104-105쪽 참조.
140) 같은 책, 14[92], 81쪽.
141) 니체, 『즐거운 학문』, 「서문」, 2, 27쪽.

희망할 수 있을까?'에 대한 물음을 거쳐 '인간은 왜 스스로를 실재로서 긍정하지 못하는가?'라는 심리학적 의문으로 나아간다. 그리고 니체는 이 의문을 해결하기 위해 내면의 힘을 심리-생리학적으로 온전히 느낄 수 있는 몸의 복권을 시도하며, 그 안에 남은 형이상학, 종교, 도덕의 흔적을 지운다. 자신의 힘을 통해 삶에 명령하며 변화를 실현할 수 없는 데카당스 증상은 그의 정신과 의지가 부패하고 타락했기 때문이다. 스스로 자신의 힘을 증대시킬 수 없는 나약한 의지의 인간은 필연적으로 다른 존재의 힘에 의존할 수밖에 없다. 자신으로 존재함에도 불구하고 자신을 위해 살지 못하는 증상이 데카당스 병일 수밖에 없는 이유는 이 때문이다. 그래서 니체는 스스로를 반그리스도교인이자 비도덕주의자라고 평가하는 것이다.

> 사실상 문헌학자이고 의사이려면 동시에 반그리스도교인이지 않을 수 없다. 문헌학자로서는 사람들은 '성스러운 서적'의 배후를 보고, 의사로서는 전형적인 그리스도교인의 생리적 타락의 배후를 본다. 의사는 '치유 불가'라고 말하고, 문헌학자는 '사기'라고 말한다……142)

소크라테스를 인간의 병든 욕망을 치유하고 건강한 행복을 제시하는 의사로 여겨온 철학의 역사 속에서, 니체가 스스로를 모든 낡은 가치를 전도하는 "철학적 의사"143)이자 "생리학자"라고 표현하는 이유는 이 때문이다.144) 니체는 『도덕의 계보』의 「제3논문」에서도 "금욕주의적 성직자가 진정 의사란 말인가?"145)라는 의심 섞인 물음을 제기하며, 금욕주의적 이상을 추구하는 인간의 심리적 나약함을 생리적으로

---

142) 니체, 『안티크리스트』, 47, 285쪽.

142) 니체, 『안티크리스트』, 47, 285쪽.
143) 니체, 『즐거운 학문』, 「서문」, 2, 27쪽.
144) 니체, 『바그너의 경우』, 5, 30-31쪽 참조.
145) 니체, 『도덕의 계보 Ⅲ』, 17, 497쪽.

탐구했다. 심리학이 실천의 조건이 될 수는 있지만, 그 실천을 행위로 옮기는 동력은 생리학의 영역이다.

철학적 의사는 의사의 역할을 철학적으로 수행하는 자이다. 그는 인간의 존재론적 대지인 몸을 탐구하며, 그 안에 내재한 오랜 관습과 가치의 영향을 생명의 토대 위에서 탐구한다. 그는 병의 증상과 원인을 철학적으로 탐구하며 치유를 시도한다. 나아가 그는 인간 실존의 건강과 병, 강함과 약함과 같은 생명현상 전체를 철학적으로 탐구한다. 그리고 이때 그의 철학적 탐구는 생리학적-계보학적으로 전개된다. 현재 증상에 대한 계보학적 탐구는 니체의 생리학이 시도하는 일종의 해부이다. 생리학자 역시 특정한 유기적 상태를 형이상학적-그리스도교적-도덕적으로 해석하지 않는다.146) 철학적 의사는 철학적 생리학을 수행하는 자이다.

---

146) 니체, 『유고(1888년 초~1889년 1월 초)』, 14[142], 151쪽 참조.

제5부

건강한 인간유형으로서의 위버멘쉬

1. 위버멘쉬의 심리학적 존재해명

니체의 철학에서 위버멘쉬는 어떤 존재일까? 위버멘쉬가 존재하는 인간유형이라면 인간은 어떻게 그 존재성을 획득할 수 있을까?[1] 만약 위버멘쉬가 존재함으로서 그와 같은 특별한 인간유형에게 부여된 명칭이라면 인간은 굳이 그러한 인간유형이 될 필요가 있을까? 근대 유럽에 만연한 나약한 정신과 병든 의지의 증상들에 대한 치유의 방법 이론으로 제시된 위버멘쉬는 존재하는 인간유형이 아니라, 인간이 자신 안에 내재한 변화의 가능성을 인식하고 자신만의 고유함과 위대함을 실현하고자 하는 행위와 시도에 대한 인간학적 명칭이다. 니체는 인간의 위버멘쉬적 변화를 다양한 철학적-비철학적 개념들을 사용하며 설명한다. 철학적 개념들이 자유정신, 신의 죽음, 허무주의, 영원회귀, 힘에의 의지, 예술생리학 등이라면, 비철학적 개념들은 경멸, 몰락, 웃음, 춤, 번개, 광기, 구원(Erlösung), 긍정, 극복, 정오, 도취 등이다. 위버멘쉬의 존재해명에 대한 니체의 이러한 철학적-비철학적 시도들은 위버멘쉬의 건강성을 단지 자신의 저서에서만 이해 가능한 하나의 개념으로 가둬두지 않는다.

하지만 중요한 점은 위버멘쉬에 대한 니체의 철학적-비철학적 해명의 전제가 심리학적이라는 것이다. 전통 형이상학과 종교, 도덕에 대한 심리적 해방으로부터 인간은 비로소 자기 안에 있는 변화 가능성의 힘을 인식할 수 있게 된다. 그리고 이러한 인간 내면의 심리적 힘은 결국 자신의 외적인 삶까지도 변화시키는 생리적 힘의 근거로 작용한다. 니체에게 있어 사람은 모두 자기 자신을 긍정하고 극복할 수 있는 힘을,

---

[1] 위버멘쉬와 그의 존재성의 해명을 위해 제기되는 물음에 대해서는 정동호, 『니체』, 책세상, 2014, 591-596쪽 참조.

즉 자기 자신의 변화를 시도하고 이 시도를 지속할 수 있을 만큼의 힘을 가지고 있다. 니체가 위버멘쉬를 통해 전달하고자 하는 것은 바로 끊임없이 스스로를 긍정하고 극복할 수 있게 해주는 이 힘의 지속적인 증대와 발현이다. 힘에의 의지를 비롯한 많은 사상적 개념들이 이를 정당화해준다. 이러한 의미에서 「심리학에서의 위조. 심리학에서의 중대한 범죄들」이라는 제목을 가진 『1887년 가을』의 한 유고는 니체의 철학적 시도를 심리학적 관점에서 포괄적으로 제시해주고 있다.

심리학에서의 위조

심리학에서의 중대한 범죄들 :
1) 모든 불쾌와 모든 불행이 옳지 못한 것(죄)에 의해 왜곡되어버렸다는 것 […]
2) 모든 강한 쾌감(Lustgefühle)(자부, 관능적 쾌락, 대승리, 긍지, 대담, 인식, 자신감과 행복 그 자체)들이 죄 있는 것이나 유혹 그리고 의심스러운 것으로 낙인찍혀버렸다는 것.
3) 허약감(die Schwächegefühle), 가장 내적인 비겁, 자신에 대한 용기의 부족이 성스러운 이름에 의해 덮여 가장 최고의 의미로 바랄만한 것이라고 가르쳐지고 말았다는 것.
4) 인간의 모든 위대함이 탈자기화나 다른 어떤 것과 사람들을 위한 자기희생으로 재해석되었다는 것 ; 인식자에게나 예술가에게서조차도 탈인격화가 그들의 최상의 인격과 능력의 원인으로서 연출되었다는 것.
5) 사랑이 헌신(그리고 이타주의)이라고 왜곡되어버렸다는 것. […]
6) 벌로서의 삶, 유혹으로서의 행복 : 열정은 악마적이고, 자신에 대한 신뢰는 무신적이다.[2]

니체의 견해는 명확하다. 형이상학적-종교적-도덕적 체계에 대한 니체의 비판은 인간이 스스로 자기 내면의 힘과 의지를 인식하고 이를 자유롭게 발현하며 매 순간 위버멘쉬적 변화를 실현하는 삶의 내적 억압에 대한 투쟁이다. 그래서 니체는 위에 제시된 심리학 전체를 일종의 범죄

---

2) 니체, 『유고(1887년 가을~1888년 3월)』, 9[156], 111-112쪽.

로 규정하며, "방해의 심리학(Psychologie der Verhinderung)"이자 삶의 불안과 공포로 인해 "방어벽을 치는 심리학(eine Art Vermauerung aus Furcht)"3)으로 표현한다. 이러한 의미에서 "삶이 아니라 너희 자신에게 화를 내라! 창조하는 자로서 보다 지체 높은 사람에 대한 규정"4)이라는 니체의 말은 『차라투스트라는 이렇게 말했다』의 「서문」에 처음 등장한 위버멘쉬의 존재 의미를 이해하는 데에 중요한 실마리로 작용한다.

예를 들어 차라투스트라가 시장터의 사람들에게 "나 너희들에게 위버멘쉬Übermensch를 가르치노라. 사람은 극복되어야 할 그 무엇이다. 너희들은 너희 자신을 극복하기 위해 무엇을 했는가?"라고 꾸짖었을 때, 위버멘쉬에 대한 니체의 의도를 다음과 같이 유추할 수 있다. 1) 위버멘쉬는 시장터의 삶 그 자체의 문제가 아니며, 2) 그보다 더 근본적인 문제로서 시장터에 어울리는 삶을 살아가며 그 삶을 변화시키려 하지 않는 사람들의 인식의 문제이다. 니체가 근대 유럽의 병으로 진단한 나약한 의지의 문제 역시 본질적으로 자기 자신과 자신의 삶에 대한 '인식의 병'을 전제로 한다. 이렇듯 니체에게 있어 철학은 실존적 자기인식의 도구이며, 위버멘쉬는 끊임없이 자기 자신을 긍정하고 극복하는 행위, 보다 구체적으로 말해 스스로 자기 삶의 의미를 창조하는 실존적 자생력을 가진 인간유형에 대한 명칭이다.

---

3) 같은 책, 9[156], 112쪽.

4) 니체, 『유고(1884년 초~가을)』, 27[23], 375쪽.

2. 위버멘쉬의 심리적 조건

1) 디오니소스와 위버멘쉬

니체는 『이 사람을 보라』의 「차라투스트라는 이렇게 말했다」에서 어떻게 차라투스트라가 10년 동안 고독의 시간을 보낸 뒤 산에서 내려와 사람들에게 삶의 위대한 긍정의 가르침을 설파할 수 있었는지에 대한 답을 제시한다. 그리고 이 답은 『차라투스트라는 이렇게 말했다』의 「서문」에서도 확인할 수 있다. 산을 내려오는 차라투스트라와 마주친 성자의 말은 이를 잘 보증해준다. "그때 그대는 그대의 타고 남은 재를 산으로 날랐었지. 이제는 활활 타고 있는 그대의 불덩이를 골짜기 아래로 나르려는가? 불을 지르고 다니는 자들에게 주어지는 벌이 무섭지도 않은가?"5) 더 이상 스스로 불을 피울 수 없는, 다시 말해 그 어떤 변화를 희망할 수 없는 "재(Asche)"가 되어버린 자신의 존재에 담긴 마지막 가능성을 탐구해 온 긴 시간 이후, 이제 다시 "불(Feuer)"이 되었다는 성자의 말이 차라투스트라의 변화가 어떤 유의 것인지를 잘 표현해주고 있다.

자기 자신을 탐구하던 기나긴 고독 속에서 차라투스트라에게 찾아온 갑작스러운 마음의 변화는 바로 삶이 긍정되기 위해서는 먼저 인간 자신이 긍정되어야만 한다는 깨달음이었다. 삶은 생명현상의 표출이며, 이때 이 현상은 오직 인간의 생명성으로부터 도출된다. 이러한 변화를 성자는 다음과 같이 표현한다. "그렇다. 틀림없이 차라투스트라야. 그의 눈은 맑고 입에는 역겨움이 서려 있지 않다. 그리하여 춤추는 자처럼 경쾌하게 걷고 있지 않은가? 차라투스트라가 변하여 어린아이가 되

---

5) 니체, 『차라투스트라는 이렇게 말했다』, 「서문」, 2, 2005, 13쪽.

었구나. 차라투스트라는 잠에서 깨어난 자다. 이제 그대는 잠을 자고 있는 사람들에게 다가가 무슨 짓을 하려는가?"[6]

차라투스트라가 깨달은 신의 죽음은 바로 1) 인간은 이제 자신이 살고 있는 대지의 세계만을 살아가야만 한다는 것, 2) 그리기 위해서 이 세계와 자신의 삶을 그 자체로 긍정해야만 한다는 것, 3) 이 긍정의 정신을 바탕으로 인간은 끊임없이 자기 자신을 극복해야만 하며, 4) 그래야만 비로소 보다 위대한 삶의 긍정인 "영원회귀"를 긍정할 수 있는 위버멘쉬가 될 수 있다는 사실을 함의한다.[7]

> 그(차라투스트라)가 오르내리는 사다리는 엄청난 것이다 ; 그는 여느 인간보다 더 멀리 바라보고, 더 멀리 원하며, 더 많은 것을 할 수 있다 ; 모든 정신 중에서 가장 긍정적인 정신인 그는 모든 말에 반박한다 ; 그에게서 모든 대립이 하나의 새로운 통일을 이룬다. 인간적인 본성의 최고이자 가장 심층적인 힘들, 가장 달콤한 것, 가장 하찮은 것, 가장 무서운 것이 불멸의 확실성으로 하나의 샘에서 솟아올라온다. 이럴 때까지는 사람들은 무엇이 높은 것이고 무엇이 깊은 것인지 알지 못한다.[8]

니체에 의하면 가장 확실하고 불멸하는 진리는 "하나의 샘(aus Einem Born)"으로부터, 다시 말해 오직 자신 안에서 스스로 끌어올린 것이어야만 한다. 디오니소스는 죽음 이후 주어진 자신의 두 번째 삶으로부터 위대한 긍정을 끌어올린 자이다. 이러한 디오니소스에게 삶의 영원한 회귀는 두려움이 아니라 오히려 기쁨이다. 삶과 죽음, 하늘과 대지, 영혼과 육체, 창조와 파괴, 건강과 병 등의 모든 대립이 지금 이곳에서 삶의 이름으로 하나가 된다. 이것이 바로 "디오니소스적인

---

6) 같은 책, 「서문」, 2, 14쪽.

7) 니체, 『이 사람을 보라』, 「차라투스트라는 이렇게 말했다」, 6, 431쪽 참조.

8) 같은 책, 「차라투스트라는 이렇게 말했다」, 6, 429쪽.

지혜"9)이다. 한 인간의 지혜가 디오니소스적이려면, 그 지혜는 자신을 둘러싼 모든 불합리한 모순과 고통을 생명의 생명력, 즉 자신 안에 내재된 힘에의 의지를 통해 긍정해야 한다는 가르침을 담고 있는 것이어야만 한다. 니체에 의하면 이러한 지혜 속에서야 비로소 "인간은 매 순간 극복되고, '위버멘쉬'라는 개념"은 비로소 "최고의 실재(höchste Realität)"가 된다.10)

니체는 삶 그 자체를 긍정하는 이러한 디오니소스의 지혜를 차라투스트라의 심리적 전제로 규정한다. "비극적 파토스(das tragische Pathos)"라고 명명되는 "긍정의 파토스(das jasagende Pathos)"11)는 삶의 모든 모순과 고통을 적대와 반박으로 여기지 않고, 오히려 실존적 자기실험의 추동력으로 승화시킬 수 있는 디오니소스적 정신, 즉 위버멘쉬적 정신을 의미한다. 디오니소스적인 것은 곧 위버멘쉬적인 것이다.12) 그리고 디오니소스적인 인간이 바로 위버멘쉬이다. 니체가 자신의 철학에서 제시하는 비극적-디오니소스적-위버멘쉬적 파토스는 절대적 진리,

---

9) 이에 대해서는 『비극의 탄생』, 7, 9, 16, 17, 19장을 참조. "나의 첫 번째 해결 : 디오니소스적 지혜. 디오니소스적이란 생의 원리와의 일시적인 일체화(순교자의 환희를 포함하여). 가장 고귀한 것은 파괴하는 것에 대한 기쁨, 그리고 그것이 점차 망해가는 것을 볼 때의 기쁨. 현재 아직 존재하는 극히 좋은 것에 대해서 승리를 거두는, 다가오는 미래에 대한 기쁨으로."(니체, 『유고(1882년 7월~1883/84년 겨울)』, 8[14], 431쪽) "(디오니소스적 지혜) 거듭 때려 부숴야 하며 더없이 오만하고 어려운 길을 선택하는 저 창조적 힘의 쇄도로부터 모든 불완전한 것, 고통받고 있는 것을 필연적인 것으로(영원히-반복될 가치가 있는 것으로) 느낄 수 있는 최고의 힘(최대로 가능한 어리석음의 상징, 악마와 오만의 상징으로서의 신) 그 내부에서 형태를 만들어내는 온갖 힘이 북적대고 있는, 태아로서의 지금까지의 인간 ─ 그의 깊은 불안의 근거 ─ ─ ─ ─ 가장 고통받는 자로서 가장 창조적인 자?"(니체, 『유고(1884년 초~가을)』, 26[243], 282쪽).

10) 니체, 『이 사람을 보라』, 「차라투스트라는 이렇게 말했다」, 6, 430쪽.

11) 같은 책, 「차라투스트라는 이렇게 말했다」, 1, 420쪽.

12) 니체는 『이 사람을 보라』의 「차라투스트라는 이렇게 말했다」 6번 글에서 "차라투스트라-위버멘쉬-디오니소스"를 하나의 인격에 녹여낸다 Wolfgang Müller-Lauter, *Über Werden und Wille zur Macht*, Berlin/New York 1999, 266쪽 참조. 뮐러 라우터의 이 도식은 차라투스트라, 위버멘쉬, 디오니소스를 인격적 특성의 연관성을 중심으로 표현한 것이지만, 필자는 이 도식을 고통마저도 삶의 자극제로 긍정하고 이러한 감정으로부터 자기 실존의 새로운 쾌를 도출하는 인간의 구체적인 행위의 관점에서 비극적-디오니소스적-위버멘쉬적인 것으로 표현할 것이다.

육체성의 억압, 고통, 병, 운명, 염세주의 등과 같은 반작용적 수동으로부터 벗어나 새로운 삶의 가치를 창조해나가는 능동으로의 철학적 전환을 시도하는 긍정의 파토스이다. 니체는 자신의 이러한 철학적 파토스에 대하여 다음과 같이 말한다.

> 우리의 염세주의 : 우리 세계는 우리가 믿는 만큼의 가치는 없다. ― 우리의 믿음 자체가 우리의 인식 본능을 너무 강화시켜 오늘날 이런 말을 해야만 할 정도다. 우선 세계는 그로써 가치가 덜한 것으로 여겨진다 ; 세계는 우선 그렇게 느껴진다 ― 오로지 이런 의미에서 우리는 염세주의자다. 다시 말해 가차 없이 이 가치 전도를 고백하고 옛 방식에 따라 단조로운 이야기를 계속 읊어대지 않고 거짓말하지 않으려는 의지를 가진……바로 그 때문에 우리는 새로운 가치를 찾으라고 우리를 몰아대는 파토스를 발견한다.13)

"나 이전에는 디오니소스적인 것을 이렇게 철학적 파토스로 변형시키지 않았었다 : 비극적 지혜가 결여되어 있었던 것이다."14) 그의 파토스는 인간에 내재된 변화의 가능성을, 다시 말해 "행동에의 의지(der Wille zur That)"15)를 억압하지 않는다. 이렇듯 디오니소스는 니체철학의 후기에 이르러 보다 구체적인 위버멘쉬적 정신과 의지의 양식을 대변하는 디오니소스적인 것으로 제시된다. 이러한 의미에서 "'디오니소스적'이라는 내 개념이 이 작품에서 최고의 행위가 되었다."16)는 니체의 말은 곧 『차라투스트라는 이렇게 말했다』에서 비로소 디오니소스적인 것이 힘에의 의지의 주체이자 영원회귀를 긍정하는 주체, 즉 위버멘쉬로 구체화되었다는 것을 의미한다.

디오니소스적 정신이 인간적으로 구체화된 위버멘쉬는 『차라투스트

---

13) 니체, 『유고(1885년 가을~1887년 가을)』, 6[25], 300쪽.
14) 니체, 『이 사람을 보라』, 「비극의 탄생」, 3, 393쪽.
15) 같은 책, 「비극의 탄생」, 4, 395쪽.
16) 같은 책, 「차라투스트라는 이렇게 말했다」, 6, 428쪽.

라는 이렇게 말했다』에 다음과 같이 등장한다. 그는 자신의 세계를 "영원한 자기창조와 영원한 자기파괴"가 반복하는 생성의 세계, 즉 "디오니소스적 세계"[17]로 인식한다. 이 세계 속에서 그는 순간을 영원으로 인식하며, 삶에 대한 긍정과 위버멘쉬적 변화를 향한 극복에의 의지가 영원할 것이라고 자부하는 존재이다. 순간을 영원으로 사유하는 위버멘쉬만이 "위버멘쉬적 미래"[18]를 희망할 수 있다. 그는 결코 난쟁이와 같은 시간을 공유하지 않는다.[19] 그는 자기 자신을 과거에 대한 긍정과 미래를 향한 희망 사이의 현재, 바로 지금 이 순간 속에서 인식한다. 스스로를 생성하는 존재로 인식하며 자신의 삶을 변화시켜 가는 그에게 영원회귀는 위기가 아니라, 오히려 기쁨일 뿐이다. 디오니소스가 위버멘쉬적 주체에 대한 명칭이라면, 디오니소스적인 것은 위버멘쉬적 행위에 대한 명칭으로 이해할 수 있을 것이다. 위버멘쉬는 자신의 삶을 실천함에 있어 그 어떤 절대적 존재나 보편적 가치에 의존하지 않는다. 디오니소스적 자기인식은 자신의 심연을 이해하는 방식이자 그 깊은 내면을 실험의 장소로 여길 수 있는 위버멘쉬의 심리적 조건이다.

이렇듯 니체에게 있어 디오니소스는 도덕적 소크라테스 및 그리스도교와는 다른 방식으로 인간의 깊은 내면을 탐구하는 개념이다.[20] 니체는 그의 철학의 후기에 이르러 디오니소스를 자신의 "실험철학"의 명제로서 공고히 한다. 이때 디오니소스와 디오니소스적인 것은 형이

---

17) 니체, 『유고(1884년 가을~1885년 가을)』, 38[12], 436쪽.

18) 니체, 『유고(1884년 초~가을)』, 27[74], 390쪽.

19) 니체, 『차라투스트라는 이렇게 말했다)』, 「환영과 수수께끼에 대하여」, 2, 263-267쪽 참조.

20) "그리스도교는 가장 심층적인 의미에서 허무적이다. 디오니소스적 상징 안에서 긍정이 그 궁극적인 지점에까지 이르게 되는 반면에 말이다"(니체, 『이 사람을 보라』, 「비극의 탄생」, 1, 391쪽).

상학-종교적 해석의 토대 위에서 지금까지 가장 낯설게 느껴졌던 자기 자신과 대면하고 자신의 삶에 마주 설 수 있는 자기되기의 개념, 즉 위버멘쉬로의 변화를 위한 인간학적 전제로서 제시된다.

> 내가 체험한 이런 실험-철학Experimental-Philosophie은 시험적으로 근본적인 허무주의의 가능성마저 선취한다 ; 그렇다고 이 철학이 부정의 말에, 부정에, 부정에의 의지에 멈추어 있다고 말하는 것은 아니다. 오히려 이 철학은 그 정반대에까지 이르기를, ― 공제나 예외나 선택함이 없이, 세계를 있는 그대로 디오니소스적으로 긍정하기에 이르기를 원한다. ― 이 철학은 영원한 회귀를 원한다.21)

실험철학은 자신의 내면을 디오니소스적으로 탐구하는 실험적 인간, 다시 말해 있는 그대로의 자기 자신을 가장 잘 드러내는 인간유형인 위버멘쉬로의 변화를 향한 니체의 철학적 시도를 대변하는 개념이다. 이러한 의미에서 자신의 실험철학이 "근본적인 허무주의의 가능성마저 선취한다."라는 니체의 말에는 비극적-디오니소스적-위버멘쉬적 자기인식만이 은폐된 인간 내면의 혼란을 긍정할 수 있는 유일한 철학적 실험의 방법이라는 의미가 담겨 있다. 디오니소스적 자기인식은 실재하는 자기 자신에 대한 비극적 인식이다. "무에 대한 동경(Sehnsucht in's Nichts)은 비극적 지혜의 부정, 그러니까 그것의 반대다!"22) 인간은 자신의 정신과 의지로 지금 이곳의 현실을 실재로서 인식할 때 비로소 차라투스트라와 같은 가벼운 춤을, 즉 자신만의 고유한 삶의 리듬을 드러내는 실존의 춤을 출 수 있게 된다. 허무주의는 디오니소스적-비극적 자기인식과 세계인식, 즉 생기하고 생성하는 실재에 대한 인식으로부터 비로소 극복될 수 있다.

---

21) 니체, 『유고(1888년 초~1889년 1월 초)』, 16[32], 354-355쪽.
22) 니체, 『유고(1884년 초~가을)』, 25[95], 41쪽.

> 차라투스트라는 춤추는 자이다 — ; 실재에 대한 가장 가혹하고도 가장 무서운
> 통찰을 하는 그가, "가장 심연적인 사유"를 생각하는 그가, 그럼에도 불구하고
> 어떻게 그 사유에서 삶에 대한 반박을 목격하지 않고, 삶의 영원한 회귀에 대한
> 반박조차 목격하지 않으며—오히려 모든 것에 대한 영원한 긍정 자체일 수 있
> 는 근거를 하나 더 갖게 되는가 하는 것이다. 즉 "웅대하며 한없는 긍정과 아멘
> 을 말할" 근거를…… "모든 심연 속으로 나는 내 축복하는 긍정의 말을 가져간
> 다"…… 그런데 이것은 또다시 디오니소스란 개념이다.23)

니체에 의하면 관념론적 독단이 아닌 삶의 미래를 향한 진리는 그동
안 오해되어왔던 자신의 심연에 있다. 끊임없이 변화하는 생기의 장소
는 오직 인간 그 자신의 심연일 뿐이다. 자신의 심연에서 무한한 변화
의 가능성을 인식하고 스스로를 사랑하게 될 때, 비로소 인간은 삶의
영원한 회귀를 긍정할 수 있게 된다. 또한 자신의 심연에 대한 형이상
학적-종교적 편견으로부터 자유로워질 때, 그는 비로소 실존적 정오의
시간을 맞이할 수 있게 된다. 정오의 빛 아래에서 강한 정신과 의지의
인간은 더 이상 자신의 존재를 이분화하지도 않고 새로운 이상을 창조
하지도 않는다.24) 정오의 자기인식으로부터 우상의 황혼은 현실이 되
고 새로운 아침놀은 실재가 된다. 그렇게 허무주의는 극복되고, 영원회
귀는 긍정된다. 인간은 비로소 스스로를 디오니소스적인 인간으로, 즉
위버멘쉬로서 인식하게 된다. 비극적-디오니소스적-위버멘쉬적 파토스
없이 인간의 고유함과 위대함은 발현될 수 없다.

> 그 어떤 것도 위대한 것도 파토스 없이 발생하지 않는다면(이 점은 의심될 수 있
> 지만 —), 삶은 섬뜩하게 조명될 것이다. 위대한 것의 발생 속에서 어떤 비극적인
> 것을 보는 것만으로 충분하다. 말하자면 삶 자체에서 비극을 보는 것 말이다.25)

---

23) 니체, 『이 사람을 보라』, 「차라투스트라는 이렇게 말했다」, 6, 431쪽.

24) "실재에 대한 긍정인 인식은 강자에게는 필연이다. 약함에 의해 고무되어 있는 약자에게 실재
에 대한 비겁과 실재로부터의 도망이 — '이상'이 필연이듯 말이다……"(같은 책, 「비극의 탄생」,
2, 392쪽).

2) 정오의 심연

그림자를 만들지 않는 시간인 정오는 위버멘쉬가 등장하는 시간, 다시 말해 자기 내면의 위버멘쉬적 변화의 가능성을 체험하는 시간이다. 정오의 메타포는 어두운 자기 내면의 그림자와 하나가 되었음을, 즉 자신의 심연을 인식하게 되었음을 드러내주는 개념이다. 심연은 마지막 인간과 위버멘쉬 사이의 경계에 선 인간이 겪는 수많은 갈등과 좌절의 깊이를 표현한다. 그럼에도 이 고통을 위버멘쉬를 향한 강한 결정 속에 용해한 인간에게 정오는 진정한 자기인식과 자기되기의 기회로 작용한다. 니체의 개념 "정오의 심연(Mittags-Abgrund)"26)은 이 내용을 잘 대변해준다. 하루 중 태양이 가장 많은 힘을 발하는 정오에 인간은 무엇을 해야만 하며 또한 무엇을 할 수 있을까? "정오의 심연"은 정오에 대한 니체의 개념적 이해를 확장시켜준다. 정오는 인간에게 자신의 어두운 심연에 들어갈 수 있도록 빛을 내어주는 시간으로서 위버멘쉬적 자기인식의 시작을, 다시 말해 위버멘쉬적 변화의 시작을 알리는 개념이다.

정오의 빛 안에서 형이상학적-종교적 베일은 사라지며, 이제 인간은 스스로를 극복할 수밖에 없는 존재로서 인식하게 된다. 이렇듯 정오는 마지막 인간과 위버멘쉬 사이의 경계에서 자신의 심연을 인식한 인간에게 진정한 자기되기의 선택이 강요되는 시간이다. "위대한 정오"를 "인류 최고의 자기 성찰의 순간(Augenblick höchster Selbstbesinnung der Menschheit)"이라고 표현하는 니체의 의도는 "정오의 심연"에 대한 해명을 통해서 보다 분명해진다.

---

25) 니체, 『유고(1875년 초~1876년 봄)』, 9[1], 275쪽.
26) 니체, 『차라투스트라는 이렇게 말했다』, 「정오에」, 458쪽.

> 내 과제는 인류 최고의 자기 성찰의 순간인 위대한 정오를 준비하는 것이다. 이
> 때 인류는 과거를 회고하고 미래를 내다보면서, 우연과 사제의 지배에서 벗어
> 나 왜?, 무슨 목적으로? 라는 질문을 최초로 제기할 것이다.[27]

정오는 자기 안에 은폐된 가장 어두운 심연을 가장 빛나는 것으로 전환할 수 있는 실존의 기회인 것이다. "나는 인식하기 위해서 산다. 위버멘쉬가 살도록 하기 위해서 나는 인식하고자 한다. 우리는 그를 위해서 실험한다!"[28] 이렇듯 위버멘쉬의 심리적 전제는 자기인식이며, 이로부터 비로소 참된 자기되기의 실존적 실험이 시작된다. 하지만 정오는 아직 모두에게 의미 있는 순간이 될 수 없다. 위버멘쉬는 자기 안에 정오의 햇살을 품으며 그 빛으로, 다시 말해 그 힘으로 자기 자신을 밝히는 인간유형이다. 은폐된 자신을 스스로 열어 밝히는 위버멘쉬는 더 이상 자기 자신을 그 어떤 신적 존재로부터 창조된 의미 안에 가두지 않는다. 위버멘쉬가 더 이상 낡은 신을 새롭게 이해하고 해석하며 우상으로 창조하지 않는 이유는 이 때문이다.

> 위대한 정오(der grosse Mittag)란 사람이 짐승에서 위버멘쉬에 이르는 길 한가
> 운데 와 있고, 저녁을 향한 그의 길을 최고의 희망으로서 찬미하는 때를 가리킨
> 다. 저녁을 향한 길이 곧 새로운 아침을 향한 길이기 때문이다. 그렇게 되면 몰
> 락하고 있는 자는 저편으로 건너가고 있는 자기 자신을 축복할 것이다. "모든
> 신은 죽었다. 이제 위버멘쉬가 등장하기를 우리는 바란다." 이것이 언젠가 우리
> 가 위대한 정오를 맞이하게 갖게 될 최후의 의지가 되기를![29]

『차라투스트라는 이렇게 말했다』의 「베푸는 것에 대하여」에서 차라투스트라가 제자들에게 주는 마지막 가르침은 "위대한 정오"에 대한

---

27) 니체, 『이 사람을 보라』, 「아침놀」, 2, 415쪽.
28) 니체, 『유고(1882년 7월~1883/84년 겨울)』, 4[224], 225쪽.
29) 니체, 『차라투스트라는 이렇게 말했다』, 「베푸는 것에 대하여」, 132쪽.

가르침이다. 이 가르침에는 차라투스트라의 영원한 제자가 아니라, 스스로가 자기 자신의 스승으로서 위버멘쉬가 되라는 내용이 담겨 있다.30) 차라투스트라는 마지막으로 가르친 이러한 자기의 덕을 통해 인간이란 마지막 인간과 위버멘쉬 사이의 경계에서 끊임없이 자기 자신을 극복해야만 한다는 것을, 보다 구체적으로 말해 끊임없이 극복되어야만 하는 존재임을 인식시킨다. 차라투스트라에게 있어 긍정과 극복은 무조건적인 덕이 아니다. 이 덕은 자신의 삶을 사랑과 열정으로 변화시키고자 하는 태도의 변화이자, 과거와 현재, 미래라는 자기 삶의 역사를 성찰하고 새롭게 희망하는 관점의 변화를 가능하게 하는 실존적 건강의 조건이다.31)

이러한 의미에서 니체는 같은 책의 「흔히 말하는 악 셋에 대하여」에서 "감각적 쾌락", "지배욕", "이기심"을 자기 삶에 주인으로서 참여할 수 있는 유일한 전제로서 제시한다. 자신의 정념을 부정해 온 나약한 인간유형에게 "위대한 정오"는 지난 과거로 인해 현재를 경멸하고 보다 새롭고 건강한 미래를 희망할 수 있게 만들어주는 실존적 자기인식의 기회로 작용한다.32) 하지만 이 세 가지 덕목들은 지금까지 절대적이고 보편적인 덕의 원리에 의해 금지된 가치들이었다. 이를 악으로 규정했던 사람들은 단 한 번도 자기 자신이 누구이며, 또한 그 자신이

---

30) "마땅히 자신을 찾아 자신의 길을 가야 했거늘 너희들은 그렇게 하지를 않았다. 그 대신에 너희들이 찾아낸 것이 나였으니. 뭔가를 신앙하고 있는 사람들은 너 나 할 것 없이 이 모양이다. 그러니 신앙이란 것이 하나같이 그렇고 그럴 수밖에. 너희들에게 명하노니, 이제 나를 버리고 너희 자신을 찾도록 하라. 너희가 모두 나를 부인하고 나서야 나 다시 너희들에게 돌아오리라"(같은 책, 131-132쪽).

31) 삶에 대한 사랑과 열정에 대한 글로는, 이상범, 니체의 열정(Leidenschaft)에 대한 연구, 『니체연구』 제33집(한국니체학회, 2018년 봄호), 133-193쪽 참조.

32) "그러나 이들 모두에게 그날이, 변화와 심판의 칼이, 저 위대한 정오가 다가오고 있다. 이제 많은 것이 반드시 백일하에 드러나리라! 그리고 자아를 두고 건전하고 신성하다고 말하며, 이기심을 두고 복되다고 말하는 자, 그는 진정 예언자로서 그가 통찰하고 있는 것을 일러주고 있다. "보라, 위대한 정오가 다가오고 있다, 가까워지고 있다"고."(니체, 『차라투스트라는 이렇게 말했다』, 「흔히 말하는 악 셋에 대하여」, 319쪽).

누가 되어야만 하는지 알지 못했다. 그 이유는 이 덕들을 부정하는 자에게 정오는 자기인식의 기회가 될 수 없기 때문이다.[33] 이러한 자기인식의 부재를 니체는 "정오에 잠을 자는 자(Mittagsschläfer)"라고 표현한다.[34] "길 한가운데에서 위버멘쉬가 생긴다."[35]라는 니체의 말처럼, 위버멘쉬로의 변화와 이를 위한 긍정과 극복은 "마지막 인간"이 되지 않기 위해 매 순간 자기 자신과 자신의 삶을 성찰할 수밖에 없는 선택의 경계, 다시 말해 한 순간도 잠에 빠질 수 없는 실존적 긴장의 경계에서부터 시작된다.

3. 실존적 자기되기의 개념 : 위버멘쉬

1) 경멸과 몰락

니체철학의 후기를 시작하는 『차라투스트라는 이렇게 말했다』에 이

---

33) 이후에 논의되겠지만 자기 실존의 정오는 스스로에 대한 강한 성찰, 즉 자기경멸에 의해 비로소 가능해진다.

34) 『차라투스트라는 이렇게 말했다』의 여러 계획들과 소묘들이 담겨 있는 1884년의 유고에서 니체는 이 책의 제3부의 글 중 「정오에」의 제목을 최초 「정오에 잠을 자는 자」로 계획했었다. 이 글에서 모든 것이 완전한 세계를 긍정하는 순간을 경험하며 잠시 잠을 청한 차라투스트라의 영혼, 즉 자기(das Selbst)는 그에게 일어날 것을 강요한다. "일어나라! 너, 잠꾸러기여! 낮잠꾸러기여! 그는 자기 자신을 향해 소리쳤다. "자, 일어나라. 늙은 두 다리여! 때가 되었다. 때가 지났으니. 갈 길이 멀지 않은가"(같은 책, 「정오에」, 457쪽). 잠의 의미를 이야기하는 「덕의 강좌에 대하여」에서도 차라투스트라는 "잠을 잔다는 것, 그것은 결코 하잘 것 없는 기술이 아니다. 그것을 위해서 하루 종일 눈을 뜨고 있어야 하기 때문이다."라고 말한다(같은 책, 「덕의 강좌에 대하여」, 42쪽). 니체에 의하면 잠은 심리적 편안함의 증거가 아니다. 또한 덕의 실천이 편안한 잠의 수단이 될 수도 없다. 하지만 지금까지 낡은 덕은 자기 내면의 힘과 의지를 마비시키는 편안한 잠과 같은 것이었다. 니체에게 있어 덕과 잠은 스스로를 극복되어져야만 하는 존재로 인식하지 못함으로써 상승과 성장을 경험할 수 없는 실존적 지혜의 결여 증상을 드러내는 자기보존의 메타포일 뿐이다. 편안함과 자기보존으로 대변되는 잠은 니체가 『이 사람을 보라』의 「나는 왜 이렇게 현명한지」에서 자신의 삶을 숙명으로 여기며 눈밭에 쓰러진 러시아 군인을 표현하는 개념인 "겨울잠을 자는 의지(eine Art Wille zum Winterschlaf)"에 불과할 뿐이다(니체, 『이 사람을 보라』, 「나는 왜 이렇게 현명한지」, 6, 342쪽).

35) 니체, 『유고(1882년 7월~1883/84년 겨울)』, 17[56], 737쪽.

르러 위버멘쉬의 존재 의미는 보다 명확해진다. 그리고 이 책의 「서문」은 '위버멘쉬는 누구인가?'라는 물음보다 '우리가 위버멘쉬를 어떻게 이해해야만 하는지', 그리고 '인간은 어떻게 위버멘쉬가 될 수 있는지' 등 보다 구체적인 물음에 대한 답을 담고 있다. 위버멘쉬의 의미 해석을 위한 실마리로 니체는 "경멸(Verachtung)"과 "몰락(Untergang)"을 제시한다.

이 중 경멸이 개념적으로 중요한 이유는 다음과 같다. 1) 대지와 몸, 생성과 생기 등 니체는 자신의 철학에서 제시하는 경멸의 대상과 그 의미를 인간의 외부가 아니라 내부에서 찾고 있다. 이때 경멸은 낡은 가치를 추구하던 자신의 과거를 비판적 관점에서 고찰하고 자신의 삶을 비역사적으로 이해하는 능동적 망각 기술의 일환이기도 하다.[36] 그리고 2) 니체가 이러한 내-외면의 전복을 통해 시도하는 힘의 전환은 인간을 이성적 존재가 아니라 파토스적 존재로 전환한다. 위버멘쉬로의 변화 가능성을 오직 인간 안에서 찾고, 이를 자신의 철학적 파토스로 규정하는 니체의 위버멘쉬적 파토스는 경멸을 더 이상 "양심의 가책"의 문제로 삼지 않는다.[37]

이 파토스는 오히려 경멸을, 자신의 건강한 미래를 실현하기 위한 자유로운 정신과 강한 의지를 가진 인간의 "책임"의 문제, 즉 건강한 기억의 문제로 전환한다.[38] 이러한 의미에서 경멸은 마치 마지막 인간과 위버멘쉬, 창조자와 파괴자, 상승과 하강, 성장과 퇴락, 건강과 병이

---

36) 니체, 『반시대적 고찰 Ⅱ』, 「삶에 대한 역사의 공과」, 1, 290-301쪽 참조.
37) 인간적인 너무나 인간적인 삶을 위해 형이상학과 종교, 도덕을 경멸하는 니체의 철학적 시도에는 자기경멸도 포함된다. 니체는 자신의 저서를 다음과 같이 표현한다. "사람들은 내 책을 의혹의 학교, 나아가서는 경멸의 학교 그리고 다행스럽게도 용기의 학교, 즉 대담함을 가르치는 학교라고 불렀다"(니체, 『인간적인 너무나 인간적인 Ⅰ』, 「서문」, 1, 9쪽).
38) 니체, 『도덕의 계보 Ⅱ』, 1-3, 395-402쪽 참조.

생명의 원리로 유기적 관계를 맺듯이, 채권자와 채무자가 한 인간 안에 존재하는 상태, 즉 자기에게 진 빚을 스스로 갚는 상태에 대한 의미를 함의하고 있다. 경멸은 하나의 감정이지만, 니체는 이 감정으로부터 위버멘쉬로적 변화의 가능성을 도출한다. 기존의 형이상학적-종교적-도덕적 가치로부터의 해방을 바탕으로 새로운 삶을 향해 몰락할 수 있는 인간의 선택을 가능하게 하는 첫 번째 요소가 바로 경멸이며, 두 번째 요소로서의 몰락은 그 결과이다. 그리고 이 두 요소로부터 위버멘쉬로의 변화가, 다시 말해 인간과 그의 삶의 실존적 건강이 시작된다.

위버멘쉬는 인간의 전체 실존을 담는 거대한 바다이다.[39] 니체의 이러한 생각은 인간의 전체 실존의 의미가 위버멘쉬라는 사실을 함의하고 있다. 나아가 니체가 인간에 대한 사랑으로 위버멘쉬를 제시한다는 것은 곧 자기 자신과 자신의 삶에 대한 인간의 사랑이 위버멘쉬적이어야만 한다는 것을 의미한다. "너는 너 자신을 사랑하며, 그 때문에 네 자신을 경멸한다. 사랑하는 자만이 할 수 있는 그 같은 경멸을. 사랑하는 자는 창조하려 한다. 경멸하기 때문이다! 자신이 사랑했던 것, 그것을 경멸하지 않아도 되었던 그런 자가 어떻게 사랑을 알겠는가!"[40] 니체의 이 말은 위버멘쉬가 비록 오랜 가치들과 그 가치들에 익숙해진 자신에 대한 경멸을 전제로 하지만, 1) 그 감정은 결국 자기 자신에 대한 사랑과 다르지 않으며, 2) 이를 통한 위버멘쉬로의 변화가 자기 실존의 새로운 의미 창조의 작업일 수밖에 없음을 의미한다.

이러한 의미에서 자기 찾기와 자기되기의 명제로 대변되는 니체의

---

39) "실로, 사람은 더러운 강물과도 같다. 몸을 더럽히지 않고 더러운 강물을 모두 받아들이려면 사람은 먼저 바다가 되어야 하리라. 보라, 나 너희들에게 위버멘쉬를 가르치노라. 이 위버멘쉬가 바로 너희들의 크나큰 경멸(grosse Verachtung)이 그 속에 가라앉아 몰락할 수 있는 그런 바다이다"(니체, 『차라투스트라는 이렇게 말했다』, 「서문」, 3, 19쪽).

40) 같은 책, 「창조하는 자의 길에 대하여」, 107쪽.

말 "너는 너 자신이 되어야 한다."41)는 인간 실존의 건강이 자기 자신에 대한 무조건적인 긍정과 극복이 아니라 오히려 현재의 삶에 대한 불쾌와 불만으로 대변되는 "경멸"로부터 시작된다는 사실을 함의하고 있다. "가장 온화한 사람은 가장 가혹한 자가 되어야 한다—그리고 그 때문에 몰락한다. 인간들에게는 온화하게, 위버멘쉬를 위해서는 가혹하게."42) 위버멘쉬적 변화를 위한 가혹함은 자기 자신에 대한 경멸로부터 시작된다. 그리고 경멸이 사랑이 될 때, 이 감정은 삶을 긍정하는 아이(Ich bin)의 놀이가 된다.

이러한 사랑의 감정은 경멸이 제거된 결과가 아니다. 오히려 경멸이 긍정되고 극복된 결과이다. 이렇듯 니체는 자기 자신에 대한 이 감정을 위버멘쉬로의 변화를 추동하는 심리학적 조건으로 제시한다. 위버멘쉬는 매 순간 자기 자신과 관계하는 인간유형이다. 그리고 경멸은 은폐된 자기 관계의 가능성을 드러내는 역할을 한다. 니체에게 있어 경멸과 몰락은 참된 자기되기로 대변되는 인간 실존의 건강을 구성하는 요소이다. 이 감정을 바탕으로 인간은 비로소 위버멘쉬적 삶을 살기를 선택하게 된다.

> 사람은 짐승과 위버멘쉬 사이를 잇는 밧줄, 심연 위에 걸쳐 있는 하나의 밧줄이다. 저편으로 건너가는 것도 위험하고 건너가는 과정, 뒤돌아보는 것, 벌벌 떨고 있는 것도 위험하며 멈춰 서 있는 것도 위험하다. 사람에게 위대한 것이 있다면 그것은 그가 목적이 아니라 그것은 그가 하나의 과정이요 몰락(ein Untergang)이라는 것이다. 나는 사랑하노라. 몰락하는 자로서가 아니라면 달리 살 줄을 모르는 사람들을. 그런 자들이야말로 저기 저편으로 건너가고 있는 자들이기 때문이다. 나는 위대한 경멸자를 사랑하노라. 그런 자들이야말로 위대한 숭배자요 저기 저편의 물가를 향한 동경의 화살이기 때문이다.43)

---

41) 니체, 『즐거운 학문』, 270, 250쪽.

42) 니체, 『유고(1882년 7월~1883/84년 겨울)』, 10[47], 490쪽.

43) 니체, 『차라투스트라는 이렇게 말했다』, 「서문」, 4, 21쪽.

이렇듯 경멸은 경계에 선 인간이 위버멘쉬적 삶을 선택해야만 하는 순간에 놓여 있음을 드러내 주는 중요한 역할을 하며, 몰락은 그 결과이다. 니체는 이 두 가지 요소를 통해 인간을 "사랑받아 마땅한"44) 존재, 즉 실존적 선택의 경계에서 자기 안에 내재된 변화의 가능성을 자유롭게 실현할 수 있는 존재로 규정한다. 그래서 니체는 그러한 변화의 과정에 있는 "위대한 경멸자(die grossen Verachtenden)"를 사랑한다고 말하는 것이다. 자신이 왜 몰락해야만 하는지를 아는 자는 왜 자기 자신에게 만족하지 못하고 스스로를 경멸하는지, 또한 왜 이 세계를 쾌가 아닌 불쾌의 세계로 여기는지를 스스로 깨닫게 된 자이다. 니체에 의하면 몰락을 선택한 자는 현재의 자신을 긍정하고, 보다 새롭고 건강한 미래를 향해 스스로를 극복할 수 있는 인간, 다시 말해 삶에 대한 긍정과 극복의 계기를 자신 안에서 발견한 자들이다.45) 니체에게 있어 경멸은 이전보다 새롭고 건강한 삶의 시작을 위한 인간 실존의 첫 번째 위대한 체험이다.

> 너희들이 할 수 있는 체험 가운데 더없이 위대한 것, 그것은 무엇인가? 그것은 저 위대한 경멸의 시간(die Stunde der grossen Verachtung)이렷다. 너희들이 누리고 있는 행복이, 그와 마찬가지로 너희들의 이성과 덕이 역겹게 느껴지는 바로 그런 때 말이다.46)

불쾌를 쾌로 강요해 온 절대적 진리의 허구를 인식하고, 생성하는

---

44) 같은 책, 4, 21쪽.

45) 요이스텐의 말처럼, 몰락은 곧 넘어감(Übergang)이며, 이때 몰락은 기존의 자신을 넘어서는 기회를 실재로서 실현하는 개념이다(Karen Joisten, *Die Überwindung der Anthropozentrizität durch Friedrich Nietzsche*, K&N, Würzburg, 1994, 95-96쪽 참조). 이와 더불어 니체는 『아침놀』의 단편 429번 「새로운 열정」에서 몰락을 새로운 삶을 향한 "열정(Leidenschaft)", 즉 정신적 강함의 조건으로 제시한다. 이를 설명한 글로는, Günter Schulte, *Nietzsches Morgenröthe und Fröhliche Wissenschaft : Text und Interpretation von 50 ausgewählten Aphorismen*, K&N, Würzburg, 2002, 74-76쪽 참조.

46) 니체, 『차라투스트라는 이렇게 말했다』, 「서문」, 3, 19쪽.

현실적 대지의 삶을 살고자 하는 자는 결국 지금까지의 가치를 부정하고 그 안에 살아온 자신을 경멸할 수밖에 없다. 경멸은 형이상학적 진리, 종교적 믿음, 도덕적 규율 등과 같은 이성중심주의적 사고 체계로부터 자유로운 의지와 정신의 산물이다. 이에 반해 경멸할 수 없는 인간의 자기보존은 삶의 궁핍함일 뿐이다.[47] 니체가 오랜 진리의 허구를 드러냄으로써 실재에 대한 사유를 요청하는 이유는 실재에 대한 관점적 인식이 바로 그 누군가가 아닌 자기 자신에 대한 사유를 가능하게 하기 때문이다. 스스로가 자신의 심장을 뛰게 하는 자극으로 작용하는 "커다란 이성(die grosse Vernunft)"의 인간, 다시 말해 "몸(Leib)"으로 대변되는 위버멘쉬적 파토스의 인간만이 새로운 삶을 향해 몰락할 수 있는 것이다.

> 나는 사랑하노라. 자유로운 정신과 자유로운 심장을 지니고 있는 자를. 그런 자의 머리, 그것은 심장에 깃들여 있는 오장육부(das Eingeweide seines Herzens)에 불과하다. 그런데 그를 몰락으로 내모는 것은 심장이렷다.[48]

2) 번개와 광기

차라투스트라가 시장터의 사람들에게 "보라, 나 너희들에게 위버멘쉬를 가르치노라. 그가 바로 "번개(Blitz)"요 "광기(Wahnsinn)"이다!"[49]라고 말했을 때, 우리는 위버멘쉬가 이미 존재했고 여전히 존재하는 자에 대한 명칭이 아니라, 그들에게 없는 자유로운 정신과 의지와 같은

---

47) "나의 이성, 그것이 다 뭐란 말이냐! 마치 사자가 먹이를 찾듯 그것은 지식을 갈구하고 있지 않은가? 그러나 그것은 궁핍함이요 추함이며 가엾기 짝이 없는 자기만족에 불과하지 않은가!"(같은 책, 3, 19쪽). 그리고 이러한 궁핍한 인간에게 있어 자기경멸은 그 어떤 차이도 부정하는 무조건적인 자기찬미에 지나지 않는다(Heinrich Eduard Miesen, *Das Problem des Selbstverständnisses in der Philosophie Friedrich Nietzsches*, Würzburg 1938, 10쪽 참조).

48) 니체, 『차라투스트라는 이렇게 말했다』, 「서문」, 3, 23쪽.

49) 같은 책, 3, 20쪽.

인간학적 특성이라는 사실을 유추할 수 있다. 광기와 번개의 은유를 통해 짐작할 수 있듯이, 니체의 철학에서 이 두 단어는 그 자체로 단 하나의 절대적 진리 혹은 보편적이고 대중적인 삶의 양식에 반하는 것이다. "너희들을 혀로 핥을 번개는 어디에 있는가? 너희들에게 접종했어야 할 광기는 어디에 있는가?"[50] 니체의 철학에서 번개와 광기는 자기 자신으로부터 위버멘쉬적 변화의 가능성을 발견한 자들의 의식적인 깨달음을 대변한다.[51]

『차라투스트라는 이렇게 말했다』를 준비하던 시기의 한 소묘에는 다음과 같은 글이 있다. "나는 번개를 품고 있는 어두운 구름에서 하나씩 떨어지는 이 무거운 물방울들을 모두 사랑한다. 이 번개는 위버멘쉬라 불린다."[52] 니체의 이 말에 담긴 의미처럼, 인간에 대한 그의 사랑은 위버멘쉬적 자기인식을 통해서 마지막 인간들의 보편적 삶으로부터 새로운 삶을 향해 몰락할 수 있는, 다시 말해 새로운 미래를 창조할 수 있는 사람을 향해 있다. 아래의 글은 니체가 위버멘쉬를 존재가 아닌 삶의 의미이자 지혜로서 제시하고 있음을 보다 구체적으로 보여준다. 그는 이 글에서도 위버멘쉬를 "번개"로 표현한다.

---

50) 같은 책, 3, 20쪽.

51) 플라톤과 스토아학파의 관점에서 광기는 로고스(이성)으로부터 벗어나 파토스(정념)에 지배된 병의 상태를 의미할 뿐이다. 하지만 니체에게 있어 자신의 육체적 정념으로부터 벗어났다는 것은 더 이상 자기 자신과 관계하고 있지 못한 자기상실의 병에 불과할 뿐이다. "어린아이는 순진무구요 망각이며, 새로운 시작, 놀이, 스스로의 힘에 의해 돌아가는 바퀴이며 최초의 운동이자 거룩한 긍정이다. 그렇다. 형제들이여, 창조의 놀이를 위해서는 거룩한 긍정이 필요하다. 정신은 이제 자기 자신의 의지를 원하며, 세계를 상실한 자는 자신의 세계를 획득한다"(같은 책, 「세 단계의 변화에 대하여」, 41쪽). 니체의 이 말은 어린아이의 삶의 놀이가 오직 그의 자유로운 정념에 의해서 가능하다는 것과 더불어, 인간은 오직 정념의 해방 속에서 자신만의 고유한 실존적 의미를 창조할 수 있다는 사실을 함의하고 있다. 결론적으로 세계의 상실은 곧 자기상실과 다름 없으며, 반대의 경우도 마찬가지이다.

52) 니체, 『유고(1882년 7월~1883/84년 겨울)』, 4[116], 193쪽.

> 나는 사랑하노라. 사람들 위에 걸쳐 있는 먹구름에서 한 방울 한 방울 떨어지는 무거운 빗방울과 같은 자 모두를. 그런 자들은 번개가 곧 닥칠 것임을 알리며 그것을 예고하는 자로서 파멸해가고 있으니. 보라, 나는 번개가 내려칠 것임을 예고하는 자요. 구름에서 떨어지는 무거운 물방울이다. 번개, 그것이 곧 위버멘쉬이다.[53]

나아가 니체는 "무거운 빗방울(schwere Tropfen)"과 같이 먹구름(대중)으로부터 몰락하는 것이 오히려 자연스러운 인간들만이 절대적 이념과 보편적 가치 속에서 자신의 정신과 의지를 깨우는 위버멘쉬적 실존의 번갯불을 경험할 수 있는 광기의 인간유형이라는 사실을 명확히 한다. "우리는 위버멘쉬를 위해서 대지를 준비시켜야 한다. […] 나 너희들에게 광기를 접종한다."[54] 그리고 이 광기는 『차라투스트라는 이렇게 말했다』의 「창백한 범죄자」에서 전통 이성과 도덕의 가치에 반한 행위의 전제로 제시된다. "그(창백한 범죄자)는 언제나 그 자신을 한 행동의 행위자로 간주해왔다. 나는 그것을 광기라 부른다. 그에게는 예외적인 것이 본질이 되고 만 것이다."[55] 광기는 전통 형이상학적-종교적-도덕적 가치 체계로부터 자유로운 정신과 의지를 지닌 인간에 대한 또 다른 표현이다.

> 너희들이 말하는 저 선량한 사람들은 많은 점에서 역겹다. 그러나 그들이 자행하는 악만은 그렇지가 않다. 나는 이 창백한 범죄자처럼 저들 또한 자신을 파멸로 몰 수 있는 그런 광기를 지니기를 바란다! 나 진정 저들의 광기가 진리, 또는 성실, 또는 정의라고 불리기를 바란다. 하지만 저들은 오래 살기 위해, 그리고 변변치 못한 자기만족 속에서나마 오래 살기 위해 자신들이 지닌 덕을 버리지 못하고 있는 것이다.[56]

---

53) 니체, 『차라투스트라는 이렇게 말했다』, 「서문」, 3, 23쪽.
54) 니체, 『유고(1882년 7월~1883/84년 겨울)』, 4[78], 177쪽.
55) 니체, 『차라투스트라는 이렇게 말했다』, 「창백한 범죄자에 대하여」, 61쪽.
56) 같은 책, 63쪽.

그리고 차라투스트라가 그의 눈에서 발견한 것은 다름 아닌 "커다란 경멸(die grosse Verachtung)"이었다.57) 자기 자신에 대한 경멸은 위버멘쉬적 광기, 즉 강한 의지의 징표이다. 이렇듯 인간을 마지막 인간과 위버멘쉬 사이의 경계에 서게 한 니체의 철학적-인간학적 사고실험을 통해, 경멸과 몰락은 비로소 실존의 위대한 선택을 하고자 하는 그의 자유로운 정신과 의지 안에서 정당화된다. 니체는 경계에 선 인간 내면의 힘을 증명하기 위한 사고실험을 통해서 삶의 실재를 사유할 수 없는 자들의 속박된 정신과 나약한 의지를 부각시킨다. 그 이유는 니체에 의하면 마지막 인간은 고통과 불안, 경멸과 몰락이 없는 삶 속에서 스스로를 보존하고자 할 뿐 자신만의 고유한 삶의 의미를 창조할 수 없는 자들이기 때문이다.

마지막 인간은 스스로 찾은 행복에 대해서도 확신할 수 없어 눈을 깜빡인다.58) 그는 자신의 행복을 타인에게 내보이며 검증받기를 원한다. 결국 그는 스스로 행복해질 수 없다. 그 이유는 행복의 조건을 나 아닌 것으로부터 찾기 때문이다. 이에 반해 니체는 위버멘쉬의 특성을 다음과 같이 명확하게 제시한다. "사람이 목적이 아니라 교량이라는 것, 따라서 새로운 아침놀에 이르는 도정으로서 자기 자신의 정오와 저녁으로 인하여 스스로를 행복하다 찬양한다는 것."59) 니체가 더 이상 자기 자신을 경멸할 줄 모르는 자들의 시대로부터 대지의 슬픔이 시작된다고 말하는 이유는 이 때문이다.60)

이는 경멸할 줄 모르고 더 이상의 변화를 기대하지 않는 마지막 인

---

57) 같은 책, 60쪽.

58) 같은 책, 「서문」, 5, 26쪽.

59) 같은 책, 「낡은 서판과 새로운 서판에 대하여」, 3, 330쪽.

60) 같은 책, 「서문」, 5, 24쪽 참조.

간들로 인하여 대지의 행복과 수많은 변화의 가능성이 은폐되어 버렸다는 사실에 대한 니체의 탄식이다. 그에 의하면 진정한 행복은 변화된 미래를 희망하는 감정의 문제이다. "마음 밑바닥에서부터 소망하는 것 그리고 독수리처럼 멀리 있는 해안을 향해 나는 것, 나는 그것을 행복이라고 부른다."61) 그래서 니체는 오히려 자기 자신에 대한 경멸과 이러한 정신적-감정적 혼돈 속에서 인간의 실존적 자기되기의 실현을, 즉 그의 위버멘쉬로의 변화를 예측한다.

3) 웃음과 춤

위버멘쉬는 자기경멸과 같은 내면의 혼돈으로부터 비로소 창조될 수 있는 인간의 실존적 이상이며, 니체는 이 위버멘쉬적 이상을 실존적 삶의 의미로서 제시한다. "나는 사람들에게 그들의 존재가 지니고 있는 의미를 터득시키고자 한다. 그것은 위버멘쉬요, 사람이라는 먹구름을 뚫고 내리치는 번갯불이다."62) 이렇듯 니체의 "위버멘쉬"는 생성하는 대지의 현실적 삶을 살아가는 인간과 그의 삶의 의미가 자기보존이 아니라 자기극복으로부터, 자기부정이 아니라 자기긍정으로부터, 즉 자신의 외부로부터가 아니라 오직 자기 안으로부터 창조될 수 있는 개념이다. 자기 자신에 대한 불쾌와 불만족, 다시 말해 경멸과 같은 내면의 혼돈이 오랜 가치들 속에서 반복되어 온 삶의 근본적인 체계를 뒤흔든다. 니체는 이와 같은 인간의 내적 혼란을 긍정하며, 그 현상을 "춤추는 별(ein tanzende Stern)"이라는 개념을 통해 설명한다.

---

61) 니체, 『유고(1882년 7월~1883/84년 겨울)』, 12[15], 529쪽.
62) 니체, 『차라투스트라는 이렇게 말했다』, 「서문」, 7, 29-30쪽.

너희들에게 말하거니와, 춤추는 별을 탄생시키기 위해 사람은 자신들 속에 혼돈을 지니고 있어야 한다. 너희들에게 말하거니와, 너희들은 아직 그러한 혼돈을 지니고 있다. 슬픈 일이다! 머지않아 사람이 더 이상 별을 탄생시킬 수 없게 될 때가 올 것이니. 슬픈 일이다! 머지않아 자기 자신을 더 이상 경멸할 줄 모르는, 그리하여 경멸스럽기 짝이 없는 자들의 시대가 올 것이니. […] 대지는 작아졌으며 그 위에서 모든 것을 작게 만드는 저 비천하기 짝이 없는 인간이 날뛰고 있다.63)

위의 글을 통해 유추할 수 있는 "춤추는 별(ein tanzende Stern)"에 담긴 의미는 1) 별은 인간 안에 내재한 변화의 가능성이라는 것, 2) 별이 그 가능성을 실현하는 삶의 새로운 의미라는 것, 3) 하지만 별은 자기 자신에 대한 근본적인 의심과 경멸로부터 비로소 빛을 드러낸다는 것, 4) 별은 자기경멸로부터 드러나지만 결국 춤을 추듯 자신의 삶에 대한 긍정과 사랑으로 승화된다는 것, 5) 결과적으로 인간이 자기 자신과 관계하고 있다는 것이다. 자기 내면의 별을 탄생시키는 과정은 자기 자신의 혼란스러운 자기경멸의 감정을 긍정하고 극복하는 과정이다. ""사람은 극복되어야 할 존재이다." 이 말은 내 귀에는 웃으면서 춤추는 지혜의 말처럼 들린다. […] 물론 사람들은 춤추는 것을 배우기 전에 걷는 것을 배워야 한다."64)

춤을 춘다는 것은 자신의 자유로운 정신과 의지를 통해 자신만의 고유한 삶의 의미를 창조할 수 있다는 것을 의미한다. 니체에게 있어 춤을 출 수 있다는 것은 비록 아직 위버멘쉬가 되기에 부족한 면이 있을지라도 그 자체로 긍정적인 삶의 자세를 지니고 있다는 것을 의미한다. 자기 실존의 춤을 출 수 있는 인간은 결코 다른 존재가 부여한 의미 위에서 춤을 추지도, 자신의 삶을 건설하지도 않는다. 그는 스스로 자신

---

63) 같은 책, 5, 24-25쪽.
64) 니체, 『유고(1882년 7월~1883/84년 겨울)』, 18[43], 769쪽.

의 삶을 창조한다. 『차라투스트라는 이렇게 말했다』의 「읽기와 쓰기에 대하여」에서 니체는 다음과 같이 말한다.

> 나는 **춤을 출 줄 아는 신**만을 믿으리라. […] 그리고 나의 악마 이야기인데 나는 그가 엄숙하며, 심각하고, 심오하며 당당하다는 것을 발견했다. 중력의 악령이었던 것이다. 저 악마로 인해 모든 사물은 나락으로 떨어진다. 사람들은 노여움이 아니라 웃음으로써 살해를 한다. 자, 저 중력의 악령을 죽이지 않겠는가!65)

니체의 견해는 분명하다. 『차라투스트라는 이렇게 말했다』의 3부 「중력의 악령에 대하여」에서 자세히 표현되고 있는 것처럼, 이 악마는 자신만의 고유한 춤을 출 수 없도록 걸음을 무겁게 만드는 정신의 무거움을 상징한다. 중요한 것은 니체가 이 악령을 살해하는 방법으로 분노와 노여움이 아니라 웃음(Lachen)을 제시하고 있다는 것이다. "춤 한 번 추지 않은 날은 아예 잃어버린 날로 치자! 그리고 웃음 하나 동반하지 않는 진리는 모두 거짓으로 간주하자!"66) 위에서 인용된 "웃으면서 춤추는 지혜(eine lachende tanzende Weisheit)"67)는 디오니소스적 긍정, 비극적 긍정과 같은 의미를 담고 있는 개념이다.

스스로를 최초의 비극적 철학자로 명명하는 니체는 삶의 고통과 경멸 속에서도 웃으면서 춤출 수 있는 철학자이기도 하다. 이렇듯 자신만의 고유한 별, 즉 삶의 의미는 바로 자기 자신에 대한 경멸을 삶에 대한 사랑과 웃음으로 승화시킬 수 있는 지혜로부터 탄생하는 것이다. 이러한 비극적-디오니스소적 지혜가 바로 위버멘쉬적 삶의 지혜이다. "위버멘쉬는 삶의 과잉 때문에 저 아편 흡입자의 병과 광기를 띠고 있

---

65) 니체, 『차라투스트라는 이렇게 말했다』, 「읽기와 쓰기에 대하여」, 66쪽.
66) 같은 책, 「낡은 서판과 새로운 서판에 대하여」, 23, 351-352쪽.
67) 니체, 『유고(1882년 7월~1883/84년 겨울)』, 18[43], 769쪽.

으며 디오니소스적인 춤을 출 수 있다. 그는 후유증으로 고통을 겪지 않는다."68) 이러한 지혜는 며칠 동안의 창조로서 세계와 인간을 지배한 신의 진리와는 다르다. 그 이유는 니체가 제시한 춤을 출 줄 아는 신은 춤을 추며 매 순간 새로운 의미와 가치를 창조하는 신이기 때문이다.

> 나는 걷는 법을 배웠다. 그 후 나는 줄곧 달렸다.
> 나는 나는 법을 배웠다. 그 후 나는 다른 사람의 도움 없이도 움직일 수가 있었나.
> 이제 나는 가볍다. 나는 날고 있으며 나 자신을 내려다보고 있다.
> 이제야 어떤 신이 내 몸속에서 춤을 추고 있구나.69)

니체에 의하면 모든 인간은 그들 자신 안에 자신만의 신을 담고 있다. "자기 자신을 낳는 예술작품"70)과 같은 니체의 표현처럼, 그 신은 다름 아닌 스스로를 창조하는 자기(das Selbst)이다. 니체의 개념 "춤추는 별"은 신 혹은 중력의 악령과 같은 절대적-보편적 존재로부터 인간을 고유한 개인으로 전환하는 역할을 한다. "걸음걸이로 알 수 있다. 걷고 있는 자가 그 자신의 길을 가고 있는지를. 그러니 걷고 있는 내 모습을 보라! 하지만 자신의 목표에 접근해 있는 사람을 춤을 추게 마련이다."71) 니체가 「창백한 범죄자에 대하여」에서 "나의 자아. 그것은 극복되어야 할 그 무엇이다. 내게 있어서 그것은 사람에 대한 커다란 경멸(die grosse Verachtung)이기 때문이다."72)라고 말할 때, 이 경멸 역시 절대적이고 보편적인 가치를 따르는 평균적 삶에 대한 비판을 담

---

68) 같은 책, 4[75], 174쪽.
69) 니체, 『차라투스트라는 이렇게 말했다』, 「읽기와 쓰기에 대하여」, 66쪽.
70) 니체, 『유고(1885년 가을~1887년 가을)』, 2[114], 146쪽.
71) 니체, 『차라투스트라는 이렇게 말했다』, 「보다 지체가 높은 인간들에 대하여」, 17, 485-486쪽.
72) 같은 책, 「창백한 범죄자에 대하여」, 60쪽.

고 있다. 자신 안에 춤추는 신을 품은 자가 신처럼 자신의 삶을 창조할 수 있다면, 자신 안에 별을 품은 자는 스스로 자신의 삶을 빛내는 별이기도 하다.

춤추는 별을 탄생시킨다는 것은 변화된 자기 자신을 탄생시킨다는 것, 즉 자기 자신이 별이 된다는 것을 의미한다. 이러한 의미에서 "모든 별은 […] 이기주의자인 것이다."[73]라는 니체의 말은 별과 같은 인간은 모두 자신만의 고유한 실존의 춤을 추는 삶을 살아갈 수밖에 없다는 의미로 이해할 수 있다. 니체에 의하면 비록 춤을 추는 자의 모습이 이기적인 형태로 드러날지라도 인간은 자신만의 고유한 삶을 창조하며, 낡은 신과는 다른 방식으로 스스로를 구원해야만 한다. 이때 이기주의는 더 이상 자기경멸에 반하는 동정과 이웃 사랑과 같은 그리스도교적 덕에 반한 악덕으로 평가되지 않는다.

> 나로 됨Ver-Ichlichung으로서의 이기주의,
> 다르게 됨Ver-Änderung으로서의 이타주의[74]

오히려 이기주의는 자기 내면으로부터 자신만의 고유한 삶의 덕을 창조하는 "고귀한 영혼의 본질"[75]에 속한다. 고귀한 영혼은 춤을 추며 덕을 창조하고 또한 그의 덕은 자신만의 춤을 추라고 명령한다. 이렇듯 춤은 자유로운 개인의 자기조형, 즉 "자기구원(Selbsterlösung)"을 향한 실존의 몸짓이며 동시에 이를 가능하게 하는 자유로운 정신과 의지를 대변하는 개념이다. 춤은 인간의 실존적-위버멘쉬적 건강성의 상

---

73) 니체, 『선악의 저편』, 265, 288쪽.
74) 니체, 『유고(1887년 가을~1888년 3월)』, 9[156], 112쪽.
75) 니체, 『선악의 저편』, 265, 288쪽.

징이다. 이에 반해 나약한 정신과 의지의 병을 가진 자는 결코 춤을 출 수 없다. 그는 절대적인 존재와 가치에 의존할 수밖에 없기 때문에 스스로를 창조할 수 없다. 다시 말해 그는 스스로를 구원할 수 없다.

4. 위버멘쉬적 구원과 창조

1) 자기구원

실존적 건강을 향한 첫 단계로서 경멸과 몰락은 인간을 그의 내면에서부터 근본적으로 변화시키기 위한 니체의 철학적 방법론이다. 경멸과 몰락은 새로운 '나'의 탄생을 위한 자기구원의 춤으로 드러난다. 자기 자신에 대한 경멸과 새로운 삶을 향한 몰락의 선택 속에서 인간은 비로소 삶의 새로운 가치를 찾아 나서는 창조적인 존재로 변화되어간다. 하지만 이 과정은 멈추지 않고 지속되어야만 한다. 니체가 인간을 마지막 인간과 위버멘쉬 사이의 경계에 세운 것은 경멸과 몰락이 매 순간 삶의 긴장을 유지해주는 근본적인 조건으로 작용하기 때문이다. 그럼에도 불구하고 이 과정은 언제든지 멈출 수 있다. 그렇다면 위버멘쉬로의 변화는 정지되고 새로운 우상이 그 자리에 들어선다. 니체는 이러한 현상을 "입상들의 법칙"이라고 표현하며 아래와 같이 경고하고 있다.

> 새로운 소란을 일으키는 사람이 아니라 새로운 가치를 창출하는 사람 주위로 세계는 돈다. […] 실토하라! 너희들이 일으키는 소란과 연기가 사라지고 난 후에 보면 실제 일어난 일이 별로 없다는 것을. 도시가 온통 미라가 되고 입상들이 진흙 속으로 내팽개쳐져 있다 한들 그게 무슨 대수인가! 나 입상을 전복시키는 자들에게 말을 하련다. 소금을 바다에 던지고 입상을 진흙에 내팽개치는 것

이상의 어리석은 짓은 없다고. 너희들이 해대는 경멸이라는 진흙 속에 입상들은 쓰러져 있었다. 그러나 그 경멸에서 생명이 다시 자라나며 생기 있는 아름다움이 다시 자라나리니 이것이 곧 입상들의 법칙이렷다![76]

　이러한 허무주의적 현상은 차라투스트라를 향한 기다림에 지쳐 그의 동굴에서 낙타를 새로운 우상으로 섬기고 있던 자들의 행위를 통해서도 확인할 수 있다.[77] 니체에게 있어 신을 부정했던 자가 새로운 신을 찾는다는 것은 결국 그가 신 안에 있다는 증거이다. 이러한 현상은 그의 내면으로부터 변화가 일어나지 않았기 때문이다. 경멸로 대변되는 자기 내면의 변화를 통해서가 아니라면 진정한 의미에서의 변화는 일어나지 않는다. 경멸이 자기 자신에 대한 사랑을 전제하지 않는다면 경멸은 또 다른 형태와 명칭을 지닌 우상을 창조할 수밖에 없다. 하지만 경멸이 자신과 자신의 삶에 대한 참된 사랑을 전제로 한다면, 창조되는 것은 오직 자기 자신일 뿐이다. 이러한 의미에서 경멸은 인간 실존의 변화를 위한 "근원적인 운동"으로서 작용한다.[78]

　더 이상 신이 존재하지 않는 실존적 공허감으로부터 발생하는 허무주의는 자기 자신에 대한 경멸로부터 극복될 수 있다. 그 이유는 경멸은 오랜 가치들로부터 자유로워진 정신의 위버멘쉬적 특권이기 때문이다. 니체가 『이 사람을 보라』에서 자신의 중기 저서인 『인간적인 너무나 인간적인』을 평가하며 자유정신을 "스스로 자기 자신을 다시 소유하는 자유롭게 된 정신"[79]이라고 규정하듯이, 자유로운 정신에게 있어 경멸은 더 이상 신에 대한 의심의 죄가 될 수 없다. 이러한 의미에서

---

76) 니체, 『차라투스트라는 이렇게 말했다』, 「크나큰 사건에 대하여」, 225-226쪽.

77) 같은 책, 「나귀의 축제」, 518-523쪽 참조.

78) "모든 인간은 사건의 창조적인 원인, 근원적인 운동을 하는 제일운동자ein primum mobile이다"(니체, 『유고(1882년 7월~1883/84년 겨울)』, 4[138], 200쪽).

79) 니체, 『이 사람을 보라』, 「인간적인 너무나 인간적인」, 1, 404쪽.

"최고로 자유로운 인간유형은 최고의 저항이 극복되는 곳에서 발견될 수 있을 것이다."80)라는 니체의 말에는 위버멘쉬가 끊임없는 자기관계 속에서 오직 자기 자신을 최고의 저항(경멸)으로 여기는 자유로워진 정신이라는 사실을 함의하고 있다. 이렇듯 경멸은 온전히 자기 자신이 되고자 하는 자유정신이 스스로 행하는 건강한 자기관계의 시도, 즉 자기구원의 시도인 것이다. 자기구원에 대한 차라투스트라의 의도는 아래와 같은 말로 드러난다.

> 나는 그들을 그들의 구원자들에게서 구원했다. — 그러나 어떻게 위버멘쉬가 인간들을 이해하는 것을 견딜 수 있을 것인가! 따라서 위버멘쉬가 살 수 있도록 그를 창조하고 그를 위해서 몰락하라고 사람들을 설득해야만 하는가?81)

여기서 "구원"은 경멸과 몰락의 방식을 보다 구체적으로 드러내 주는 개념으로서의 역할을 한다. 즉 구원은 경멸이 자기 자신을 나약하게 하는 방식이 아니라 오히려 지금까지 은폐되었던 내면의 변화 가능성을, 니체의 표현에 의하면 자기 존재의 "수수께끼"를 풀고 이를 바탕으로 새로운 가치를 창조할 수밖에 없도록 만드는 자기긍정과 사랑의 양식인 것이다. 그리고 스스로 자기 삶의 의미를 창조하고자 하는 사람들에게 삶은 결코 우연일 수 없다. 삶은 매 순간 예술작품처럼 그의 손을 따라, 니체의 표현에 의하면 미래를 향한 그의 "창조적인 손"과 "힘에의 의지"에 따라 창조될 뿐이다.82) "나 너희들에게 위버멘쉬를 가르치노라. 사람은 극복되어야 할 그 무엇이다. 너희들은 너희 자신을 극복하기 위해 무엇을 했는가?"83) 니체가 시장터의 사람들에게

---

80) 니체, 『우상의 황혼』, 「어느 반시대적 인간의 편력」, 38, 178쪽.
81) 니체, 『유고(1882년 7월~1883/84년 겨울)』, 13[1], 580쪽.
82) 니체, 『선악의 저편』, 211, 189쪽.

이렇게 말했을 때, 그가 사람들에게 요청한 극복의 양식이 바로 경멸과 몰락을 통해 스스로를 구원할 수 있는 자유로운 정신과 강한 의지를 발휘해보라는 것이었다. 이때 위버멘쉬는 스스로를 구원하는 자에 대한 명칭으로 사람들에게 주어진다.

> 창조하는 자로서, 수수께끼를 푸는 자로서, 그리고 우연을 구원하는 자로서 나는 저들에게 미래를 창조할 것을, 그리고 이미 존재했던 모든 것을 새로운 창조를 통하여 구원하도록 가르쳤다. 사람들에 있어서의 과거를 구원하고, 의지가 마침내 "나는 그러기를 바랐노라! 또 앞으로도 그러기를 바랄 것이다"라고 말할 때까지 일체의 "그랬었다"를 개조하도록 말이다. 나는 저들에게 그렇게 하는 것을 구원이라고 일컫고는, 그렇게 하는 것만을 구원이라고 부르도록 가르쳤다.[84]

위의 글은 『차라투스트라는 이렇게 말했다』의 「낡은 서판과 새로운 서판에 대하여」의 일부이다. 구원에 대한 구체적인 내용은 같은 책의 「구원에 대하여(Von der Erlösung)」에 잘 담겨 있지만, 여기서 니체는 차라투스트라를 중심으로 그의 구원과 몰락을 연관시켜 설명하고 있다. "이제 나는 나 자신의 구원을 기다린다. […] 나 다시 한 번 사람들에게 가고자 하기 때문이다. 나 저들 속에서 몰락하기를 바라며 죽어가면서 저들에게 나의 더없이 풍요로운 선물을 주고 싶은 것이다! […] 지는 저 태양처럼 차라투스트라도 몰락하고 싶다."[85]

니체가 차라투스트라의 입을 빌어 이와 같이 말하는 이유는, 몰락이 자신이 경멸하고 있는 과거의 보편적인 유산으로부터 벗어나 자신이 진정으로 원하는 삶을 향해 나아가고자 하는 자유로운 정신과 강한 의

---

83) 니체, 『차라투스트라는 이렇게 말했다』, 「서문」, 3, 16-17쪽.
84) 같은 책, 「낡은 서판과 새로운 서판에 대하여」, 3, 330-331쪽.
85) 같은 책, 3, 331쪽.

지에 의한 선택임을 드러내기 위해서이다.

매일 저녁 미지의 지평선에서 사라지고 또한 매일 아침 다시 떠오르며 새로운 하루를 열어주는 태양의 메타포는 인간의 몰락이 미지의 삶을 위해 매순간 모험하며 자기 실존의 새로운 가능성을 실험하는 위버멘쉬적 변화를 위한 선택임을 잘 대변해준다. 위버멘쉬는 현재를 살지만, 그는 언제나 지고 다시 떠오르는 태양처럼 한 걸음 자신의 미래에 다가간다.

차라투스트라가 인간 실존의 스승이듯이, 그를 믿고 따르는 사람들은 그와 같은 몰락을 행동으로 실천해야만 한다. 차라투스트라가 마지막 인간을 경멸하면서도 그들을 위해 몰락하듯이, 그들 역시도 자기 자신을 경멸하며 보다 더 깊은 자신 안으로 몰락해야만 한다. 이렇듯 자기구원은 자기 자신에 대한 긍정과 극복에의 의지 그리고 이 의지의 운동을 가능하게 하는 경멸과 그 결과로서의 몰락을 통해서만 실현될 수 있다.

> 지난날을 구원하고 일체의 "그랬었다"를 "나는 그렇게 되기를 원했다"로 전환하는 것, 내게는 비로소 그것이 구원이다! 의지, 그것은 해방을 가져오는 자의 이름이며 기쁨을 가져오는 자의 이름이다.[86]

니체에게 있어 "그랬었다"는 현재의 의지로 변화시킬 수 없는 과거에 대한 체념을 그대로 반영한 결과이다. "그랬었다." 이것이 의지의 절치(切齒)와 더없이 쓸쓸한 우수의 이름이다. 이미 일어난 일에 손을 쓸 수 없는 의지, 그것은 일체의 과거에 대해 악의를 품고 있는 관망자다."[87] 변화시킬 수 없는 자신의 과거를 바탕으로 미래 역시 바꿀 수

---

86) 같은 책, 「구원에 대하여」, 238쪽.

없다고 판단하는 나약한 정신과 의지의 인간은 결국 자기 자신에게 고통을 주는 복수를 하고 만다. 이 복수는 니체가 『이 사람을 보라』의 「나는 왜 이렇게 현명한지」에서 논의했던 자기원한처럼,[88] 불쾌를 주는 것에 대한 복수, 즉 자기 자신과 삶에 대한 복수이다.

그는 삶을 벌로 여기며 더 이상 그 어떤 변화의 가능성을 희망하지 않는다. 하지만 "나는 그렇게 되기를 원했다"는 체념에 반해 오히려 과거를 부정하고 보다 새로운 미래를 향하는 경멸과 몰락의 감정에 더 접근해 있다. 이렇듯 체념은 불쾌의 문제이지만, 경멸은 불쾌로부터 쾌를 도출하는 자유로운 정신과 강한 의지의 운동을 전제한다는 측면에서 이 두 개념은 큰 차이가 있다. 중요한 것은 체념과 경멸의 차이는 곧 수동과 능동의 차이라는 것이다.

니체에게 있어 쾌와 불쾌는 의지의 활동의 산물이다. 니체는 이 문제를 창조하는 자의 의지, 즉 힘에의 의지를 통해 설명한다. "의지는 화해 이상의 것을 지향해야 하니 그것이 곧 힘에의 의지라는 것이다."[89]라는 니체의 말처럼, 생명체의 생명력을 대변하는 힘의 증대를 원하는 의지, 즉 힘에의 의지는 근본적으로 체념할 수 없다.[90] "한때는 의심이, 그리고 자기에의 의지(der Wille zum Selbst)가 악한 것으로 받아들여졌다."[91]라는 니체의 말처럼, 그가 시도했던 의지의 전환은 자신의 삶에 대한 인간의 수동적 태도로부터 능동적 태도로의 전환을 의미한다.

그렇다면 불쾌를 주는 과거는 더 이상 화해의 대상이 아니라 극복의

---

87) 같은 책, 239쪽.
88) 니체, 『이 사람을 보라』, 「나는 왜 이렇게 현명한지」, 6, 341-342쪽 참조.
89) 니체, 『차라투스트라는 이렇게 말했다』, 「구원에 대하여」, 241쪽.
90) 힘에의 의지를 생명체의 생명성과 생명력의 관점에서 논의한 글로는, 이상범, 「니체의 위생학(Hygiene)에 대한 연구」, 『니체연구』 제30집(한국니체학회, 2016년 가을호), 178-193쪽 참조.
91) 니체, 『차라투스트라는 이렇게 말했다』, 「창백한 범죄자에 대하여」, 62쪽.

대상이다. 이렇듯 불쾌(체념)로부터 새로운 쾌(경멸)를 향해 끊임없이 활동하는 힘에의 의지는 경멸-몰락-자기구원을 가능하게 하는 근본원리이다. 힘에의 의지가 자기구원의 원리인 이유는, 이 의지가 창조의 원리이자 자기 존재의 원리이기 때문이다. 자신 안에 내재한 자신만의 힘으로 은폐된 자기 자신의 변화 가능성을 밝혀내고 스스로를 변화시키는 힘의 투쟁, 즉 힘에의 의지는 위버멘쉬의 유일한 내적 원리이자 삶의 고귀한 건강의 양식이다.

이렇듯 자기 자신을 경멸한다는 것은 고통이 동반될 수밖에 없는 실존적 자기인식의 경험이다. 니체의 "커다란 고통"[92]이라는 개념을 통해서도 확인할 수 있는 것처럼, 위버멘쉬가 된다는 것은 곧 보다 성장한 내가 된다는 것을 의미한다. 이때 자기 자신과 삶 자체를 문제시하는 자기경멸의 고통은 위버멘쉬적 변화를 위한 창조적 자극, 즉 위대한 자기구원의 근본 조건으로 작용한다. "창조. 그것은 고통으로부터의 위대한 구원(die grosse Erlösung)이며 삶을 경쾌하게 하는 어떤 것이다. 그러나 창조하는 자가 존재하기 위해서는 고통이 있어야 하며 많은 변신이 있어야 한다."[93]

니체의 말처럼 영원한 정의, 선, 행복이 존재한다면 자기구원은 성립할 수 없다.[94] 하지만 이 가치들이 존재하지 않는 것이라면, 인간은 자기 삶의 의미와 가치를 창조하며 스스로를 구원할 수밖에 없다. 오랜 과거는 현재의 의지가 미래를 향할 때 비로소 변화의 조각돌로서 다시 말해 과정으로서의 의미를 가지게 된다. 이 과정 속에서 인간의 존재는 수수께끼일수도, 끔찍한 우연일 수도 없다. 그 이유는 스스로를 구

---

92) 니체, 『즐거운 학문』, 「서문」, 3, 28쪽.
93) 니체, 『차라투스트라는 이렇게 말했다』, 「행복한 섬에서」, 142쪽.
94) 같은 책, 「구원에 대하여」, 240쪽 참조.

원하는 과정에 있는 인간은 대지에서 가장 건강한 인간으로서의 위버멘쉬가 되어가는 중이기 때문이다. 그리고 이 과정은 창조적 자기극복의 과정으로 드러난다

2) 창조적 자기극복

> 나는 너희들에게 '의지는 일종의 창조하는 자'라고 가르쳤다. […] 일체의 "그랬었지"는 창조하는 의지(der schaffende Wille)가 나서서 "나는 그러하기를 원했다!"고 말할 때까지는 한낱 흩어져 있는 조각돌이요, 수수께끼이자 끔찍한 우연에 불과하다. 창조적 의지가 거기에다 "그러나 나 그렇게 되기를 원한다! 나 그렇게 되기를 원하게 될 것이다!"라고 말할 때까지는 말이다.[95]

위버멘쉬가 창조되어가는 과정은 자기극복의 과정, 즉 지금의 나를 넘어서며 새로운 삶의 순간을 경험하는 경멸과 몰락의 과정에 있다는 것을 의미한다. "나는 자기 자신을 뛰어넘어 창조(über sich selber hinaus schaffen)하려 하며 그 때문에 파멸의 길을 가는 자를 사랑한다."[96] 경멸과 몰락은 새로운 삶의 미래를 향하게 하는 위버멘쉬적 변화의 심리적인 조건이다. 자기경멸의 인간은 자신의 모든 힘을 새로운 변화의 기회를 여는 동력으로, 다시 말해 새로운 삶을 향해 몰락하는 용기(Mut)로 사용한다. 경멸은 이미 필연적 극복에의 의지를 담고 있으며 몰락은 이 의지의 표출로서 드러난다. 여기서 중요한 것은 이 의지가 매번 새로운 변화를 도출하는 창조적 의지, 즉 새로운 자신을 출산하는 "생식에의 의지(Wille zur Zeugung)"라는 것이다.

---

95) 같은 책, 241쪽.
96) 같은 책, 「창조하는 자의 길에 대하여」, 108쪽.

더-이상-의욕하지 않기, 더-이상-평가하지 않기, 그리고 더-이상-창조하지 않기! 아, 이들 크나큰 피로가 나를 떠나 아주 먼 곳에 머물러 있기를! 사물의 이치를 터득함에 있어 나는 내 의지가 갖고 있는 생식-욕구와 생성-욕구(Willens Zeuge- und Werde-Lust)만을 느낀다. 그리고 만약 그런 터득에 순진무구함 (Unschuld)이란 것이 깃들어 있다면, 그것은 생식에의 의지가 그 속에 있기 때문이리라.97)

자기 자신에 대한 경멸은 자기 삶의 의미를 스스로 창조하지 못했던 사실에 대한 자기성찰이기 때문에 극복에의 의지는 창조에의 의지일 수밖에 없다. "창조하는 자 자신이 다시 태어날 어린아이가 되기 위해서는 먼저 산모가 되어야 하며 해산의 고통을 마다하지 않아야 한다."98) 몰락(Untergang)은 곧 넘어감(Hinausgehen)이며, 자기경멸의 인간만이 새로운 미래를 향해 자기 자신을 극복하게 된다는 니체의 말은 이러한 측면에서 본연의 의미를 지니게 된다. "아직 나는 생식과 임신이 아닌 그 어떤 몰락도 보지 못했다."99)

이러한 의미에서 "생명체를 발견할 때마다 나는 힘에의 의지도 함께 발견했다."100)라는 니체의 말이 생명체와 의지의 내적 본질에 대한 것이라면, "순진무구(Unschuld)란 것은 어디에 있는가? "생식에의 의지"가 있는 곳에 있다."101)라는 말은 의지의 구체적인 활동에 대한 내용을 담고 있다. 힘에의 의지는 생식과 생성을 쾌로서 느끼고 끊임없이 이 쾌를 추구하는 감정, 즉 정동(Affekt)을 전제로 한다. 오직 자기 내면의 힘의 증대만을 쾌로서 원하는 순진무구하고 죄 없는 감정이 힘에의 의지가 매 순간 새롭게 변화된 자신을 창조하는 의지, 즉 "생식에의

97) 같은 책, 「행복한 섬에서」, 143쪽.
98) 같은 책, 142쪽.
99) 니체, 『유고(1882년 7월~1883/84년 겨울)』, 13[1], 556쪽.
100) 니체, 『차라투스트라는 이렇게 말했다』, 「자기극복에 대하여」, 194쪽.
101) 같은 책, 「때묻지 않은 앎에 대하여」, 210쪽.

의지"라는 사실을 정당화한다.

나아가 "심지어 누군가를 모시고 있는 자의 의지에서조차 나는 주인이 되고자 하는 의지를 발견할 수 있었다."[102]라는 니체의 말로부터 힘에의 의지가 생명체의 생명력을 규정하는 의지를 넘어 인간성의 변화를 해명하는 의지, 다시 말해 자기 실존의 창조적 변화를 통해 삶의 주인이 되고자 자의 의지라는 사실을 유추할 수 있다. 힘에의 의지는 "생식에의 의지" 다시 말해 창조에의 의지이자 변화에의 의지인 것이다. 자신 아닌 어떤 존재에 의존하지 않은 채 오직 자신의 의지를 통해 자신만의 삶을 변화시키려는 자의 의지. 니체는 이 의지만을 "순수한 의지(der reinste Wille)"[103]라고 규정한다. 이 의지는 아이의 놀이와 같이 삶을 유희하고자 하는 순진무구한 의지이기 때문에 자기 존재에 대한 그 어떤 죄의 감정도 가지지 않는다.

이렇듯 자기구원의 일환으로 진행되는 창조적 자기극복은 자기 자신에 대한 경멸로부터 시작된다. 여기서 한번 생각해봐야 할 문제는 경멸이라는 개념이 철학적 개념이라기보다는 비철학적 개념이라는 것이다. 철학적 시도를 위한 니체의 비철학적 사유에 담긴 중요한 의미는 그 어떤 인간유형도, 즉 "마지막 인간(der letzte Mensch)"조차도 배제하지 않는다는 것이다. 모든 인간은 자신의 의지를 통해 자기 삶의 주인이 될 수 있다. 자기 자신을 경멸할 수밖에 없는 인간유형으로서의 위버멘쉬는 자기 내면의 "자기(das Selbst)"[104]와의 관계를 바탕으로 매 순간 자신만의 고유한 삶을 살아가고자 하는 자에 대한 명칭이다. 니체는 이러한 특성을 가진 위버멘쉬를 건강한 삶의 자세에 대

---

102) 같은 책, 「자기극복에 대하여」, 194쪽.

103) 같은 책, 「때묻지 않은 앎에 대하여」, 210쪽.

104) 같은 책, 「몸을 경멸하는 자들에 대하여」, 53쪽.

한 개념으로서 설명할 뿐, 그 어떤 무거운 의미를 지닌 특수한 철학적 개념으로 제시하지는 않는다.

그렇기 때문에 니체는 이웃 사람, 가난한 자, 고통받는 자도 위버멘쉬에 도달할 수 있으며, 최상의 자 역시 아직 위버멘쉬가 아니라고 말할 수 있는 것이다.[105] 니체의 인간학적 탐구 영역은 인간에게 내재한 변화의 가능성일 뿐, 인간 그 자체도, 변화 그 자체도 아니다. 이렇듯 니체에게 있어 위버멘쉬의 존재 여부는 중요한 문제가 아니다. 위버멘쉬는 이성적 논증에 의해 정당화되는 존재가 아니라 모든 인간에게 창조적 자기극복의 가능성으로 열려 있는 인간성에 대한 명칭일 뿐이다.[106] 그리고 이 인간성은 스스로를 구원해가는 창조적 과정에 있는 인간에게 부여되는 실존적 건강의 특성으로 제시된다.

이렇듯 니체의 건강철학은 자기경멸과 몰락으로부터 시작된다. 그 이유는 스스로를 경멸할 수 없는 인간은 현재 자신의 존재 의미를 사유하고 있지 않다는 것, 자기 자신을 사랑할 수 없다는 것, 치유될 수 없다는 것, 즉 건강해질 수 없다는 것을 의미하기 때문이다. 또한 몰락할 수 없는 인간은 자기 자신과 자신의 삶을 창조적 실험의 대상으로 긍정할 수 없다는 것, 스스로를 구원할 수 없다는 것, 다시 말해 더 이상 새로운 변화를 실현할 수 없다는 것을 의미한다.

---

105) "오늘날 더없이 소심한 자는 묻는다. "어떻게 하면 살아남을 수 있을까?" 그러나 차라투스트라는 이렇게 묻는 유일한 자이자 첫 번째 사람으로서 묻는 바이다. "어떻게 하면 사람은 극복될 수 있을까?" 내가 마음에 두고 있는 것은 위버멘쉬이다. 내게는 위버멘쉬가 으뜸가는 관심사이자 하나밖에 없는 관심사라는 이야기다. 내가 마음에 두고 있는 것, 그것은 여느 사람이 아니다. 이웃 사람도, 더없이 가난한 자도, 더없이 고통 받고 있는 자도, 최상의 자도 아니다"(같은 책, 「보다 지체가 높은 인간에 대하여」, 3, 473-474쪽).

106) "일찍이 사람들은 먼 바다를 바라보고는 신을 이야기했다. 그러나 나 너희들을 가르쳐 위버멘쉬를 야기하도록 했다. 신이란 하나의 억측에 불과하다. 나는 이 억측이 너희들의 창조의지(schaffender Wille)를 뛰어넘는 일이 없기를 바란다. 너희들은 신을 창조할 수 있는가? 가능한 일이 아니니 일체의 신들에 대해 침묵해야 할 것이다! 그러나 위버멘쉬는 창조 (umschaffen des Übermenschen)해낼 수 있을 것이다"(같은 책, 「행복한 섬에서」, 140쪽).

5. 위버멘쉬와 위버멘쉬적 미래

단 하나의 절대적 가치의 이론적 체계를 구성하는 형이상학-종교-도덕에 대한 니체의 비판은 모든 개인과 그들 삶의 고유한 의미 그리고 이 가치들의 창조가 오직 그들 자신으로부터 시작되어야만 한다는 사실에 대한 투쟁이다. 단 한 명의 위버멘쉬만이 존재할 수 없으며, 니체 역시 자신의 철학에서 단 한 명의 위버멘쉬만을 제시하지 않았다. "수많은 위버멘쉬들이 있음에 틀림없다 : 수많은 선은 오직 그와 같은 사람들 아래서만 전개된다. 하나의 신이란 하나의 악마일 것이다!"107)

위버멘쉬는 오직 자기 자신과의 관계를 바탕으로 보다 새롭고 건강한 미래를 창조하고자 하는 인간의 행위에 대한 명칭이다. 그리고 생명의 생명력으로 대변되는 힘에의 의지라는 개념을 통해 알 수 있는 것처럼, 모든 인간은 이미 자신 안에 위버멘쉬적 변화의 가능성을 내재하고 있다. 니체는 이와 같은 인간 본연의 가능성을 "미래 인간의 태아"라고 표현한다.

> 주의. 지금까지의 인간 — 미래 인간의 태아가 되겠는데 — 그 속에는 미래의 인간을 목표로 해서 형태를 부여하는 힘이 모두 들어 있다 : 그런데 그 힘이라는 것이 엄청난 것이어서 그것이 미래를 규정하면 할수록 오늘날 개인에게 그만큼 고통이 가중된다. 이것이 고통에 대한 더없이 심오한 파악이다 : 저 형태를 부여하는 힘들은 서로 충돌하기 마련이니. 개인의 개별화라는 것, 기만해서는 안 된다 — 사실 개인 사이에는 뭔가가 계속 흐르고 있다. 스스로 고립해 있다고 느끼는 것, 더없이 먼 목표를 향한 과정에서 그것은 강력하기 이를 데 없는 가시바늘이다 : 자신의 행복을 겨냥한 추구는, 다른 한편 자신을 파괴하는 일이 <없게끔> 형태를 부여하는 힘을 결합하고 억제하기 위한 수단이다.108)

---

107) 니체, 『유고(1884년 가을~1885년 가을)』, 35[72], 344쪽.
108) 니체, 『유고(1884년 초~가을)』, 26[231], 276쪽.

실재의 삶을 살아가며 위버멘쉬적 변화의 과정에 있는 대지의 인간들에게 있어 모든 순간은 새로울 수밖에 없다. 그는 자기 자신을 인식하고 이를 바탕으로 세계와 삶에 대한 자신만의 고유한 관점을 가진다. 그는 이러한 "관점적 인식"[109]을 바탕으로 매 순간 자기 자신과 삶의 의미를 평가하기 때문에 단 하나의 가치만을 추구할 수 없다. 그는 실재의 삶을 살아가며 오직 실재의 삶을 변화시킬 수 있는 자신만의 고유한 의미를 창조하며 살아간다. 그는 자신을 둘러싼 상황이 그대로일 시라노 매 순간 삶의 새로운 의미와 가치를 창조하고자 하는 실존의 예술가인 것이다.

> 그(차라투스트라)가 구상하는 인간 유형은 현실(die Realität)을 있는 그대로 생각한다 : 그 인간은 그럴 수 있을 만큼 충분히 강하며 ─, 그런 현실에서 소외되지도 멀리 떨어져 있지도 않다. 그는 그 현실 자체이며, 현실의 끔찍하고도 의심스러운 모든 것을 자기 내부에도 가지고 있다. 이렇게 해서야 인간은 위대해질 수 있는 것이다.[110]

니체에 의하면 위버멘쉬는 데카당스 인간유형의 반대, 다시 말해 "예외적인 인간"이다.[111] 니체는 위버멘쉬가 보편적이고 대중적인 가치를 추구하는 사람들로부터 예외적일 수밖에 없는 이유를 그가 "먼 미래로 계속 날아오르는 날개(die Flügel […] fortzuschweben in ferne Zukünfte)"[112]를 가졌기 때문이라고 말한다. "위버멘쉬적 미래(die übermenschliche Zukundt)"는 위버멘쉬적인 삶을 살아가는 자들의 미래이다. 위버멘쉬는 현재 자신의 삶을 실재로 인식하기 때문에 그의

---

109) 니체, 『도덕의 계보 Ⅲ』, 12, 483쪽.
110) 니체, 『이 사람을 보라』, 「왜 나는 하나의 운명인지」, 5, 462-463쪽.
111) 같은 책, 462쪽.
112) 같은 책, 462쪽.

미래도 언제나 실재가 된다. 오늘의 변화를 바탕으로 미래는 변화되는 것이지만, 오늘의 병으로 인해 그의 미래는 결코 병들지 않는다. 위버멘쉬와 "위버멘쉬적 미래"라는 개념은 형이상학적-종교적 가치를 추구하는 나약한 정신과 의지에도 불구하고 여전히 변화의 가능성을 안고 있는 대지의 인간에 대한 니체의 사랑을 잘 보여준다. 이 사랑은 니체 철학의 본질적인 전제이다.

> 나는 모든 형이상학적이고 종교적인 사유 방식을 보다 고매한, 위버멘쉬적 미래에 대한 갈망을 지닌 인간에 대한 불만의 귀결로 간주한다 ─ 다만 인간이 스스로 피안으로 도망가려 했던 것이다 : 미래를 건설하는 대신에 말이다.[113]

니체는 중기의 시작을 알리는 저서 『인간적인 너무나 인간적인』을 시작으로 후기에 이르기까지 형이상학과 종교에 의해 은폐되어 온 인간 본연의 가치를 탐구했다.[114] 그리고 후기의 시작을 알리는 저서 『차라투스트라는 이렇게 말했다』에 이르러 위버멘쉬를 "인간적인, 너무나 인간적인" 가치를 대변하는 개념으로서 제시한다. 가장 인간적인 것은 오직 자신과의 관계로부터만 창조될 수 있는 것이다. 그리고 가장 인간적인 행위는 자신의 고유함과 위대함을 스스로 발견하는 것이다. 자유정신, 힘에의 의지, 허무주의, 영원회귀와 운명애 등 니체의 사상적 개념들은 모두 대지의 인간들이 가장 인간적일 수 있는 방법에 대한 내용을 담고 있다.

니체가 자신의 철학적 시도를 통해 주장하는 것은 가장 인간적인 것

---

113) 니체, 『유고(1884년 초~가을)』, 27[74], 390쪽.

114) "나는 이 책(『인간적인 너무나 인간적인』)을 통해 내 본성에 속하지 않는 것들에서 나를 해방시켰던 것이다. 내게 속하지 않는 것이란 이상주의다 : 그 제목은 "너희가 이상적인 것들을 보는 곳에서, 나는─인간적인, 아아, 인간적인 것만을 본다"라는 말을 하고 있는 것이다"(니체, 『이 사람을 보라』, 「인간적인, 너무나 인간적인」, 404쪽).

이 가장 건강한 것이라는 사실이다. 니체의 철학적-비철학적 해명을 통해 알 수 있는 것처럼 위버멘쉬로 대변되는 인간의 실존적 건강은 이미 모든 인간 안에 내재해 있는 가장 인간적인 것이며, 또한 그렇기 때문에 매 순간 획득 가능한 실재의 가치이다. 위버멘쉬의 건강성은 가장 인간적인 것으로 충만한 삶을 살아가는 인간 실존의 가치이며, "위버멘쉬적 미래"는 가장 인간적인 삶의 미래에 대한 표현이다.

제6부

위버멘쉬와 그의
건강의 실존적 조건

1. 위버멘쉬와 그의 건강의 조건과 특성

사람들은 건강 같은 것이 확고한 목표라고 생각하지 않는다 : 기독교가 질병을
우선시했다는 것 그리고 좋은 이유에서! 건강하다는 것은 '아름다운', '선한 것'
과 같은 개념이다 — 가장 잘 변화될 수 있다! 스스로-안락하게-느끼는 것은 육
체의 대립적인 상태에서의 오랜 습관의 결과로 나타나기 때문이다!![1]

　니체는 자신의 철학에서 위버멘쉬를 건강한 실존을 가진 인간유형
으로 제시한다. 그리고 위의 글은 위버멘쉬와 그의 건강의 특성이 무
엇인지를 잘 드러내 주고 있다. 니체에 의하면 건강과 병은 지금까지
저편의 세계와 이편의 세계라는 형이상학적-종교적 이원론을 바탕으로
영혼과 육체, 선과 악, 미와 추의 문제와 같이 이분화되어 왔다. 하나의
절대적 가치를 상정하고 이에 반하는 가치를 폄하하고 훼손해 온 오해
의 정신사를 다시 전복하고자 하는 니체의 철학적 시도는 근본적으로
건강과 병에 대한 오해의 해소를 향하고 있다. 그 이유는 가치의 문제
는 항상 인간과 그의 삶의 문제 — 보다 구체적으로 인간의 정신과 의
지의 문제 — 와 직결되어 있기 때문이다. 니체의 견해처럼 건강과 병
은 어떤 확정된 상태에 대한 표현일 수 없다. 오히려 인간의 심리-생리
적 힘에 의해 매 순간 변화하는 상태에 대한 표현이다.

　육체의 정념을 병으로, 영혼의 안락을 건강으로 규정해 온 형이상학
적-종교적 해석에 반해 니체는 영혼과 육체를 "몸(Leib)"으로 통합하
며 건강의 조건과 특성을 다시 규정한다. "병으로부터 건강을 되찾는
자가 되어 자신을 극복하고 더 높은 몸(Leib)을 창조하기를 바랄 뿐이
다!"라는 니체의 말처럼, "마지막 인간"의 증상에 대한 니체의 철학적
진단은 심리-생리학적일 뿐, 엄밀한 의미에서 의학적이지 않다.[2] 병자

---

1) 니체, 『유고(1880년 초~1881년 봄)』 7[187], 464-465쪽.

는 자신 안에 다시 건강해질 수 있는 실존적 변화의 가능성을 내재하고 있기 때문에 그의 병적 증상은 의학적으로 확정될 수 없다. 니체철학의 의학적 특징, 다시 말해 니체의 철학적 치유의 시도는 증상을 특정한 병의 명칭으로 확정하는 것을 넘어 증상의 치유가능성을 철학적 관점에서 탐구하고 발견하는 시도로부터 부각되고 구체화된다.

니체가 제시하는 건강은 스스로를 실재하는 몸으로서 긍정하는 인간의 실존적 자기인식을 전제로 한다. 그리고 그는 오직 자기 자신의 힘에 의해 사유하고 실천하며 매 순간 자기 실존의 변화를 실현하는 건강한 몸의 존재를 "위버멘쉬(Übermensch)"로 명명한다. 위버멘쉬는 자기 안에 내재된 힘을 인식하고 스스로를 실재로서 느끼는 정동의 인간, 즉 감정의 인간이다. 그렇기 때문에 그는 스스로가 조건이 되지 않는 그 어떤 이상과 우상도 창조하지 않는다.

위버멘쉬가 니체의 철학적 인간학의 개념이기 때문에 그의 건강성의 조건과 특징은 근본적으로 내재된 이성과 감정(정동/Affekt)을 중심으로 살펴봐야만 한다. 그 이유는 이 두 조건의 관계로부터 저편 세계와 이편 세계, 영혼과 육체, 선과 악, 미와 추, 건강과 병의 이원론이 성립되기도 하고 해체되기도 하기 때문이다. 이렇듯 '위버멘쉬적 건강'은 대지에 대한 형이상학적-종교적 해석으로부터 해방되어 자신과 삶에 대한 관점을 생성의 실재 세계인 대지로 전환하는 것으로부터 시작된다. 본 장에서 논의하고자 하는 실재(Realität), 정동, 취향, 거리의 파토스, 커다란 건강, 예술적 도취 등의 개념은 인간이 어떻게 병으로부터 건강으로 변화되어 가는지, 다시 말해 어떻게 "마지막 인간"으로부터 "위버멘쉬"로 변화되어 가는지를 드러내 주는 역할을 할 것이다.

---

2) Ludwig Giesz, *Nietzsche. Existenzialismus und Wille zur Macht*, Stuttgart : Deutsche Verlag, 1950, 28쪽.

2. 정동과 행복

> 쾌감은 특정한 힘 느낌이다 : 아펙트들이 배제되면, 최고의 힘 느낌을 주는, 따
> 라서 쾌감을 주는 상태가 배제되어버리는 것이다. 최고의 이성성은 온갖 종류
> 의 도취를 수반하는 행복감(Gefühl von Glück)을 주는 것으로부터 거리가 먼
> 냉정하고도 명료한 상태다······3)

니체는 "최고의 힘 느낌(am höchsten das Gefühl der Macht)"과
"최고의 이성성(die höchste Vernünftigkeit)"의 대립, 즉 이편 세계와
저편 세계의 차이를 통해 진정한 행복에 대한 본질적인 물음을 제기한
다.4) 최고의 이성성은 도취를 수반하는 행복에 반하는 것, 다시 말해
힘의 느낌으로 대변되는 쾌감에 반하는 것이라는 니체의 의도를 바탕
으로, 1) 행복이 곧 일종의 쾌감이라는 것, 2) 이 쾌감이 다름 아닌 자
기 내면의 힘을 실재로서 느끼는 감정(정동/Affekt)이라는 사실을 도출
할 수 있다. 쾌의 감정은 자기 자신과 삶을 실재로서 느끼게 해주는 근
본 전제이다.

스스로 자기 삶의 의미를 창조할 수 없는 곳에서 인간은 자기 존재
의 쾌감을, 즉 행복하다고 느끼지 못할 것이다. "쾌감이 없는 곳에는
삶도 없다 ; 쾌감을 위한 투쟁은 삶을 위한 투쟁이다."5) 자신만의 고유
한 삶의 의미와 가치의 창조를 향한 실존적 투쟁은 다른 누군가와의
경쟁이 아니라, 오직 지속적인 자기관계를 통한 자기되기의 일환으로
수행된다. 이때 정동은 자신의 힘의 증대에 대한 쾌감, 즉 자기 자신으

---

3) 니체, 『유고(1888년 초~1889년 1월 초)』, 14[129], 132쪽.

4) 니체에게 있어 행복은 자기 찾기(Selbstfindung)와 자기실현을 위한 삶의 의미 찾기의 문제와
   연결되어 있다(Helmut Walther, *Nietzsche und das Glück* : Aufklärung und Kritik, Robert
   Zimmer(Hrsg.), Sonderheft 14, Nürnberg, Gesellschaft für kritische Philosophie, 2008, 144쪽
   참조).

5) 니체, 『인간적인 너무나 인간적인 I』, 104, 116쪽.

로서 존재하고 있다는 사실에 대한 감정을 대변한다. 자기 자신에 대한 이러한 감정이 도덕적으로 평가될 수 없다는 것은 당연하다.

> 누구도 쾌감의 전형을, 모든 종류의 쾌감('행복')을 힘 느낌으로 정의하려는 욕구를 갖고 있지 않았다 : 힘에 대한 쾌감이 반도덕적인 것으로 여겨졌기에 누구도 덕을 인간 유(혹은 종 혹은 폴리스)를 위해 봉사하는 반도덕성(힘에의 의지)의 결과로서 파악할 용기를 갖고 있지 않았다. 힘에의 의지가 반도덕적인 것으로 간주되었기 때문이다.[6]

니체가 자신의 삶에 대해 느끼는 인간의 고유한 감정을 복원시키고자 하는 이유는 의지의 병(Krankheit des Willens), 그의 구체적인 진단에 의하면 "의지 마비증(Willenslähmung)"[7]도 결국 자기 안에 내재된 힘을 인식하지 못하는 자기감정의 불능 증상이기 때문이다. 힘의 느낌을 쾌감으로, 즉 행복한 감정으로 규정하는 니체에게 있어 행복은 더 이상 형이상학적-종교적 가치일 수 없다. "삶이 상승하는 한, 행복은 본능과 같은 것이다."[8] 니체의 이 말은 행복은 마땅히 추구해야만 하는 절대적 가치가 아니라, 자신의 힘을 통해 삶의 의미를 창조하는 과정에서 자기 자신이 되어가는 인간이 느끼는 자연스러운 감정과 행위라는 사실을 함의하고 있다.

이렇듯 위버멘쉬는 행복한 인간유형이다. 그리고 그는 이 행복을 허무주의로 대변되는 의미 상실의 혼란 속에서도 자신만의 힘으로 고유한 가치를 창조하는 삶을 살아가고 있다는 긍정과 극복의 감정으로부터 도출한다. 이 감정이 바로 위버멘쉬의 건강성을 대변해준다. 자기 자신을 넘어서는 상승과 성장의 느낌이 곧 건강의 가치로 드러나는 것

---

6) 니체, 『유고(1888년 초~1889년 1월 초)』, 14[115], 108쪽.

7) 니체, 『선악의 저편』, 208, 181쪽.

8) 니체, 『우상의 황혼』, 「소크라테스의 문제」, 11, 95쪽.

이다.9) "성장 자체는 더 많이 존재하려는 욕망이다."10)라는 니체의 말처럼, 상승과 성장은 자기 안에 내재된 모든 변화의 가능성을 오직 자신의 힘으로 실현할 때 발생하는 감정을 쾌로서 느끼는 인간의 실존적 특권이다. 스스로가 존재의 이유이자 모든 변화의 계기가 되는 인간은 고통마저도 창조적 자기조형의 기회로 만든다. 니체는 이러한 건강한 인간유형을 위버멘쉬라는 개념을 통해 설명한다.

3. 위버멘쉬와 인간적 실재

1) 실재와 정동

니체의 철학에서 삶의 실재는 어떠한 현상으로 드러나는 것일까? 니체는 허무주의를 통해 신이 죽은 시대의 현상을 가감 없이 드러낸다.11) 하지만 니체에게 있어 의미의 상실로 대변되는 고통스러운 감정을 유발하는 사건으로서의 허무주의는 오히려 인간의 실존적 변화를 위한 긍정적인 토대로서의 역할을 한다. 그 이유는 다음과 같다. 1) 허무주의는 삶의 실재를 드러내 보임으로써 인간이 자기 자신을 온전히 인식할 수 있게 해준다. 2) 허무주의는 삶의 고유한 의미와 가치창조의 근본 조건으로서 정동의 복원을, 다시 말해 감정의 방향을 형이상학적-

---

9) 이상범, 「니체의 커다란 건강에 대한 연구」, 『니체연구』 제29집(한국니체학회, 2016년 봄호), 229-284쪽 참조.

10) 니체, 『유고(1885년 가을~1887년 가을)』, 2[157], 174쪽.

11) "니체에 의하면 신은 본래 치유의 주체이다. 왜냐하면 신은 서양의 기독교 문화에서 육체와 영혼을 위한 의사이자 치료자, 구원의 신(건강의 수호자), 신적인 의사 등과 같은 의사였다" (Heinrich Schipperges, Leiblichkeit. Studien zur Geschichte des Leibes, Aachen, Ariadne-Fach-Vlg, 2001, 46쪽). 니체의 선포 "신의 죽음"과 이로부터 발생한 허무주의는 근본적으로 삶의 실재를 드러내는 사건으로서 인간의 진정한 자기인식과 자기치유를 가능하게 하는 근본 조건이다.

종교적 이상이 아니라 다시 자기 자신을 향하도록 만들어주는 기회로 작용한다.12) 3) 결과적으로 허무주의는 인간의 진정한 자기인식의 기회로서의 역할을 한다.

자기 삶의 고유함을 자신의 정동으로부터 도출하는 위버멘쉬는 결코 "자기 자신에 대해서 영원히 눈을 감아버리지"13) 않는다. 자기 자신에 대해서 눈을 감아버리는 것은 곧 자신의 삶을 실재하는 것으로 느끼지 못하는 정동의 마비 증상에 불과할 뿐이다. 니체는 정동과 더불어 욕구, 욕망, 본능, 충동, 의지 등과 같은 정념을 억압하는 증상을 "신학자-본능(Theologen-Instinkte)"이라고 표현하며, 이로부터 "발전된 파토스(정념/Pathos)"를 "신앙"으로 규정한다.14)

니체가 『도덕의 계보』의 「제3논문」에서 논의한 금욕주의적 성직자의 자기원한의 심리학은 삶의 고통 속에 놓인 인간들의 수동적인 심리가 어떻게 능동적인 신앙심으로 발전할 수 있는지를 잘 보여주고 있다. 이들이 인간의 정념을 억압하는 이유는 삶의 실재에 대한 디오니소스적 인식 속에서 신앙은 결코 정당화될 수 없기 때문이다. 니체가 인간의 정념을 부정하는 그들의 본성을 "지하적인 형식의 허위"라고 말하는 이유는 이 때문이다.

> 신학자-본능을 나는 도처에서 캐내었다 : 그것은 지상에 존재하는 것 중에서 가장 널리 퍼져 있으며, 본래적인 지하적인 형식의 허위이다. 어떤 신학자가 참이라고 느끼는 것은 거짓이지 않으면 안 된다 : 이런 사실은 진리에 대한 하나의

---

12) "정동 자체(Affekt selbst)가 가지고 있는 것과 똑같은 실재성의 단계(als vom gleichen Realitäts-Range)"를 복원하고자 하는 니체에게 있어 허무주의는 신이 부재하는 삶의 실재를 가감 없이 보여줌으로서 인간이 자신의 삶의 실재에 대면할 수 있도록 해준다(니체, 『선악의 저편』, 36, 66쪽 참조).

13) 니체, 『안티크리스트』, 9, 223쪽.

14) 같은 책, 9, 223쪽.

규준이 될 만하다. 실재성이라면 어떤 점이든 존중하지 못하게 하고 입에 담지 조차 못하게 하는 것. 이것이야말로 그의 가장 심층적인 자기 보존 본능이다.[15]

욕구, 욕망, 본능, 충동, 정동, 의지 등과 같은 정념의 부정 속에서 어떻게 인간은 스스로를 실재하는 존재로, 다시 말해 스스로를 되어가는 존재로 인식할 수 있을까? 실재하는 것은 끊임없이 생기하고 생성되어가는 것이다. 니체는 자기보존의 증상을 생명의 속성으로 이해하지 않는다. 니체에게 있어 변화가 멈추었다는 것은 곧 힘에의 의지가 마비되었다는 것과 다르지 않기 때문이다.[16] 힘에의 의지의 존재로서 위버멘쉬는 몸으로 전해오는 모든 정념의 자극을 부정하지도, 악으로 규정하지도 않는다. 위버멘쉬가 끊임없이 되어가는 존재일 수밖에 없는 이유는 이 때문이다.

오히려 위버멘쉬는 이 자극들을 자신만의 고유한 힘으로 인식하며 대지(Erde)라는 구체적 현실의 실재세계를 살아가는 생명의 존재이다. 그가 스스로를 생기하는 생명으로 인식할 때, 대지 역시 생성하는 생명의 세계가 된다. 이러한 의미에서 "대지에 충실하라!"와 "위버멘쉬가 이 대지의 뜻"이라는 차라투스트라의 외침[17]은 위버멘쉬가 대지의 생명력을 가장 잘 드러내는 존재이기 때문이다. 이 두 문장에 등장하는 대지와 위버멘쉬는 삶의 실재를 대변하는 개념이다. 그리고 니체는

---

15) 같은 책, 9, 223쪽.

16) 힘에의 의지는 자신의 힘을 증대시키고자 하는 의지의 자유를 보증해준다. 니체에게 있어 자신의 힘을 증대시킬 수 없는 속박된 정신의 증상은 병일 뿐이다. 니체는 의지와 정신의 관계를 건강과 병의 관점에서 다음과 같이 단언하기도 한다. "의지의 부자유를 느끼는 자는 정신적으로 병든 자다. 의지의 부자유를 부정하는 자는 우둔하다"(니체, 『유고(1882년 7월~1883/84년 겨울)』, 3[1], 144, 89쪽). 의지의 부자유는 스스로를 힘에의 의지의 존재로, 다시 말해 자신의 자연성을 긍정하는 존재로 인식하지 못하는 인간의 증상이다. 건강한 정신과 의지로 대변되는 의지의 자유는 오직 자기인식과 자신의 삶에 대한 책임에 의해서만 가능하다. 이러한 의미에서 힘에의 의지의 마비 증상은 스스로가 더 이상 변화의 조건이 될 수 없는 자기관계의 불능 증상을 가진 인간의 실존적 병의 근본 원인이다.

17) 니체, 『차라투스트라는 이렇게 말했다』, 「서문」, 3, 18쪽.

이 두 개념의 유기적인 관계를 몸을 실마리로 해명한다. "건강한 몸, 완전하며 반듯한 몸은 더욱더 정직하며 순수하다. 이 대지의 뜻을 전해주는 것도 바로 그런 몸이다."18) 몸이 실재의 척도인 것이다.19)

니체의 "몸"은 생명의 실재를 온전히 드러내 주는 개념이다. 이성과 정동을 포괄하는 전체성으로서의 몸은 오히려 고통을 통해 자신의 생명력을 표출한다. 모든 생명체는 성장을 위해 전보다 더 큰 힘을 필요로 하며, 이 과정은 고통을 동반한다. 만약 이 과정을 긍정할 수 없다면 성장은 불가능하다. 형이상학과 종교에 대한 니체의 비판은 바로 고통에 대한 인식의 문제, 다시 말해 고통을 실재로서 느끼면서 실재하지 않는 세계를 창조했다는 점에 있다. 그래서 니체는 저편 세계는 "모든 실재를 부정하는 의지(Wille zur Verneinung jeder Realität)"20)로부터 창조된 이상일 뿐이라고 말하는 것이다.

> 실재에 대한 본능적 증오 : 모든 접촉을 너무 심도 있게 느끼기에 더 이상의 '접촉(berührt)'을 전혀 원하지 않는, 고통과 자극에 대한 극단적인 감수성의 결과.21)

고통에 대한 인식의 문제를 지적하며 깊은 고통이 사람을 변하게 한다는 니체의 개념인 "커다란 고통(der grosse Schmerz)"22)과 자기 실존의 성장을 위해 온전히 자신에게 집중해야만 한다는 "고뇌에의 의지

---

18) 같은 책, 「저편의 또 다른 세계를 신봉하고 있는 사람들에 대하여」, 51쪽.

19) "[…] 실재는 몸이다. 몸은 철저하게 (활동성과 방향성의) 의미 안에서 실현되는 지금 이 순간의 작용이다." "[…] 실재는 몸이다. 몸은 철저하게 (활동성과 방향성의) 의미 안에서 실현되는 지금 이 순간의 작용이다"(Volker Gerhardt, "Die grosse Vernunft des Leibes". Ein Versuch über Zarathustras vierte Rede, Volker Gerhardt (Hrsg.), Friedrich Nietzsche. Also sprach Zarathustra, Berlin/New York, De Gruyter Akademie Forschung, 146쪽).

20) 니체, 『안티크리스트』, 62, 318쪽.

21) 같은 책, 30, 253쪽.

22) 니체, 『즐거운 학문』, 338, 253쪽.

(Der Wille zum Leiden)"23)는 이러한 측면에서 의미가 있다. 몸은 고통이 발생하는 장소이다. 몸은 고통을 통해 인간이 자기 자신과 세계를 실재로서 인식하도록 자극한다. 만약 정동이 부정된다면 인간은 실재하는 자신의 고통에 대한 인식, 즉 디오니소스적 인식을 가질 수 없다. 결과적으로 그러한 인간은 고통 너머의 세계를 창조하게 될 수밖에 없다.

2) 실재와 취향

정동은 인간의 정신(사유)과 의지에 가해지는 내면의 강한 자극으로서 인간 행위와 그 취향에도 큰 영향을 미친다. 니체에 의하면 생성하는 이편의 대지를 부정하고 또 다른 세계를 창조하는 인간의 나약한 정신과 의지, 즉 "진리에의 의지",24) "허무에의 의지"25)는 삶에 대한 인식과 취향(Geschmack)의 문제이다. 이에 반해 1887년 한 유고의 「'긍정'으로 향하는 나의 새로운 길」이라는 제목의 단편에 제시되는 "영원에의 의지(der Wille zum Verewigen)"26) 역시 새로운 인식과 취향의 문제, 즉 삶에 대한 "감사와 사랑(Dankbarkeit und Liebe)"27)의 문제이다. 니체는 이와 같은 "인식의 열정(Leidenschaft der Erkenntniß)", 다시 말해 삶에 대한 충동과 인식이 오류를 전제로 할지라도 그 삶을 자기인식의 전제로 긍정하고, 이를 바탕으로 허구가 아닌 자기 삶의 실재를 인식하고자 하는 자의 사랑을 디오니소

---

23) 같은 책, 338, 309쪽.

24) 니체, 『차라투스트라는 이렇게 말했다』, 「자기극복에 대하여」, 192쪽.

25) 니체, 『도덕의 계보 Ⅲ』, 24, 448쪽.

26) 니체, 『즐거운 학문』, 370, 375쪽.

27) 같은 책, 370, 375쪽.

스라는 개념으로 제시한다.28)

> (생을 위한) 우리의 기관은 오류에 기초하여 이루어져 있다. […] 인식을 향한
> 삶의 충동은 오류에 대한 믿음과 오류 속에서의 삶을 전제로 하는 것이다. 삶은
> 인식의 조건이다. 그리고 오류, 그것도 돌이킬 수 없이 가장 철저한 오류가 삶
> 의 조건이다. 오류라는 사실을 안다고 해서 그것이 오류를 제거하지는 않는다!
> 이 점을 실망스러워할 필요는 없다! 우리는 오류를 사랑해야 하고 잘 가꾸어야
> 한다. 오류는 인식의 모체이다. 망상의 보존으로서의 예술 — 그것이 우리의 문
> 화이다. 인식을 위해 삶을 사랑하고 촉진시키는 것, 삶을 위해 오류와 공허한
> 믿음을 사랑하고 촉진시키는 것. 현존재에 미적인 의미를 부여하고 현존재에
> 대한 우리의 취향(Geschmack)을 증가시키는 것, 그것은 모든 인식의 열정을 위
> 한 기본 조건이다.29)

이렇듯 취향은 지금까지 오류로 폄하되어 온 인간의 욕구, 욕망, 본
능, 충동 등과 같은 내면의 활동을 반영하고 또한 그 활동에 따라 변화
하는 감정과 행위의 문제이다. 위에 제시된 글의 마지막 문장은 니체
의 인식론이 인식 이면에 활동하는 다양한 내면의 활동을 반영하고 있
다는 사실과 더불어 대지의 현실에 실재하는 존재로서의 현존재
(Dasein)에 대한 의미와 취향의 증가를 지향한다는 사실을 잘 보여준
다. 삶의 실재, 다시 말해 생성의 필연적 오류를 긍정하는 "인식의 열
정"은 자기 자신과 삶에 대한 사랑의 감정으로 드러난다.30) 그리고 이
인식은 실존적 상승 및 성장과 같은 진정한 쾌감을 주는 삶의 실재를
향한 취향을 증가시켜주는 정동(감정)의 문제와 연결되어 있다. 대지의
가치를 추구하는 인간의 취향은 자신의 삶에 대한 사랑과 이 삶을 실
재로서 인식하고자 하는 열정 없이는 불가능하다. 이렇듯 정동의 자유

---

28) 니체, 『유고(1881년 봄~1882년 여름)』, 11[162], 499-500쪽.

29) 같은 책, 11[162], 499-500쪽.

30) 니체의 인식과 열정을 삶에 대한 사랑의 감정으로 논의한 글로는, 이상범, 「니체의 열정
(Leidenschaft)에 대한 연구」, 『니체연구』 제33집(한국니체학회, 2018년 봄호), 133-193쪽 참조.

는 저편 세계에 대한 취향을 이편 세계의 실재에 대한 취향으로 전환
시켜주는 근본 요소이다.

　자기 존재에 대한 원한과 복수를 무한한 감사와 사랑으로 전환하기
위해 니체가 사용한 개념인 "취향"은 그 어떤 형이상학적-종교적 사유
에 의존하지 않고 일상적 삶의 실재에 대한 의미와 가치의 전환을 통
해 치유를 시도하기 때문에, 비철학적으로 표현되는 것이 오히려 자연
스럽다.31) 그럼에도 형이상학적-종교적-도덕적 취향은 나약한 정신과
의지의 심리-생리학적 증상으로서 쉽게 치유될 수 있는 증상이 아니다.
이 증상은 신의 죽음, 모든 가치의 전도, 영원회귀 등과 같은 다양한
사고실험을 통해서야 비로소 치유될 수 있는 인간 실존의 병이다. 그
래서 니체는 "'취향의 정화(die Reinigung des Geschmacks)'는 단지
인간 유형이 강화된 결과일 수 있다."32)라고 말하는 것이다.

　니체에게 있어 병적인 취향의 치유, 다시 말해 취향의 정화와 강화
는 철학과 철학자의 건강함으로부터 가능하다. 즉 취향의 병은 철학적
인 병이며, 취향의 전환은 형이상학과 종교 그리고 도덕으로부터 대지
의 삶을 향한 근본적인 사유의 전환으로부터 비로소 가능하다. 아래의
글에서 니체는 미래의 철학자와 삶에 대한 그들의 시도를 통해 건강한
취향이 어떤 것인지를 설명함과 더불어 자신의 삶에 대한 고유한 취향
을 갖는 일이 삶의 건강함을 이루는 중요한 요소임을 밝히고 있다.

---

31) 니체는 취향 개념을 교육과 교양과 관련하여 보다 현실적으로 사용하기도 한다. 그리고 그의
　　이러한 견해는 그의 초기 「우리 교육기관의 미래에 대하여(1872년 초)」와 「썩어지지 않은 다
　　섯 권의 책에 대한 다섯 개의 머리말」의 2번 글 「우리 교육기관의 미래」와 동일한 지평에서
　　논의된다. "교육 : 규칙을 위해서 예외를 파괴하는 수단의 체계. 교양 : 평균적인 자에게 유리
　　하게끔 취향을 예외자에게 적대적으로 정위하는 수단의 체계. 이것은 냉혹하다"(니체, 『유고
　　(1888년 초~1889년 1월 초)』, 16[6], 345쪽).

32) 니체, 『유고(1887년 가을~1888년 3월)』, 9[119], 85쪽.

다가오는 이 철학자들은 새로운 '진리'의 친구들인가? 아마 그럴 것이다. 왜냐하면 모든 철학자는 지금까지 그들 나름의 진리를 사랑해왔기 때문이다. 그러나 그들이 독단론자가 될 수 없다는 것은 확실하다. 그들의 진리가 여전히 온갖 사람을 위한 진리이고자 한다면 ― 이것은 지금까지 모든 독단적인 노력이 행한 은밀한 소망이자 저의였는데―, 이는 그들의 자부심에 반하는 일이며, 그들의 취향에도 반하는 일이 될 것이다 : "나의 판단은 나의 판단이다. 이에 대해 다른 사람도 권리를 갖는다는 것은 쉽지 않은 일이다."― 미래의 철학자는 아마 이렇게 말할 것이다. 수많은 사람과 의견을 일치시키려는 나쁜 취향에서 스스로 벗어나야 한다.33)

위의 글에서 확인힐 수 있듯이 니체는 "취향(Geschmack)"과 "나쁜 취향(der schlechte Geschmack)"을 구분 짓는다. 그리고 이 구분의 척도가 진리, 독단, 의견의 일치 등과 같은 절대적-보편적 가치라는 사실에서 확인할 수 있듯이, 이 글은 형이상학, 종교, 도덕에 의한 인간학적 증상을 함께 다루고 있다. 중요한 것은 이 모든 존재의 양식이 모두 정동과 취향의 문제로 소급될 수 있다는 것이다. 다음의 글은 종교와 도덕의 문제를 정동과 취향의 관계론을 통해 해명할 수 있도록 해주는 좋은 예시가 되어준다.

선생으로서의 몸(Leib) : 도덕은 정동(Affekt)의 움직임을 드러내는 기호.
[…] 다른 세계를 전제하고 있는 도덕으로서의 종교 : 그러나 군주적이거나 노예적이다."34)

니체의 견해는 명확하다. 그에 의하면 도덕은 내면의 힘과 그 작용으로 대변되는 쾌와 불쾌를 향한 강한 자극으로서 정동의 움직임에 상

---

33) 니체, 『선악의 저편』, 43, 73쪽.

34) 니체, 『유고(1884년 초~가을)』, 25[113], 54-55쪽. "도덕이 취향 문제(Geschmacks-Sache)라는 것을 사람들이 아직 알지 못한다는 것이 보편적으로 지배하고 있는 야만의 형태이다"(피에르 클로소프스키, 『니체와 악순환』, 조성천 옮김, 그린비, 2009, 21쪽; Pierre Klossowski, Nietzsche und der Circulus vitiosus deus, München, Matthes & Seitz Berlin, 1986, 21쪽).

응한다. 힘의 지나친 충만함으로 고뇌하며 디오니소스적 예술을 하는 사람은 삶의 실재를, 즉 삶의 비극적 통찰을 원하고, 이에 반해 삶의 궁핍함으로 고통받는 사람은 예술과 철학을 단지 삶의 휴식과 평안의 도구로 사용한다는 니체의 말처럼,35) 형이상학과 종교 그리고 도덕 역시 내면의 힘과 그 힘을 느끼는 정동("힘의 느낌")에 비례하는 사유의 총체이다.

중요한 것은 니체가 한 개인의 취향을 건강과 병의 관점에서 판단할 수 없다고 규정하고 있다는 것이다. 취향의 건강과 병은 선과 악의 문제로 확정할 수 없는 주인적 감정의 영역이다. 주인도덕의 건강한 취향이 노예도덕의 관점에서 병든 취향일 수 있고 또한 그 반대일 수 있듯이 취향은 오직 스스로 도달하고자 하는 이상에 의해, 즉 자기 삶의 고유한 의미에 의해 규정된다. 위에 인용된 글에서 확인할 수 있듯이 미래의 철학자들의 진리가 보편적인 진리가 아니라 그들 자신만의 고유한 진리인 것처럼, 취향 역시도 보편적-평균적이지 않고 자기 삶의 상승과 성장에 기여할 수 있는 유용한 것이라면 건강한 것이다.

> 건강한 취향, 병적인 취향(Gesunder Geschmack, kranker Geschmack) ― 이런 구분은 잘못된 것이다 ― 발전에는 셀 수 없이 많은 가능성들이 있다 : 매번 어느 하나의 발전으로 이끄는 취향은 건강한 것이다 : 그러나 그것은 다른 발전과 상치될 수 있다. 단지 도달해야 할 이상과의 관련 하에서만 "건강한" 또는 "병적인"이라는 말은 의미가 있다.36)

형이상학적-종교적 세계를 향한 병적인 취향으로부터 구체적 삶의 실재 세계로서 대지를 향한 취향으로의 전환은 삶의 건강을 위한 니체

---

35) 니체, 『즐거운 학문』, 370, 373쪽.
36) 니체, 『유고(1881년 봄~1882년 여름)』, 11[112], 471-472쪽.

의 철학적 문제의식이다. 아래의 글은 니체의 이러한 철학적 문제의식이 얼마나 절실한 것이었는지를 느끼게 해준다. "취향의 건강함—건강이 질병처럼 그렇게 전염되지 않는 것은 무슨 까닭일까?—도대체 취향에서 건강은 어떻게 되는 것일까? 아니면 건강의 전염병이라는 것이 존재하는 것일까?"[37] 취향에서의 건강은 자신의 삶을 진정한 쾌를 선사해주는 실재로서 느끼는 정동을 통해 실현될 수 있다. 그 이유는 취향은 무언가를 향한 의지의 작용에 앞서 발생하는 정동, 즉 감정의 자극에 의해 변화되는 것이기 때문이다. 형이상학과 종교, 도덕의 해체를 불러온 개념 "신의 죽음"은 니체가 대지의 인간들에게 삶에 대한 새로운 감정을 불러일으켜 새로운 건강을 전염시키기 위한 근본적인 시도이다. 니체에게 있어 건강한 삶과 미래는 오직 건강한 감정과 취향으로부터 도출될 수 있는 실존의 가치이다.

4. 위버멘쉬의 실존적 조건

1) 거리의 파토스

니체에게 있어 허무주의는 대지와 대지를 살아가는 인간들의 인간성과 삶의 양식을 규정해줄 존재와 의미, 다시 말해 신과 진리를 상실한 시대이다. 니체가 위버멘쉬를 대지의 의미이자 미래의 새로운 인간성으로 규정하는 이유는 이 때문이다. 이제 허무주의 시대의 인간들은 스스로의 자유로운 정신과 의지를 통해 자신만의 고유한 삶의 양식들을 창조해야만 한다. 니체는 각각의 고유한 개인성에 대하여 다음과

---

37) 니체, 『인간적인 너무나 인간적인 Ⅱ』, 129, 309쪽.

같이 단언하기도 한다. "저마다의 영혼에게는 저마다의 세계가 있다. 저마다의 영혼에게 다른 영혼들은 일종의 저편의 세계이다."[38] 이러한 의미에서 니체의 철학적 문제의식으로서의 허무주의는 근본적으로 보다 새롭고 다양한 인간성을 제시하기 위한 시도이다. 여기서 위버멘쉬는 ""인간"이라는 동물을 확정"[39]하려고 했던 낡은 가치들로부터의 해방 속에서 모든 인간이 지향해야 하는 실존의 건강성의 상징으로 제시된다.

여기서 "거리의 파토스(Pathos der Distanz)"는 허무주의의 위기 속에서 스스로를 끊임없이 극복할 수 있는 삶의 양식으로서 제시된다. 이미 잘 알려져 있듯이 니체의 철학에서 거리의 파토스는 고귀한 주권적 인간, 다시 말해 자기 삶의 주인만이 느낄 수 있는 귀족적 정신을 대변하는 개념이다. 삶에 대한 강한 긍지를 가졌던 고대 그리스에 반한 현대 유럽의 허무주의 현상 속에서, 니체는 더 이상 인간을 둘러싼 가치들이 인간의 인간성 자체를 변화시킬 수 없다는 사실을 깨닫는다. 이러한 문제의식으로부터 도출된 귀족적 정신은 정치적-인간학적 이원론의 입장에서 다소 예민한 표현으로 보일 수도 있지만, 니체의 철학에서 이 정신은 스스로 자기 자신에 대해 느끼는 고귀한 자기감정을 의미한다.[40] 니체는 인간의 가치를 높여주는 학문, 과학, 정치, 문화 등

---

38) 니체, 『차라투스트라는 이렇게 말했다』, 「건강을 되찾고 있는 자」, 2, 363쪽.

39) 니체, 『유고(1885년 가을~1887년 가을)』, 2[13], 89쪽.

40) "그리스도교에서 정치로까지 슬쩍 기어 들어간 그 액운을 경시하지 말자! 누구도 오늘날 특권이나 지배권을 주장할 용기를, 자기 자신과 자신과 같은 부류를 경외할 용기를 더 이상 갖지 못한다 ― 거리의 파토스를 느낄 용기를 말이다…… 우리의 정치는 이런 용기가 없어서 병들어 버린 것이다! ― 귀족주의 성향은 영혼들이-평등하다는-거짓말에 의해 땅 속 가장 깊숙한 곳에 묻혀버렸다"(니체, 『안티크리스트』, 43, 275쪽). 스스로 만들어낼 수 있는 자신만의 고유한 행복을 위한의 감정으로 전환하고 더 나아가 이를 "대중의 원한"으로 확장시켰을 때 거리의 파토스, 다시 말해 모든 개인들의 자유로운 삶의 창조 가능성은 사라지게 된다. 니체는 귀족의 특성을 다음과 같이 표현한다. "고유한 삶의 영역을 가지며, 가장 정신적인 것에 이르는 아름다움과 용기와 문화와 태도를 위한 넘치는 힘을 갖는 종족"(니체, 『유고(1887년 가을~1888년

외적 체계의 이면에서, 자기 자신이라는 자연적 조건이 아닌 인위적인 외적 무리 동물의 체계에 의존하며 점점 더 나약해지는 인간의 왜소화 현상을 발견한다. 그리고 이 현상의 원인을 인간 본연의 내적 자연성의 억압으로부터 찾는다.

> 내가 생각하기에는 우리가 오늘날 유럽에서 "인간애", "도덕", "인간성", "공감", "정의"로서 숭배하는 데 익숙한 모든 것은 어떤 위험하고 강력한 근본 충동들의 약화와 유화로서 일종의 피상적 가치를 가질 수도 있지만, 길게 보면 그림에도 불구하고 "인간"이라는 전체 유형의 왜소화(die Verkleinerung)와 다를 바 없다—사람들이 내가 절망적인 문제에서 절망적인 말을 하는 것을 관대하게 보아준다면, 인간의 최종적 평범화와 다를 바 없다.[41]

거리의 파토스에 담긴 의미는 새로운 인간성의 탄생과 인간의 실존적 건강이 그의 외적 조건이 아니라 자기관계와 자기지배 등과 같은 내적 조건의 변화로부터 시작한다는 사실에 있다. 고대 그리스의 비극적-디오니소스적 삶의 지혜를 바탕으로 인간의 창조적 충동을 건강한 삶의 양식으로 다루었던 『비극의 탄생』을 시작으로, 그 이후 형이상학, 종교, 도덕을 비판하며 니체가 제시한 자유정신, 허무주의, 힘에의 의

3월)』, 9[153], 110쪽).

41) 니체, 『유고(1885년 가을~1887년 가을)』, 2[13], 90쪽. 니체는 "거리의 파토스"라는 개념을 통해서 정치와 인간, 사회와 인간, 문화와 인간, 이념과 인간 등과 같은 사회학적으로 통계화될 수 없는 인간과 가치의 고유한 관계에 집중한다. 니체에 의하면 동등함이 (도덕적) 평등함이 될 때 생리적 노화, 삶을 조직하는 힘의 감소 등 인간의 고유한 생명력은 쇠퇴하게 된다. 니체는 이 개념을 통해 힘의 감소가 그 시대의 도덕적 가치가 될 수 없다는 사실을 강조한다. "강력한 시대와 고상한 문화는 동정과 '이웃사랑'과 자아와 자의식의 결여를 경멸스러운 것으로 여긴다. — 각 시대는 그 시대의 적극적인 힘들에 의거해 측정될 수 있다—이럴 때 르네상스라는 그토록 풍요롭고 그토록 숙명적인 시대는 위대했던 최후의 시대로 드러나고, 우리 현대는 자기에 대한 소심한 염려와 이웃 사랑, 노동과 겸허와 공정성과 과학성이라는 덕을 가지고서 — 수집적이고 경제적이며 기계적으로 의도하는 — 약한 시대로 드러난다……우리의 덕은 우리의 약함에 의해 제약되고 요청된다……어떤 것이 실제로 유사해지는 것을 의미하고, '평등권' 이론에서 그 표현을 얻는 '평등'은 본질적으로 쇠퇴에 속한다 : 인간과 인간 사이의 간격, 계층과 계층 사이의 간격, 유형의 다수성, 자기 자신이고자 하는 의지, 자신을 두드러지게 하고자 하는 의지, 내가 거리를 두는 파토스Pathos der Distanz라고 부르는 것은 모든 강한 시대의 특성이다"(니체, 『우상의 황혼』, 「어느 반시대적 인간의 편력」, 37, 175-176쪽).

지, 위버멘쉬, 생성의 무죄, 영원회귀와 운명애 등은 모두 새로운 인간성의 탄생을 위한 철학적 시도였다. 거리의 파토스 역시 자기 내면의 정념을 바탕으로 자유롭게 자기 자신과 관계하고, 이를 바탕으로 보편적인 대중인과는 다른 차이의 삶을 살아가도록 만들어주는 역할을 한다. 그리고 이때 허무주의는 자기 자신 및 삶과의 새로운 관계를 형성해주는 인간 실존의 토대로 작용한다. 이렇듯 허무주의의 극복은 인간의 정신적 자기극복, 다시 말해 자신의 삶에 적대적인 가치들과의 차이를 벌리고자 하는 '거리의 파토스의 인간'에 의해 가능하다.

> 거리의 파토스 없이는 다른 비밀스러운 파토스 역시 발생할 수 없다. 즉, 영혼 내부에서의 점점 더 새로운 간격의 확대에 대한 요구, 더욱더 높고 희귀하고 긴 장되고 포괄적인 상태의 형성, 간단히 말해서 초(超)도덕적인 의미에서의 도덕적 정식을 사용하자면 "인간의 자기-극복(die Selbst-Überwindung des Menschen)"은 발생할 수 없다.42)

"거리(Daistanz)"가 가진 또 다른 의미를 담고 있는 니체의 개념 "거리의 정동(Affekt der Daistanz)"43)은 "거리의 파토스(Pathos der Distanz)"를 보다 구체적으로 이해하는 데 도움을 준다. 거리의 파토스는 거리의 정동을 의미론적으로 포괄하는 개념이다. 하지만 여기서 중요한 것은 이 두 개념 모두 무언가 혹은 누군가와의 거리를 벌리고 유지하고자 하는 의미를 담고 있다는 것이다. 만약 거리의 파토스가 욕구, 욕망, 충동, 본능, 감정, 의지 등의 정념을 바탕으로 자신만의 고유한 가치를 창조하고 이를 통해 거리를 벌리고자 하는 인간의 정신적 특성을 의미하는 것이라면, 거리의 정동은 자신이 추구하고자 하는

---

42) 니체, 『유고(1885년 가을~1887년 가을)』, 2[13], 90쪽.
43) 니체, 『유고(1882년 7월~1883/84년 겨울)』, 7[106], 361쪽.

가치를 쾌를 주는 것으로 평가하고, 이를 계속 추구하기 위해 끊임없이 스스로에게 명령하는 인간의 감정적 특성을 의미한다. 이 두 개념이 담고 있는 "정념(Pathos)"과 "정동(Affekt)"에서 확인할 수 있는 것처럼, 삶의 새로운 의미는 경멸과 같은 자기관계로부터 창조된다.

거리의 파토스의 관점에서 누군가와 거리를 벌리고 싶은 이유는 자기 자신이 그 누군가와 동일하게 평가받고 싶지 않을 정도로 스스로를 고귀하다고 느끼기 때문이다. 그리고 거리의 정동의 관점에서 보다 많은 힘을 추구하는 것은 힘의 증대가 쾌를 주는 것이기 때문이다. 거리의 파토스 및 거리의 정동을 소유한 인간은 매 순간 새롭게 변화하는 내면의 정념에 의해 단 하나의 가치만을 추구할 수 없다. 즉 그들은 자신의 내적 힘에 대한 인식을 통해 낡은 가치에 복종하는 자들과의 정신적인 차이의 거리를 느낄 수밖에 없다. 이 두 개념이 공유하는 중요한 의미는 누군가와 벌리는 거리가 역설적으로 '자기 자신과의 관계'를 전제로 한다는 것이다. 신과의 관계가 상실된 허무주의의 실존적 위기 속에서 매 순간 자기 자신과 관계하며 자신만의 고유한 삶의 의미를 창조하는 인간이 위버멘쉬이다. 위버멘쉬는 허무주의를 극복하는 과정에서 느낄 수 있는 건강성에 대한 인간학적 명칭이다.

인간에 대한 "커다란 혐오(der grosse Ekel)"와 "동정(das grosse Mitleid)"으로부터 허무주의가 발생한다는 니체의 말에 의하면,[44] 허무주의는 경멸할 수 없는 자들, 다시 말해 비판적 자기인식 위에서 자기 자신과 관계하며 스스로 원하는 자기 자신이 되고자 하지 않는 자들의 혐오의 시대를 대변하는 명칭으로 이해될 수 있다. 혐오와 경멸의 차이는 허무주의의 극복 여부에 달려 있다. 지금까지 논의된 것과 같은 의

---

44) 니체, 『도덕의 계보 Ⅲ』, 14, 486-487쪽 참조.

미에서의 경멸과 달리 자기 자신에 대한 혐오는 더 이상 자신 안에서 변화의 가능성을 도출할 수 없는 상태를 의미하고, 동정은 이 상태를 무리의 본능으로 확장하는 근본적인 요인으로 작용한다. 이러한 의미에서 경멸은 허무주의 극복의 심리적 조건이며, 이때 거리의 파토스는 고귀한 정신과 감정의 인간이 느끼는 자기인식의 양식으로 작용한다. 그 이유는 인간은 경멸을 통해 끊임없이 자기 자신과 관계하며, 이때 몰락은 마지막 인간과의 거리를 벌리는 근본적인 조건이 된다.

"고귀한 인간은 그와 같이 고양되고 자부심 있는 상태의 반대를 나타내는 인간들을 자신에게서 분리시킨다."45) 니체는 『선악의 저편』에서 거리의 파토스를 좋음과 나쁨의 대립으로 대변되는 "주인도덕"과 "노예도덕"을 통해 설명한다. 여기서 중요한 것은 "거리의 파토스"에 내포된 의미가 니체의 철학에 대한 근본적인 오해에서 발생하는 권위와 권력의 문제, 즉 약자에 대한 억압과 차별의 논리가 아니라, 자신만의 덕을 창조하며 살아가길 의욕하는 고귀한 감정의 문제라는 것이다.46) 이를 바탕으로 니체가 거리의 파토스를 통해 차이를 벌리고자 하는 노예도덕의 인간유형을 유추할 수 있을 것이다. 『도덕의 계보』의 「제3논문」에서 니체는 그러한 인간유형에 대하여 다음과 같이 표현한다.

> "내가 다른 어떤 존재였으면 좋았을 것을! 그러나 희망이 없다. 나는 나 자신인 것이다 : 내가 어떻게 나 자신에게서 벗어날 수 있을 것인가? 어쨌든—나는 나 자신에 대해서 진저리가 난다!—"…… 자기경멸(Selbstverachtung)의 이러한 땅

---

45) 니체, 『선악의 저편』, 260, 275-276쪽 참조.

46) "고귀함과 거리의 파토스, 좀 더 높은 지배 종족이 좀 더 하위의 종족, 즉 '하층민'에게 가지고 있는 지속적이고 지배적인 전체 감정과 근본 감정 — 이것이야말로 '좋음'과 '나쁨'이라는 대립의 기원이다"(니체, 『도덕의 계보 I』, 2, 354쪽). 다음의 글도 함께 참조하자. "처음에는 인간(신분을 선두로)과 관련해 윤리적 감정이 발전된다. 그것은 나중에 비로소 행위와 성격 특성으로 옮겨간다. 거리의 파토스가 그 감정의 가장 깊은 근원에 있다"(니체, 『유고(1885년 가을~1887년 가을)』, 1[7], 13쪽).

위에서, 진정한 늪지대에서 모든 잡초, 온갖 독초들이 자라나며, 이 모든 것은 그렇게 작게, 그렇게 숨어서, 그렇게 비열하게, 그렇게 달콤하게 자라나는 것이다. 여기에는 복수의 감정이나 뒤에 남은 감정의 벌레들이 우글거린다. 여기에는 비밀스러움과 은폐의 냄새가 악취를 풍긴다. 여기에는 언제나 악의적인 음모의 그물이―잘난 인간들이나 승리한 인간들에 대한 고통 받는 자의 음모가 거미줄을 치게 된다. 여기에서 승리한 인간의 모습은 증오의 대상이 된다.[47]

니체에 의하면 노예도덕의 인간유형은 선과 악의 절대적 가치 평가 아래 "건강, 성공, 강함, 자부심, 힘의 느낌"을 소유한 인간에 대한 혐오를 가지고 있으며, 오히려 그를 동정함으로써 자신에 대한 혐오의 감정을 치유하는 인간유형이다.[48] "안으로 향하는 부패와 은밀한 병자의 벌레 먹은 자리에서 나는 악취에서 멀리 떨어지자!"[49]라는 니체의 말처럼, 이러한 인간에게 경멸은 곧 자기 자신에 대한 원한에 불과할 뿐이다. 그는 자기 존재에 대한 부정 속에서 자기 자신과 관계한다. 하지만 그는 그 관계 역시 지배하지 못한다. 그가 자신에게 느끼는 고통스러운 경멸은 곧 자신이 과거에 행한 그 어떤 행위에 대한 가책일 뿐이다.

위버멘쉬는 낡은 가치를 의심하고 새로운 가치를 창조하지만, 마지막 인간은 그러한 의심을 죄로 여기며 스스로에게 벌을 내린다. 고통이 벌이 되고 병자는 죄인이 되는 것이다. 고통의 의미에 대한 관점으로부터, 다시 말해 그 고통이 산모의 것과 같은 것인지 아니면 죄에 의한 벌인지에 대한 해석으로부터, 마지막 인간과 위버멘쉬 사이의 거리가 벌어지게 된다. 이렇듯 거리의 파토스는 스스로 자기 자신과의 관계를 주재하는 자기지배의 양식이다. 자기지배의 양식 속에서 고통은

---

47) 니체, 『도덕의 계보 Ⅲ』, 14, 487-488쪽.
48) 같은 책 Ⅲ, 14, 488-491쪽 참조.
49) 같은 책 Ⅲ, 14, 491쪽.

오히려 긍정되는 것일 뿐, 결코 부정될 수 없다.

결론적으로 스스로를 경멸할 수 없는 인간은 현재 자신이 느끼고 있는 고통에 대해 자신만의 답을 제시할 수 없다. 만약 대답할 수 있다고 해도 그 안에 자신의 삶과 의미, 건강, 성장, 미래는 담겨 있지 않을 것이다. "무엇 때문에 고통스러워하는가?"라는 물음에 스스로 답하지 못했던 인간들이 결국 금욕주의적 이상을 삶의 의미로서 추구하고 허무주의자로 전락하듯이,[50] 고통의 무의미는 자기관계와 자기지배의 상실, 즉 자신에게 강요되는 수많은 절대적-보편적 가치들과 거리를 두지 못하는 '거리의 파토스의 상실'을 의미한다.

거리를 벌린다는 것은 침해당하고 싶지 않은 자신만의 고유한 삶의 의미가 있다는 것을 의미한다. 그리고 위버멘쉬는 이 거리를 자기 내면의 욕구, 욕망, 충동, 본능, 정동 등과 같은 정념에 따라 벌리며 유지한다. 이러한 이유에서 위버멘쉬는 자기 삶의 의미와 가치에 대하여 그 누구의 인정을 필요로 하지 않는다.[51] 그는 스스로를 벌하는 양심의 가책이 아니라 자신의 삶에 최선을 다하고 책임을 지는 자연적 상태의 양심을 높은 가치로 인정하며, 오직 "몸(Leib)"으로 명명되는 자기 내면의 "현자", 즉 "자기(das Selbst)"의 목소리를 따를 뿐이다.[52] 위버멘쉬가 건강한 인간유형이고 거리의 파토스가 건강한 삶의 양식인

---

50) 같은 책 Ⅲ, 28, 540-541쪽. 니체는 그리스도교적 이상에 의해 부정될 수밖에 없는 고귀한 인간의 가치들을 다음과 같이 제시한다. 이 가치들은 곧 위버멘쉬적 가치들이다. "긍지, 거리의 파토스Pathos der Distanz, 큰 책임, 원기 발랄함, 멋진 야수성, 호전적이고 정복적 본능, 열정과 복수와 책략과 분노와 관능적 쾌락과 모험과 인식의 신격화……"(니체, 『유고(1887년 가을~1888년 3월)』, 11[363], 481쪽).

51) "고귀한 부류의 인간은 스스로를 가치를 결정하는 자라고 느낀다. 그에게는 타인에게 인정받는 것이 필요하지 않다. 그는 "나에게 해로운 것은 그 자체로 해로운 것이다"라고 판단한다. 그는 대체로 자신을 사물에 처음으로 영예를 부여하는 사람으로 알고 있다. 그는 가치를 창조하는 자이다"(니체, 『선악의 저편』, 260, 276쪽).

52) 니체, 『도덕의 계보 Ⅱ』, 2, 398-399쪽 참조; 니체, 『차라투스트라는 이렇게 말했다』, 「몸을 경멸하는 자들에 대하여」, 53쪽 참조.

이유는 이 때문이다.

2) 커다란 건강

『인간적인 너무나 인간적인』에 최초로 등장하는 개념 "커다란 건강
(die grosse Gesundheit)"은 『즐거운 학문』에 이르러 하나의 단편으로
주제화된다. 두 저서에 등장하는 이 개념은 병과 고통에 담긴 수동적
이고 부정적인 힘을 능동적이고 긍정적인 힘으로 전환시켜 매 순간 새
롭게 변화하는 인간의 실존을 도출하는 변증법적 특성을 담고 있다.
니체는 건강으로부터 병으로 하강하고, 병으로부터 건강으로 상승하는
인간 실존의 원리를 "커다란 건강"이라는 개념으로 설명한다. 이 개념
안에서 건강과 병, 상승과 하강, 성장과 퇴화는 이원론적 분리 혹은 불
연속적 관계가 아니라 몸으로 합일되는 일원론적이고 연속적인 관계로
전환된다.

이러한 의미에서 '어떻게 인간은 매 순간 다시 건강해질 수 있는
가?'라는 물음에 대한 답을 제시해주는 커다란 건강은 근본적으로 '어
떻게 인간은 매 순간 새롭게 변화될 수 있는가?'라는 물음에 대한 답
이기도 하다. 보다 새롭고 건강한 미래를 위해 인간은 "새로운 목적"
과 "새로운 수단"을, 즉 "커다란 건강"을 가져야 한다는 니체의 말은
오늘의 건강이 곧 미래의 건강을 위한 토대가 되어야만 한다는 사실
을 함의하고 있다.

> 우리 새로운 자, 이름 없는 자, 이해하기 어려운 자, 아직 증명되지 않은 미래의
> 조산아인 우리는 하나의 새로운 목적을 위해 하나의 새로운 수단을 필요로 한
> 다. 말하자면 새로운 건강을, 이전의 어떤 건강보다도 더 강하고 더 능란하고
> 더 질기며 더 대담하고 더 유쾌한 건강을 필요로 한다. […] 즉 커다란 건강
> 이 ─ 이것은 사람들이 보유하는 것만이 아니다. 지속적으로 획득하고 계속 획

득해야만 하는 것이다. 왜냐하면 그 건강은 계속해서 포기되고 포기되어야만
하기 때문이다![53)

　니체에게 있어 진정한 인간 실존의 변화는 매 순간 새롭게 건강해지
는 것이다. 그리고 위버멘쉬적 변화의 과정은 인간이 새롭게 건강해지
는 과정임을 보증해준다. 위버멘쉬가 건강한 인간유형일 수밖에 없는
이유는 이 때문이다. 건강이 새로운 변화를 위한 수단이라면, 기존의
건강은 매 순간 포기되어야만 하고 병은 긍정되어야만 한다. 니체가
"커다란 건강"을 통해 말하고자 하는 바는 바로 인간이 건강뿐만 아니
라 병의 주인도 되어야만 한다는 것이다. 그래서 니체는 『이 사람을 보
라』의 「차라투스트라는 이렇게 말했다」에서 차라투스트라의 생리적 조
건을 "커다란 건강"으로 규정하는 것이다. 이렇듯 커다란 건강은 건강
을 단 하나의 가치로 규정하지 않는다.

　　'건강'을 확고한 것으로 정의하지 않는 것. 모두가 가장 좋아하는 것을 최상으
　　로 행할 수 있는 상태에 대한 이상.54)

　니체의 이 말은 단 한 명의 위버멘쉬가 존재할 수 없듯이 단 하나의
건강 역시 존재할 수 없다는 것을 의미한다. 니체에게 있어 건강은 특
정한 상태에 대한 개념이 될 수 없으며 병 역시 마찬가지이다. 인간 실
존의 관점에서 변함없이 지속되는 우둔한 건강은 오히려 병일 수도 있
다. 가치의 파괴가 새로운 가치의 창조를 전제로 하듯이, 병은 "새로운
건강(eine neue Gesundheit)"을 위한 전제이다. 이러한 의미에서 니체
에게 중요한 것은 건강과 병의 원리가 아니라, 그 경계에서 건강과 병

---

53) 니체, 『즐거운 학문』, 382, 392쪽.
54) 니체, 『유고(1880년 초~1881년 봄)』, 8[62], 519쪽.

에 자신만의 고유한 의미를 부여하는 것이다.

"병마저도 포괄하는 건강"55)이라는 니체의 표현처럼, 자신만의 건강한 삶과 미래를 추구하는 사람에게 있어 병은 제거해야 할 실존의 장애가 아니라, 오히려 보다 고양된 삶을 위한 긍정적인 자극제로서의 역할을 한다. 이러한 의미 전환의 시도 속에서 인간은 비로소 병과 건강에 대한 형이상학적-종교적 의미로부터 해방될 수 있게 된다. 병으로 인해 건강은 매 순간 새로운 것일 수밖에 없으며, 건강으로 인해 병은 매 순간 긍정되는 것일 수밖에 없다. 그리고 건강과 병의 이러한 유기적 관계와 변화 속에서 인간의 실존은 매 순간 변화를 실현한다.

병은 고통을 동반함으로써 인간의 실존을 억압하지만, 이는 니체에게 결코 수동적인 상태를 의미하지는 않는다. 오히려 병과 고통은 어떠한 방향으로든 인간의 정념을 활성화시킨다. 예를 들어 삶의 예술적 도취 속에서 고통을 창조의 토대로 해석하는 비극적-디오니소스적-위버멘쉬적 인간은 스스로를 능동적인 존재로 이해하며, 병과 그 고통을 삶에 대한 디오니소스적 긍정과 같은 인식의 능동성을 자극하는 요소로서 규정한다.56) 이에 반해 자신의 삶을 비극적으로 인식할 수 없는 자들은 스스로를 수동적인 존재로, 병과 고통을 능동적인 것으로 해석한다. 니체가 『도덕의 계보』의 「제3논문」에서 논의하는 것처럼, 자신의 삶에 수동적일 때 병과 고통은 인간의 실존을 지배하는 것으로, 즉 죄에 대한 벌로서 등장할 수밖에 없다.

이렇듯 니체에 의하면 건강은 그 자체로 주어지는 것이 아니며, "커

---

55) 니체, 『인간적인 너무나 인간적인 Ⅰ』, 「서문」, 4, 4쪽.

56) "커다란 건강"을 제시하는 『즐거운 학문』의 382번 단편의 마지막에 등장하는 "비극이 시작될 것이다……"라는 문장은 병과 고통 속에서 삶을 긍정하고 승화시키는 비극적-디오니소스적-위버멘쉬적 삶의 관점을 잘 드러내 준다.

다란 건강에 속하는 극단의 자기 확신성을 갖는 인식의 방자함"57)이라
는 그의 표현처럼, 현재의 병을 인식하고 이를 다시 건강으로 전환하
고자 하는 자유로운 정신과 강한 의지 그리고 이에 대한 능동적인 자
기 확신으로부터 창조되는 실존의 가치이다.58) 위버멘쉬의 건강성은
병과 고통이 삶의 좌절이 아니라 오히려 보다 고양된 삶의 상승과 성
장의 자극제일 수 있다는 비극적-디오니소스적 자기 확신에 있다. 삶에
대한 위버멘쉬의 긍정은 곧 자기 자신이 건강하다는 사실에 대한 확신
이다. 위버멘쉬가 건강한 인간유형인 이유는 바로 이 때문이다. 건강은
니체가 자신의 철학을 통해 실현하고자 하는 궁극적인 목표이며, 이때
위버멘쉬는 그 건강을 자신의 삶 속에서 실현해가는 인간유형으로서
제시된다.

5. 위버멘쉬의 미학적 건강성

1) 예술적 도취

경멸은 자기 자신이 여전히 변화의 과정에 있음을, 다시 말해 미완
성의 존재임을 인식하는 인간의 감정이다. 또한 경멸은 자기 자신을

---

57) 니체, 『도덕의 계보 Ⅱ』, 24, 447쪽.

58) 호른에 의하면 병은 인간들에게 그들의 나약함의 주인이 될 수 있도록 가르치는 귀중한 경험
으로 드러난다. 니체는 병에 의한 고통의 가치를 부정적으로 평가하지 않는다. 오히려 그는 고
통을 평균성을 극복하는 자인 위버멘쉬로의 변화를 가능하게 하는 훈육으로서 장려한다
(Anette Horn, *ietzsches Begriff der décadence : Kritik und Analyse der Moderne*, Frankfurt
am Main 2000, 124-125쪽 참조). 이렇듯 니체에게 있어 병이란 긍정적인 방식으로 고통에 반
응할 수 있는 능력의 부재를 의미할 뿐이다(Tomas A. Long, *Nietzsches's Philosophy of
Medicine*, in Nietzsche-Studien, Bd.19, Berlin/New York 1990, 120쪽 참조). 그리고 이 증상
은 삶의 상승과 성장을 위해 고통을 긍정하고 극복할 수 없는 의지의 면역력과 저항력의 약화
일 뿐이다(니체, 『유고(1888년 초~1889년 1월 초)』, 14[65], 56쪽). 니체가 건강의 조건을 병
으로 규정함으로써 병을 다시 건강해질 수 있는 실존의 기회로 규정하는 이유는 이 때문이다.

아직 미완의 예술작품으로 인식하는 과정에서 매 순간 창조하도록 만드는 내면의 자극이다. 즉 경멸은 자기인식의 도구이며, 이 감정이 자기 자신에 대한 긍정과 사랑이 될 때 인간은 스스로를 예술작품으로 느끼고 창조하며 스스로를 구원하게 된다. 니체에 의하면 끊임없이 자기 자신을 창조하는 "생식에의 의지"인 힘에의 의지는 그 자체로 "창조-의지(Schaffens-Wille)"59)이다. 여기서 중요한 것은 이 의지가 보다 많이 얻고자 추구하는 힘의 특성이 무엇인가이다. 니체는 이 힘을 "조형하는 힘"60)이라고 말한다. 니체의 예술생리학에 담긴 사상적 의미처럼, 이 힘은 자기 자신을 미학적으로 평가하며 스스로에 대해 '아름답다'고 긍정할 수 있는 창조적 실존의 전제이다. 모든 인간이 자신의 삶에 창조적-능동적 주인으로서 참여하는 자기 실존의 예술가가 되기를 희망하는 니체는 다음과 같이 자신만의 고유한 인간학적 미학을 제시한다.

> 어느 것도 아름답지 않다. 인간 외에는 : 모든 미학은 이런 단순함에 기초하고 있으며, 이것이야말로 미학의 제1진리이다. 여기에 곧바로 제2의 진리를 추가해보자 : 퇴락한 인간보다 더 추한 것은 없다 — 이렇게 해서 미적 판단 영역의 경계가 지어진다. — 생리적으로 고찰해보면 추한 모든 것은 인간을 약화시키고 슬프게 한다. 그것은 인간에게 쇠퇴, 위험, 무력을 상기 시킨다 ; 이러면서 인간은 실제로 힘을 상실한다. […] 힘에 대한 그의 느낌, 그의 힘에의 의지, 그의 용기, 그의 긍지 — 이런 것이 추한 것과 함께 사라지며, 아름다움과 함께 상승한다 ……61)

여기서 미와 추의 경계는 마지막 인간과 위버멘쉬 사이의 경계와 동일한 의미를 지닌다. 이 경계에서 인간은 매 순간 자기 실존의 변화를 위한

---

59) 니체, 『차라투스트라는 이렇게 말했다』, 「행복한 섬에서」, 140쪽.
60) 니체, 『유고(1885년 가을~1887년 가을)』, 2[76], 96쪽.
61) 니체, 『우상의 황혼』, 「어느 반시대적 인간의 편력」, 20, 158쪽.

선택을 해야만 한다. 니체의 실존미학적 관점에서 이 선택이 지향하는 것은 자기 실존의 예술화이다. 여기서 중요한 것은 미와 추 그 자체가 아니라, 고정된 것으로부터 되어가는 것, 즉 "미화(Verschönerung)"와 "추화(Verhasslichumg)"이다. 경계에 선 인간은 자기 자신을 아름답다고 평가할 수 있기 위해서 내면의 힘과 의지를 온전히 자기 자신을 향해 발휘해야만 한다. 니체에게 있어 삶의 예술적 자기미화는 "포만(Sattheit)"이 아니라, 실존적 "배고픔(Hunger)"으로부터, 다시 말해 보다 많은 힘을 원하는 힘에의 의지의 원리처럼 매 순간 쾌가 아니라 불쾌로부터, 만족이 아니라 불만족으로부터 도출되는 가치이다.

> 미각이 아니라 배고픔이 그대들에게 아름다움이 되어야 한다. 그대들은 자신의 곤궁을 아름다움이라 불러야 한다. 그렇지 않으면 나는 그대들은 원하지 않는다. 포만에서가 아니라 아름다움에서 침묵하고 사라져야 한다.[62]

자신의 힘과 의지를 온전히 자신 안에 머무르게 하기 위해 니체가 제시하는 방법은 "도취"[63], 보다 구체적으로 "습관적 도취"[64]이다. 도취 속에 있을 때 인간은 비로소 자기 자신과 자신의 삶 안에 머무르게 된다. 다시 말해 그는 오직 도취 속에서 자기 존재의 심리-생리적 현상의 총체인 몸으로서 존재하게 된다. 이때 이성은 존재의 지배 양식이 아니라, 단지 하나의 인식 도구일 뿐이다. 이렇듯 위버멘쉬는 몸의 도취 안에서 자신의 내-외적 힘을 인식하며, 이 때문에 지속적으로 자신 안에 머무르려고 하는 인간유형과 그의 행위에 대한 명칭이다. 그리고 위버멘쉬가 느끼는 삶에 대한 기쁨은 바로 그 자신이 건강하다는 사실

---

62) 니체, 『유고(1888년 초~1889년 1월 초)』, 13[1], 567쪽.
63) 니체, 『우상의 황혼』, 「어느 반시대적 인간의 편력」, 8, 148쪽.
64) 니체, 『유고(1888년 초~1889년 1월 초)』, 14[117], 112쪽.

에 대한 도취이다. 니체는 이러한 도취 상태를 "건강의 도취(Rausch der Gesundheit)"라고 표현한다.[65]

"이런 상태에서 사람들은 자기 자신의 충만함으로 인해 만사를 풍요롭게 만든다 […] 예술에서 인간은 자신을 완전성으로 즐기는 것이다."[66] 자기 자신을 예술가로 그리고 자신의 삶을 예술작품으로 여기도록 만들어주고 이를 통해 삶의 새로운 변화를 가능하게 하는 인간의 예술적 도취는 그 자체로 위버멘쉬적이다. 도취를 통해 인간의 실존적 자기극복은 비로소 예술적 창조 안에서 이루어진다. 차라투스트라는 위버멘쉬의 아름다움을 형이상학과 그리스도교로부터 자유로운 인간 본연의 모습에서 찾는다.

> 모든 아름다움은 그대들 인간들을 넘어선 곳으로 나를 유혹한다. 모든 아름다움은 모든 신에게서 멀어지도록 나를 유혹한다. 그래서 나는 닻을 광대한 바다에 던지면서 말했다. "여기에 언젠가 위버멘쉬의 섬이 있기를!"[67]

2) 위버멘쉬의 아름다움

니체에게 있어 아름다움은 삶의 단 하나뿐인 존재론적 전제로서의 자기 자신에 대한 창조적 의지로부터 도출되는 실존의 가치이다. "아름다움이란 그리스인에게는 선사받는 것이 아니다. 논리학이 그렇지 않고, 관습의 자연성이 그렇지 않은 것처럼. ― 아름다움은 정복된 것이고 원해진 것이며 싸워서 쟁취된 것이다. ― 아름다움은 그리스인의 승리인 것이다……"[68] 니체의 이 말처럼, 자신의 자연성을 부정하지 않

---

65) 니체, 『유고(1880년 초~1881년 봄)』, 4[155], 182쪽.
66) 니체, 『우상의 황혼』, 「어느 반시대적 인간의 편력」, 9, 148쪽.
67) 니체, 『유고(1882년 7월~1883/84년 겨울)』, 13[1], 563쪽.
68) 니체, 『유고(1888년 초~1889년 1월 초)』, 13[1], 561쪽.

고 오히려 예술로 승화시킨 그리스인들에게 아름다움은 삶의 공포를 긍정으로 전환할 수 있었던 힘의 결과이다.

니체는 인간의 예술적 창조 능력을 은폐하지 않고 오히려 이 능력을 그의 본래의 행위로 인정함으로써 인간의 존재를 정당화한다. 나아가 아폴론과 디오니소스적 세계, 다시 말해 세계의 낮과 밤, 인간의 내면과 외면의 합일을 통해 자기 존재에 대한 신화적-비극적 긍정을 시도한다. 자신의 예술가적 본성에 대한 긍정을 바탕으로 인간은 비로소 자신의 삶의 세계에 능동적으로 참여할 수 있게 된다. 최후의 실존 양식으로서의 비극은 이러한 예술가적 본성에 대한 긍정을 통해 비로소 실현될 수 있다.

니체의 후기 예술철학으로서 예술생리학은 인간의 실존적 미학에 대한 보다 근본적인 조건을 인간 안에 내재된 힘의 증대와 감소로 규정하고, 이로부터 삶에 대한 미와 추의 관점적 변화를 도출한다. 다시 말해 예술생리학은 힘의 증대로 인한 삶의 예술적 관점의 변화로 대변되는 미학적 자기긍정 속에서 삶은 아름다워질 수밖에 없다는 사실을 증명해준다. "인간이 인간 자신에 대해 느끼는 기쁨에서 아름다움을 분리시켜 생각해보려는 사람들은 즉시 자기 발밑의 토대와 지반을 상실하게 될 것이다. 아름다움 그 자체는 단지 말에 불과하며, 개념도 되지 못한다."[69] 니체의 이 말처럼 아름다움은 어느 한 작품의 완성미에 부여된 평가가 아니라, 매 순간 끊임없이 자신을 조형하고자 하는 행위와 활동에 부여된 명칭이다.

> 아름다움이란 것은 어디에 있는가? 내가 의지를 다 기울여 의지하지 않을 수 없는 곳에 있다. 하나의 형상이 단지 하나의 형상에 그치는 일이 없도록 내가

---

69) 니체, 『우상의 황혼』, 「어느 반시대적 인간의 편력」, 19, 156-157쪽.

사랑하고 몰락하고자 하는 그런 곳 말이다. 사랑하는 것과 몰락하는 것. 이것들
은 영원히 조화를 이루어왔다. 사랑을 향한 의지, 그것은 기꺼이 죽음을 맞이하
려는 것이다.[70)

그리고 의지의 이러한 활동은 결코 인간의 실존을 벗어날 수 없다.
니체는 자기 실존에 대한 사랑 안에서 대립하는 모든 것을 조화를 이
루는 생명의 관계로 승화시킨다. 파괴는 창조의 자리를 만들고 몰락은
삶의 새로운 시작을 알리며, 경멸은 자기 자신에 대한 긍정의 감정으
로서 서로 유기적 관계를 맺는다. "사랑하는 것과 몰락하는 것. 이것들
은 영원히 조화를 이루어왔다. 사랑을 향한 의지, 그것은 기꺼이 죽음
을 맞이하려는 것이다."라는 니체의 말처럼, 자기 자신을 사랑하는 인
간은 내일의 나를 위해 오늘의 나를 넘어선다. 위버멘쉬는 "자기(das
Selbst)"라는 예술작품을 완성하고 싶어 하는 인간유형이다.

자기 존재의 실존적 예술화 속에서 오늘의 형상은 결코 오늘에 머무
를 수 없다. 그 형상은 끊임없는 실존적 자기조형 속에서 미래를 향해
변화를 거듭한다. 이러한 변화 속에서 비로소 위버멘쉬의 인간학적 아
름다움이 드러난다. 니체는 자신의 이러한 철학적 시도를 "화강암 속
에서 잠이 든 채 자신을 깨울 사람을 기다리는 사상"[71)이라고 표현한
다. 자기 존재의 진정한 아름다움을 추구하는 위버멘쉬는 건강한 인간
유형이다.

나의 불과 같은 창조 의지는 언제나 새롭게 나를 사람들에게로 내몬다. 이렇듯
창조 의지는 망치를 돌로 내모는 것이다. 아, 사람들이여. 돌 속에 하나의 형상
이 잠자고 있구나! 내 머리 속에 있는 많은 형상 가운데 으뜸가는 형상이 잠자
고 있구나! 아, 그 형상이 더할 나위 없이 단단하고 보기 흉한 돌 속에 갇혀 잠

---

70) 니체, 『차라투스트라는 이렇게 말했다』, 「때묻지 않은 앎에 대하여」, 210쪽.
71) 니체, 『유고(1882년 7월~1883/84년 겨울)』, 13[1], 561쪽.

이나 자야 하다니! 이제 나의 망치는 저 형상을 가두어두고 있는 감옥을 잔인하게 때려 부순다. 돌에서 파편이 흩날리고 있다. [⋯] 나는 저 형상을 완성하고자 한다. 내게 어떤 그림자가 다가왔기 때문이다. 만물 가운데 가장 조용하고 경쾌한 것이 나를 찾아온 것이다! 위버멘쉬의 아름다움(des Übermenschen Schönheit)이 그림자로서 나를 찾아온 것이다. 아, 형제들이여! 신들이 나하고 무슨 상관이란 말인가![72]

6. 위버멘쉬의 행복과 건강

니체에게 있어 평안과 안락한 삶은 일종의 병이 제거된 건강성에 지나지 않는다. 자기보존적 인간유형으로서의 "마지막 인간"이 건강한 인간일 수 없는 이유는 이 때문이다. 이에 반해 니체가 오히려 자기 자신에 대한 "경멸"과 낡은 가치의 보편적 삶으로부터의 "몰락"을 요청하는 이유는 삶의 참된 건강이 병과 고통 속에서도 강한 삶에의 의지를 발현하고, 보다 건강한 미래를 희망하는 자세에 있기 때문이다.[73] 경멸과 몰락으로 대변되는 철학적 자기성찰은 저편의 이상 세계를 추구해 온 나약한 의지의 구원, 즉 절대적 진리와 그 가치에 은폐되어 온 자신의 고유한 개인성을 해방시키는 '자기구원'의 근본 전제가 된다.[74] 마지막 인간과 위버멘쉬 사이의 경계에 선 인간의 위버멘쉬적 변화를 위한 근본 자세로서의 경멸과 몰락은 그의 위버멘쉬적 건강의 시작이다.

위버멘쉬는 세계와 삶을 생성 속에서 매 순간 변화되어가는 실재로, 그리고 욕구, 욕망, 충동, 본능, 감정 등과 같은 정념을 통해 스스로를 생기하는 실재로 인식하는 인간에게 언제나 "최고의 실재(höchste

---

72) 니체, 『차라투스트라는 이렇게 말했다』, 「행복한 섬에서」, 143-144쪽.

73) 같은 책, 「서문」, 3, 19쪽; 4, 21쪽.

74) 같은 책, 「구원에 대하여」, 235-241쪽 참조.

Realität)"75)로서 주어진다. 『차라투스트라는 이렇게 말했다』에서 "번
개"로 비유되는 의식적 깨달음과 "물방울"과 "몰락"으로 제시되는 의
식적 선택 그리고 "춤추는 별"로 표현되는 내면의 혼란스러움은76) 자
기 내면의 힘을 느끼며 이를 바탕으로 고유한 삶의 의미를 창조하고자
하는 인간의 위버멘쉬적 변화가 시작되었음을 알려준다.

끊임없이 생성하는 대지의 자연성과 정념으로 대변되는 자신의 자
연성을 긍정하는 인간은 자신과 자신의 삶을 실재로서 느낄 수밖에 없
다. 이러한 감정 속에서 인간은 비로소 자신만의 고유한 행복을 창조
할 수 있다. "인간을 정당화하는 것은 그의 실재이고, 이것이 인간을
영원히 정당화해줄 것이다."77) 니체의 이 말처럼, 인간은 변화된 자신
의 "실재 그 자체"로서의 위버멘쉬에 의해 지금부터 영원까지 정당화
된다.

> 그(차라투스트라)가 구상하는 인간유형은 실재로부터 소외되지도 멀리 떨어져
> 있지도 않다. 그는 실재 그 자체이며, 실재의 끔찍하고도 의심스러운 모든 것을
> 자기 내부에도 가지고 있다. 이렇게 해서야 인간은 위대해질 수 있다.78)

형이상학과 종교에 의해 가상이 되어버린 실재의 의미를 드러내기
위해 니체는 대지의 의미를 복원시킨다. 그리고 그 의미 안에서 자신
을 실재로서 인식하는 위버멘쉬의 삶을 건강으로 제시한다. 자기 자신
으로서 존재할 때 느끼는 감정은 행복의 감정과 다르지 않다. 이러한
의미에서 "너는 너 자신이 되어야만 한다."라는 니체의 말은 진정한

---

75) 니체, 『이 사람을 보라』, 「차라투스트라는 이렇게 말했다」, 6, 430쪽.
76) 니체, 『차라투스트라는 이렇게 말했다』, 「서문」, 3-5, 16-27쪽 참조.
77) 니체, 『우상의 황혼』, 「어느 반시대적 인간의 편력」, 32, 167쪽.
78) 니체, 『이 사람을 보라』, 「왜 나는 하나의 운명인지」, 5, 463쪽.

행복, 즉 실존적 건강의 실현을 대변해주는 명제이다. 나 자신으로서
존재할 때 느끼는 감정은 결코 일시적인 것일 수 없다. 이 감정은 자신
의 운명 자체를 사랑하는 영원에 대한 긍정이다. 니체는 이 긍정의 감
정을 행복이라고 명명한다. 나아가 그는 이 행복의 감정을 건강의 실
존적 의미이자 그 조건으로 제시한다. 위버멘쉬는 건강한 인간이며 그
의 건강한 삶의 관점과 자세로부터 창조되는 행복은 평균적인 가치에
의해 평가될 수 없다.

참고문헌

김상환, 「데카르트의 정념론과 그 이후」, 『기호학 연구』 제28권, 한국기호학회, 2010, 9-50쪽.

멜리사 그레그 · 그레고리 시그워스, 『정동 이론』, 최성희 외 옮김, 갈무리, 2016.

이상범, 「니체의 커다란 건강에 대한 연구」, 『니체연구』 제29집, 한국니체학회, 2016년 봄호, 229-284쪽.

이상범, 「니체의 위생학(Hygiene)에 대한 연구」, 『니체연구』 제30집, 한국니체학회, 2016년 가을호, 178-193쪽.

이상범, 「니체의 개념 위, 소화, 소화불량의 철학적 의미에 대한 연구」, 『니체연구』 제32집, 한국니체학회, 2017년 가을호, 61-99쪽.

이상범, 「니체의 열정(Leidenschaft)에 대한 연구」, 『니체연구』 제33집, 한국니체학회, 2018년 봄, 133-193쪽.

이토 마모루, 『정동의 힘』, 김미정 옮김, 갈무리, 2016.

질 들뢰즈, 『니체와 철학』, 이경신 옮김, 민음사, 2005.

질 들뢰즈 외, 『비물질노동과 다중』, 서창현 외 번역, 갈무리, 2014.

클로소프스키, 피에르, 『니체와 악순환』, 조성천 옮김, 그린비, 2009.

함돈균, 「한국문학사 또는 한국 현대시와 정동(affect) 담론의 양태들」, 『상허학보』 제49집, 상허학회, 2017, 93-98쪽.

B. 스피노자, 『에티카』, 강영계 옮김, 서광사, 2006.

Anette Horn, *Nietzsches Begriff der décadence : Kritk und Analyse der Moderne*, Frankfurt am Main 2000.

Günter Abel, *Nietzsche : Die Dynamik der Willen zur Macht und die ewige Wiederkehr*, Berlin 1998.

Günter Heisterkamp, *Die leibliche Dimension in psychodynamischen Psychotherapien*, in : Christian Reimer / Ulrich Rüger (Hrsg.), Psychodynamische Psychotherapien : Lehrbuch der tiefenpsychologisch fundierten Psychotherapieverfahren, Berlin/Heidelberg 2000, 295-322쪽.

Gerhard Schweppenhäuser, *Nietzsches Überwindung der Moral*, Würzburg 1988.

Gilles Deleuze, *Nietzsche und die Philosophie*, Hamburg 2008.

Günter Schulte, *Nietzsches Morgenröthe und Fröhliche Wissenschaft : Text und Interpretation von 50 ausgewählten Aphorismen*, K&N, Würzburg 2002.

Heinrich Eduard Miesen, *Das Problem des Selbstverständnisses in der Philosophie Friedrich Nietzsches*, Würzburg 1938.

Heinrich Schipperges, *Leiblichkeit. Studien zur Geschichte des Leibes*, Aachen : Ariadne-Fach-Vlg, 2001.

Helmut Walther, *Nietzsche und das Glück*, in : Aufklärung und Kritik, Robert Zimmer(Hrsg.), Sonderheft 14, Nürnberg : Gesellschaft für kritische Philosophie, Nürnberg 2008, 135-162쪽.

Josef Ehrenmüller, *Nietzsches Psychologie bzw. Physiologie der Philosophie*, in : Volker Gerhardt/Renate Rschke (Hg.), Nietzscheforschung, Bd. 15, Berlin 2008, 221-230쪽.

J. LANZ, *Affekt*, in : Joachim Ritter(Hrsg.), Historisches Wörterbuch der Philosophie Bd.1, Basel/ Stuttgart, 1971, 89-100쪽.

Konard Hilpert, *Die Erkenntniß zum mächtigsten Affekt zu machen. zum 150. Geburtstag Friedrich Nietzsches (15. 10. 1844-25. 08. 1900)*, in : Katechetische Blätter, 119/1994, München, 640-648쪽.

Karen Joisten, *Die Überwindung der Anthropozentrizität durch Friedrich Nietzsche*, K&N, Würzburg, 1994.

Konstanze Schwarzwald, *Nietzsche und die große Sehnsucht. Ein Versuch, Nietzsches Affektenlehre und Anthropologie weiterzudenken*, in : Volker Gerhardt/Renate Rschke (Hg.), Nietzscheforschung, Bd. 15, Berlin 2008, 239-245쪽.

Ludwig Giesz, Nietzsche. *Existenzialismus und Wille zur Macht*, Stuttgart : Deutsche Verlag, 1950.

Maurice Schuhmann, *Radikale Individualität. Zur Aktualität der Konzepte von Marquis de Sade, Max Stirner und Friedrich Nietzsche*, Bielefeld : transcript Verlag, 2011.

Michael Erler, *Platon : Affekteund Wege zur Eudaimonie*, in : Hilge Landweer/ Ursula Renz (Hg.) : Klassische Emotionstheorien. Von Platon bis Wittgenstein, Berlin/New York 2018.

Paolo Stellino, *Affekte, Gerechtigkeit und Rache Nietzsches Zur Genealogie der*

Moral, in : Volker Gerhardt/Renate Rschke (Hg.), Nietzscheforschung, Bd. 15, Berlin 2008, 247-253쪽.

Pierre Klossowski, *Nietzsche und der Circulus vitiosus deus*, München : Matthes & Seitz Berlin, 1986.

Thomas A. Long, *Nietzsches's Philosophy of Medicine*, Nietzsche-Studien, Bd.19, Berlin/New York : De Gruyter, 1990.

Thomas Fuchs, *Körper haben oder Leib sein*, in : Gesprächspsychotherapie und Personzentrierte Beratung, Köln, 3/2015, 144-150쪽.

Udo Tietz, *Die Grammatik der Gefühle. Ein Versuch über Nietzsches Affektenlehre*, in : Volker Gerhardt/Renate Rschke (Hg.), Nietzscheforschung, Bd. 15, Berlin 2008, 199-211쪽.

Volker Caysa, *Ein Versuch, Nietzsches Affektenlehre systematisch zu verstehen*, in : Volker Gerhardt/Renate Rschke (Hg.), Nietzscheforschung, Bd. 15, Berlin 2008, 191-197쪽.

Volker Gerhardt, "Die grosse Vernunft des Leibes". Ein Versuch über Zarathustras vierte Rede, in : Volker Gerhardt (Hrsg.), Friedrich Nietzsche. Also sprach Zarathustra, Berlin/New York : De Gruyter Akademie Forschung, 69 - 163쪽.

Werner Stegmaier, *Nietzsche. Umwertung (auch) der Affekte*, in : Hilge Landweer/ Ursula Renz (Hg.) : Klassische Emotionstheorien. Von Platon bis Wittgenstein, Berlin/New York 2018, 525-546쪽.

Winfried Schröder, *Moralischer Nihilismus. Radikale Moralkritik von den Sophisten bis Nietzsche*, Suttgart 2005.

Wolfgang Müller-Lauter, *Über Werden und Wille zur Macht*, Nietzsche-Interpretationen I, Berlin/New York 1999.

Wolfgang Müller-Lauter, *Über Freiheit und Chaos*, Nietzsche-Interpretationen II, Berlin/New York 1999.

색인

인명

이상범

원광대학교 철학과와 동 대학원에서 철학을 전공했고, 독일 베를린 훔볼트 대학교에서 『니체의 건강철학. 프리드리히 니체의 철학적 방법론에 대한 해석의 시도(Nietzsches Gesundheitsphilosophie. Versuch einer Interpretation der philosophischen Methodologie Friedrich Nietzsches)』라는 제목으로 철학 박사학위를 취득했다. 원광 대학교와 전북대학교에서 강의하고 있다. 주요저서로는 『니체의 건강철학』(책임)과 『고전, 현대를 걷다』(공저)가 있으며, 니체의 철학적 개념들을 건강철학의 관점에서 해명한 다수의 철학 논문을 발표했다. 현재는 인간의 병든 실존에 대한 진단과 치유의 시도가 담긴 니체 철학의 의학적 특징을 분석하고 있다.

니체, 정동과 건강
감정의 자유를 통해 건강한 삶을 만들다

초판인쇄 2020년 3월 30일
초판발행 2020년 3월 30일

지은이 이상범
펴낸이 채종준
펴낸곳 한국학술정보㈜
주소 경기도 파주시 회동길 230(문발동)
전화 031) 908-3181(대표)
팩스 031) 908-3189
홈페이지 http://ebook.kstudy.com
전자우편 출판사업부 publish@kstudy.com
등록 제일산-115호(2000. 6. 19)

ISBN 978-89-268-9833-8 93160